행복한
성・사랑・남녀

조정옥 지음

철학과현실사

한 번도 만나지 못한 스승 피셔에게 감사드린다.

서문 - 행복한 성, 사랑, 남녀를 위하여

성, 성행위, 성심리, 성기… 모두 인류역사 속에서 대부분 낮게 평가되고 금기시되던 것들이다. 그러나 종교적 관점에서 보더라도 신의 피조물인 인간의 몸 그리고 생식을 담당하는 그 몸의 특정한 한 부분이 추한 것이나 악한 것으로 간주됨은 부당하다. 성행위나 성기에 근본적으로 문제가 있는 것이 아니라 그것을 다루는 사람들의 방법에 문제가 있을 수 있다. 똑같은 감자를 재료로 하여 백 명이 요리를 하면 다 다른 맛이 날 것이다. 요리가 망쳐지고 맛이 없다는 평가를 받을 때 요리사가 감자란 별로 좋은 재료가 아니라고 말함은 옳지 않다. 성도 우리 삶에 잘 이끌어 들이고 만들어감으로써 아주 좋은 행복의 재료가 될 수 있다.

성에 대한 금기시로 인해서 성에 관한 학문 또는 과학이 아직까지도 확립되지 않은 상태이다. 성은 의학, 심리학, 생물학, 생리학, 사회학, 철학 등 아주 많은 분야의 학문에서 다룰 수 있고 또 많은 분야의 학문을 통해서 다루어져야 제대로 다룰 수 있다. 이제까지 나온 성에 관한 책들을 보면 여성 억압, 오르가슴, 이혼, 바람기 등 성을 둘러싼 다양한 현상들과 사실들을 밝히는 데 주력하고 있다. 책 나름대로의 메뉴판을 가지고 성에 관한 이런저런 것을 골라서 다루고 있다. 성이라는 넓은 바다에서 각자가 소라, 고동, 진주 등을 건져 올려 보여주면서 바다 이야기를 하고 있는 것이다. 이 책은 성에 관한 사실을 해명하고 밝히고 그 역사를 논하기보다는 성에 관한 잘못된 관념을 바로잡아 주고, 성의 가치를 어떻게 둘 것이며 우리가 일상생활에서 성과 사랑을 어떻게 다루면서 살아가야 할 것인가를 제시하고자 의도했다.

나는 오랫동안 대학에서 성과 문화를 강의해 왔고 그간 정리한 강의내용들을 토대로 이 책을 만들었다. 1, 2, 3장에서는 성, 사랑, 남녀의 본질과 가치를 다루었다. 4장에서는 성, 사랑, 남녀에 관한 생각을 독자 나름대로 정립할 수 있는 기회를 만들었다. 저자가 만든 대표적인 찬반 입장(진이와 선이의 입장)과 더불어서 지난 학기 「성과 문화」를 수강한 학생들의 견해(학생들의 글은 내가 수도 없이 다듬었다)를 본보기로 보여주면서 자신의 견해를 쓰도록 한 것이다. 5장은 강의 중에 다루었던 영화에 관한 학생들의 발표내용과 저자의 코멘트가 들어 있다. 영화 속에는 성과 사랑이 아주 흥미로운 형태로 녹아 들어가 있어서 강의에서 자주 감상의 기회를 가졌다. 첫 번째 부록으로는 연인 간의 대화법을 집어넣었다. 밀러의 부부대화법을 내가 연인관계에 적용하여 다시 만들어본 것이다. 두 번째 부록은 장경기 시인의 「성애의 49계단」 이라는 시의 몇 부분을 발췌한 것이다. 사랑의 철학자 셸러는 남녀 간의 디오니소스적인 정열과 감정합일, 더 나아가서 성적인 합일은 우주적 생명과의 합일로 가는 문이라고 보았다. 그런 의미에서 이 시는 성에 관한 철학과 잘 부합된다.

이 책은 새로운 연구결과가 아니라 그간의 강의와 연구들을 종합한 것이고 거의 전적으로 강의의 편리를 위해서 제작되었다. 대학 교양강의 교재용으로 만들었지만 일반인들에게도 많은 도움이 되리라고 믿는다. 설문에 참여한 학생들에게 감사드리고 독자 여러분들의 행복한 성과 사랑을 기원한다.

행복했던 여름날을 회상하면서
2007 여름 막바지에 조정옥

차례

1부
성

강의 1. 성을 긍정적으로 받아들이자

1-1. 성의 의미

성에는 남성 여성을 생물학적으로 분류하는 기준으로서의 성이 있고 남녀 간에 이루어지는 성행위를 가리키는 성이 있다. 전자를 성이라 부르고 후자를 성행위 또는 성관계라고 부른다면 더 정확할 것이다. 성행위(성관계, 성교), 성에 대한 의식, 느낌, 태도… 그 모든 것을 함께 내포하는 섹슈얼리티라는 포괄적인 개념도 있다.

생물학적 성(sex)과는 달리 여성은 섬세하고 부드러운 반면에 남성은 대담하고 용감하다는 식으로 시대와 문화에 따라 달라지는 여성과 남성의 기질과 특징을 젠더(gender)라고 한다. 우리 사회에서는 여성이 지나치게 적극적이고 능동적이며 활달하면 여성답지 못하다는 비난을 받을 수도 있다. 조금 병약한 여성이라면 저절로 여성적이 되지 않을까 의심할 정도다. 몸이 불편하므로 앞에 나서지 않고 걸음걸이도 조심스러울 것이기 때문이다. 반면에 너무 감정적이고 눈물이 많은 남성은 남자답지 못하다고 비난받을 수 있다. 그러나 눈물샘 없는 남자가 어디 있는가? 인간이라면 누구나 감정이 있고 눈물도 있다.

그러나 여성답다, 남성답다는 젠더개념은 시대와 문화에 따라 달라지는 상대적인 것이다. 우리나라에서 가장 남성다운 남자를 아프리카 어느 종족에게 보내면 "남자가 왜 저런가?"라는 비난을 받을 수도 있다. 왜냐하면 거기에서는 우리와는 반대로 남자가 가사 일을 하고 여자는 바깥에 나가서 힘들고 고된 노동을 맡아서 하기 때문이다. 젠더관념은 잘못하면 타고난 개성과 인간성에 대한 부당한 억압으로 작용할 수 있다. "여자가 그래서야…, 남자가 그래서야…" 이런 부당한 비난은 본래적으로 타고난 귀중한 고유의 개성을 맘껏 실현시키지 못하게 만드는 장애물일 수 있다. 타고난 개성대로 살아가고 자신의 꿈과 가치관을 실현시키면서 소위 실존주의적으로 살아야 마땅하다. 남의 것을 훔치고 남을 때리는 짓은 비난받아야 마땅하지만 타인에게 전혀 해를 주지 않는 걸음걸이라든지 눈물이 도덕적 비난의 대상이 되어서는 안 된다.

플라톤에 의하면 인간의 영혼은 영원불멸이며 끝없이 윤회한다. 먼 과거에 인간들은 남녀 한 쌍씩 붙어 다녔다. 남녀 한 쌍의 등이 서로 붙어 있었던 것이다. 그러다 보니 힘이 무척 강하여 제우스의 말에 잘 순종하지 않았다. 이에 화가 난 제우스가 칼로 두 동강을 내어 남녀를 분리시켜 버렸다. 이성에 대한 우리의 그리움은 바로 그때 함께 붙어 다녔던 짝에 대한 그리움이다. 성(sex)의 어원은 '가르다'를 의미하는 'secare'이다. 이것은 바로 플라톤의 『향연』에 나오는 아리스토파네스의 이야기이다. 여기에서 자연스럽게 동성애도 설명된다. 그때 동성과 붙어 있었던 사람은 이성이 아니라 동성을 그리워하게 된다.

1-2. 성행위의 목표

성행위의 목표는 무엇인가? 번식
인가? 쾌락인가? 기독교, 유태교, 유
교, 불교 등 대다수의 종교들이 성행
위의 목표가 번식임을 강조했고 번
식 이외의 목적으로 성행위를 하지
말라고 경고했다. 쇼펜하우어는 인
간이 무의식적으로 종에 봉사하는
종의 꼭두각시라고 보았다. 종이 배
후에 도사리고 있기 때문에 인간은
실연을 심각한 사건으로 받아들이게
된다는 것이다. 실연은 단순한 개인

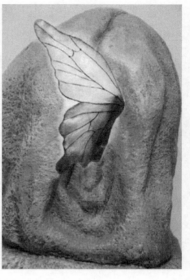

적인 사건이 아니라 종족번식의 길이 봉쇄된 중대한 사건인 것이다.
우리는 맛 때문에 음식을 찾지만 결국 우리 몸의 생존과 영양이 음식
의 핵심적 의미이다. 과연 성도 이와 마찬가지일까? 성적 쾌락은 미끼
고 결국 자연이 노리는 것은 번식일까? 생명의 목적이 번식이라는 데
대한 회의적인 입장도 있다. "생물의 궁극적인 욕망이 후대에 자신의
유전자를 더 많이 남기는 것이라면 그래서 생물에게는 가급적 더 많은
자손을 얻고자 하는 본능이 있다면 아무리 위험한 상황에 처하더라도
자손을 얻기 위한 행위를 해야 할 것이다. 하지만 위험한 상황이 발생
하면 생물의 모든 세포는 단지 살기 위해 서로 협력한다."[1] 종보다는 개
체 자신의 생명보존이 어디까지나 우선인 것이다.

성행위란 새로운 개체를 창조하기 위해 두 개의 개체로부터 받은 유전물질을 혼합하는 과정이다. 성이 전적으로 번식만을 위한 것이라면 암수가 없는 무성생식이 간단하고 효율적일 것이다. 단순한 세포분열은 엄청난 수의 개체를 아주 신속하게 생산해 낼 수 있다. 반면에 유성생식은 배우자를 찾아야 하고 교미를 해야 한다. 에너지와 시간이 많이 소비되어 비경제적이고 복잡하다. 특히 인간의 경우 남녀가 성장하는데 오랜 시간이 걸리고 게다가 성숙한 남녀가 만나서 보통 2~3년 동안 차 마시고 식사하고 그제서야 성관계를 갖게 된다. 결혼하여 아이를 낳기까지 또다시 오랜 세월이 걸린다.

　　암수 남녀가 구분되는 유성생식을 하는 이유 즉 성의 존재이유는 무엇인가? A. 바이스의 설명에 따르면 유전적 혼합이 종의 다양성을 증진시켜 자연선택이 작용할 여지를 넓혀 진화에 유리하다. 무성생식은 같은 번호의 복권을 여러 장 사는 것과 같다. 모두 당첨되거나 모두 떨어지거나이다. 반면에 유성생식은 각각 다른 번호의 복권을 여러 장 사는 것과 같다. 즉 여러 다양한 개성의 자손들이 있어 아무리 환경이 심하게 변하더라도 살아남는 개체가 있게 마련이다. 예를 들면 날개 달린 개미들의 세계에서는 날개를 달지 않은 개미가 기형인 듯이 보인다. 그러나 심한 태풍이 불었을 때 날개 달린 정상적인 개미들은 모두 날아가서 몰살당한다. 반면에 날개 없는 개미들은 살아남아 종을 유지한다. 인간의 생식이 특히 더 오래 걸리고 복잡한 것은 똑같은 개체의 단순 재생산식의 번식이 아니라 더 나은 개체를 만들고 퍼뜨리는 가치상승적 생산을 이루기 위한 자연의 전략이다.

---

1) 나일즈 엘드리지, 『우리는 왜 섹스를 하는가』, 김원호 역, 조선일보사, 112쪽.

인간이 의식적으로 추구하는 것은 분명히 번식이 아니라 쾌락이다. 자신의 유전자를 후세에 남기고 계속 퍼뜨리기 위해서 성행위를 하는 사람은 별로 없다. 물론 자식을 낳으려고 성행위를 하는 사람들은 있지만 대개의 성행위는 성적 쾌락의 획득을 위해서 (성충동에 의해서) 인도된다. 성행위의 목적은 대다수의 종교가 생각하듯이 전적으로 번식인 것이 아니라 쾌락획득과 유대강화이다. 인간은 오직 번식을 위해서 존재하는 생물체가 아니라 기쁨을 누리는 영혼적, 정신적 존재이다. 성행위에서 번식뿐만 아니라 감각적 쾌락과 서로 간의 영혼적 교감을 추구함은 당연한 것이다. 감각적 쾌락은 몸을 통해서 느끼는 쾌락이지만 결국 영육의 통일체로서의 인간은 감각을 통해서 영혼과 정신의 행복까지 느낀다.

동물들조차도 오직 번식만을 위해서 성행위를 하지는 않는다. 동물들의 인사법으로 마운팅이 있다. 어떤 침팬지들은 남녀노소 가릴 것 없이 만나면 인사로서 성행위를 한다. 인사로서 하는 성행위에서는 사정은 일어나지 않는다. 인간뿐만 아니라 동물들도 상호간의 유대를 돈독히 하기 위해서 성행위를 사용한다. 남녀관계를 보면 성행위를 통해서 관계가 좋아질 수 있으며 심지어 평생 동안 파트너 관계가 유지된다. 반대로 서로의 관계가 좋아야 성행위도 순조롭다.

1-3. 성은 저급한 것이 아니다

동서양철학사에서 몸과 영혼은 분리되어 취급되었고 영혼에 비하여 몸은 천시되었다. 예를 들면 플라톤은, 영혼은 천상의 것이고 이데아의 세계에서 온 것인 반면에 몸은 지상의 것이고 악한 것이라고 보았다. 유교, 기독교, 유태교 등의 교리에서도 역시 몸과 성욕, 성행위는 저급

한 것으로 간주되었다. 성은 절제되어야 할 것으로 생각되었고 성의 금기와 금욕은 절제보다 더 좋은 것이었다. 성에 대한 노골적인 표현이나 논의는 환영받지 못했다. 그러나 심신은 하나이면서 둘이고 둘이면서도 하나이다. 어쨌든 불가분리이다.

현대 프랑스 철학자 메를로-퐁티는 몸과 마음을 때로는 조화롭기도 하고 때로는 부조화인 모호한 관계라고 불렀다. 몸과 성에 대한 금기시로 인해서 인간의 영혼과 몸 어느 면에서 보더라도 중요한 측면에 속하는 성의 본질과 정체에 대한 과학적 탐구가 뒤처지게 되었고 일반인들도 거기에 대한 객관적인 지식을 가지기 어려웠다. 성이 어떤 의미가 있으며 일상생활에서 어떻게 추구되어야 하는가를 성장기에 제대로 알기 어렵다. 심지어 아기가 어떻게 탄생되는가조차도 뒤늦게까지 제대로 알지 못하는 실정이다.

성은 저급한 것이 아니다. 성욕은 의식적, 지성적 인식과는 거리가 있으며 무의식적이고 충동적이며 본능적이다. 그러나 무의식적이라고 해서 언제나 저급한 것은 아니다. 예를 들어서 예술가의 영감 그리고 모든 심오한 직관은 무의식적인 원천에서 솟는다. 성은 추하거나 악한 것이 아니다. 세상이 하느님에 의해서 창조되었다고 보는 종교적 입장에서도 성은 오히려 더더욱 긍정되어야 한다. 하느님이 창조한 인간의 몸 그 가운데 인간 종의 보존을 가능하게 해주는 성이 어째서 악하고 추한 것인가? 물론 좋은 약, 좋은 음식이 그러하듯이 좋은 것이라도 남용하거나 지나치면 결과가 좋지 않다. 아무튼 성 자체가 악한 것이 아니라 성의 무분별한 추구가 당사자의 인생에 좋지 않은 결과를 초래할 수 있는 것이라고 해야 할 것이다.

성은 인생의 행복의 중요한 원천들 가운데 하나이다. 성을 잘 알고 잘 다스리며 잘 사용함으로써 우리는 행복해질 수 있다. 아리스토텔레스의 중용 즉 절제도 성욕을 억압하는 것 즉 금욕이 아니라 조화롭도록 잘 조절하는 것, 잘 쌓는 것이다. 요리할 때에는 감자의 껍질을 잘 깎아야 하지만 속살까지 다 깎아내면 요리가 불가능하다. 성은 행복의 재료이다. 우리는 이 귀중한 재료를 잘 써야 한다. 그리고 성은 영혼의 사랑과 정열을 표현하는 가장 강렬하고 은밀한 도구이다. 성은 생명의 번식에 기여하며 숭고한 사랑의 표현일 수 있다는 점에서 성스럽기조차하다. 가끔씩 종교적 감정이 에로스나 엑스터시와 비교되기도 한다. 탄트라 불교에서는 성적 극치의 도달이 해탈의 한 수단이기도 하다. 사랑과 감정의 철학자 셸러에 따르면 성적 결합은 다른 존재와의 내밀한 결합이며 크게 보면 우주와의 결합이다.

1-4. 섹스는 건강에 보탬이 된다

인간의 두뇌는 영장류층, 포유류층, 파충류층으로 구성되어 있다. 진화의 순서로 보면 파충류층이 제일 먼저 생겨났다. 파충류층은 생존과 연관된 기능을 하고 포유류층은 감정과 느낌을 담당한다. 영장류층은 언어와 수학 그리고 종합, 분석, 예측, 판단을 담당한다. 파충류층과 포유류층을 합한 구피질은 본능과 식욕, 성욕, 집단욕의 근원이며 영장류층의 신피질은 인의예지의 근원이다.[2]

김상일에 따르면 신피질에 의한 구피질의 억압이 인간의 역사였다. 인간은 신체와 마음과 정신의 불가분리적인 일체이다. 세 가지의 조화를 유지해야 이상적이다. 한 층의 지나친 금지와 억압은 마음과 몸의 병을 일으킨다. 문명이 발달할수록 성의 해방이 동반되었다. 미개사회일수록 금기가 강하고 개인에 대한 억압이 강하다. 혼전 성이 금지된 미개사회라면 사회금기를 깨뜨린 남녀를 당장에 처형시킬 것이다. 섹스를 통한 교감과 정신적, 영혼적 만족감은 당연히 신체적 건강으로 연결된다. 인간은 신체와 정신의 긴밀한 결합체이기 때문이다. 누군가와 함께한다는 느낌, 그것도 가장 깊은 교류와 의사소통을 하는 대상을 가지고 있다는 느낌은 정신적 안정감을 준다.

섹스는 당연히 우리의 신체 자체에 직접적인 영향을 미친다.

(1) 섹스행위는 격렬한 신체적인 움직임을 통해 엄청난 양의 칼로리 소모와 운동효과를 갖는다. "일주일에 3회 섹스를 하면 1년이면 130킬로미터를 달리는 효과와 맞먹는다."[3]

(2) 섹스는 테스토스테론 수치를 높여 뼈와 근육을 강화시키고 양질의 콜레스테롤을 제공하며 체내에 자연 진통제인 엔도르핀의 분비로 두통, 관절염을 완화시킨다.

---

2) 김상일, 『카오스와 문명』, 115쪽.
3) 앨런 피츠 외 공저, 『말을 듣지 않는 남자 지도를 읽지 못하는 여자』, 294쪽.

(3) 오르가슴 직전에 DHEA(디하이드로 에피 안드로스테론) 호르몬이 분비되어 인지능력을 높이고 면역체계를 구축하는 동시에 종양성장을 억제하고 뼈를 튼튼하게 만든다.

(4) 여자의 경우 섹스는 옥시토신과 에스트로겐 수치를 높이는데, 이것은 튼튼한 뼈와 심장보호의 효과가 있다.[4] 피셔에 따르면 여성의 질에 들어간 정액은 여성에게 다양한 영향을 줄 수 있다. "정액에는 도파민을 생산하는 데 필요한 아미노산뿐만 아니라 도파민과 노르에피네프린도 들어 있다. 또한 성욕을 높여줄 수 있는 테스토스테론, 여성의 성적 각성과 오르가슴을 돕는 다양한 에스트로겐 그리고 파트너와의 결합의 감정을 고무하는 옥시토신과 바소프레신이 들어 있다. 그것은 여성의 질에 난포자극호르몬과 황체형성호르몬을 저장하는데 이는 월경주기를 조절하는 물질들이다."[5]

지식박스: 성의 4단계

1. 눈맞기: 눈으로 보는 데서 사랑이 싹튼다. 자기에게 맞는 상대를 만났을 때 손에 땀이 나고 혈관이 충전된다.

2. 매료: 머릿속 암페타민(신경중추자극각성제)이 분비된다. 암페타민의 세 요소는 도파민(신경활동을 돕는다), 노르에피네프린(혈관수축, 혈압항진), 페닐레틸아민(가슴 설레임을 일

---

4) 앨런 피츠 외 공저, 『말을 듣지 않는 남자 지도를 읽지 못하는 여자』, 294쪽.
5) 헬렌 피셔, 『왜 우리는 사랑에 빠지는가』, 299쪽.

으키며 2-3년 작용한다)이다.

3. 손대기: 엔도르핀이 분비되고 마음을 평온하게 안정시킨다.

4. 껴안기: 옥시토신(출산, 수유, 오르가슴) 분비.[6]

지식박스: 성의 12단계 --------------------------------------

최초의 매혹에서 최종적 신뢰에 이르기까지
친밀성이 증가하는 데에는 12단계가 있다.

1. 눈[7]에서 신체

2. 눈에서 눈

3. 목소리에서 목소리

4. 손에서 손

5. 팔에서 어깨: 어깨 포옹. 친밀한 우정과 사랑의 중간단계.

6. 팔에서 허리: 팔을 허리에 두르는 동작으로 여성의 성기에 한층 가까이
접근.

7. 입에서 입:[8] 생리적 흥분. 여성의 질점액 분비. 남성의 페니스 발기.

---

6) 김상일, 『카오스와 운명』, 117–119쪽.
7) 남녀가 사랑에 빠지는 데 있어서 시각의 역할 즉 눈의 역할은 너무도 중대하다. 중세 시인은 말한다. "사랑의 신은 어떻게 상처도 내지 않고 내 가슴으로 들어갔는가? 그것은 눈으로 들어갔어. 그런데 눈은 멀쩡하네. 눈이 아니라 가슴에 구멍이 뚫린 거야. 어떻게 눈으로 들어갔는데 가슴에 구멍이 뚫린 거지? 눈은 마음의 거울이야. 거울을 통해 불길이 들어가서 심장을 불태우는 거야." 장 베르동, 『중세의 쾌락』, 이학사, 16쪽.
8) 키스는 어미가 자식에게 먹이를 부여하는 양육행동에서 비롯되었다.
동물들은 애정표시로서 양육행동을 모방하곤 한다. 그래서 먹이나 선물 또는 먹이대용품 즉 먹이를 상징하는 물건들을 상대방에게 선물한다. 수탉은 암탉 보는 앞에서 모래를 콕콕 집어서 던진다. 이를 본 암컷이 다가오면 교미가 시작될 수 있다. 이런 구애행동이 간략화되면 먹이나 물건 없이 서로 간의 부리를 맞대는 행동으로 대신한다. 많은 조류들이 그런 식의 애정표현을 하며 영장류도 그렇게 한다. 아이베스펠트, 『사랑과 미움』, 조정옥 역.

8. 손에서 머리: 상대의 머리 애무. 얼굴, 목, 머리카락 쓰다듬기. 손바닥으로 목줄기와 뺨 감싸기.

9. 손에서 몸: 상대 몸 더듬기. 강하게 껴안거나 어루만지기. 남성이 여성의 유방 애무.

10. 입에서 가슴: 유방 키스. 성기접촉 전 단계 전주곡.

11. 손에서 성기: 성기의 시험적 애무. 남성이 여성의 음순과 클리토리스의 반복 쓰다듬기. 손가락으로 페니스 흉내를 내어 질에 삽입.

12. 성기에서 성기[9)]

"그러므로 연애를 잘 하려거든 머리, 손을 비롯하여 온몸을 깨끗이 씻어야 한다."

9) 모리스, 『접촉』, 95쪽.

강의 2. 성적 쾌락

인간은 먹고 마시는 것을 비롯한 다양한 감각적, 정신적 즐거움과 행복을 추구한다. 오관의 감각적 즐거움 가운데 성적 쾌락은 가장 강력한 것이고 가장 갈망되는 것이다. 어떤 학자는 인간의 욕구를 55가지로 보기도 한다. 그러  나 인간의 가장 중요한 욕구는 식욕과 성욕이라고 할 수 있다. 평생 동안 성욕의 충족 없이도 생명을 이어갈 수 있지만 식욕의 충족 없이는 단 하루도 잘 살 수 없다. 배고프지 않는 한 성욕이 지배적이다. "성욕은 뇌의 시상하부에서 시작되어 두뇌 속의 화학물질들이 혈류 속으로 쏟아져 들어가 생식선을 자극한다. 그 결과 남성호르몬(테스토스테론 안드로겐)과 여성호르몬(에스트로겐)이 분비된다. 이 호르몬들이 밀물처럼 밀어닥쳐 가득 차 오르면 우리는 원초적인 욕구인 성욕을 느끼게 된다."[10]

고대 그리스의 쾌락주의자 에피쿠로스 그리고 동양의 노자와 장자는 성욕 때문에 정상적인 생활을 하지 못할 정도가 되어서는 안 되며 적당

10) 헬렌 피셔, 『제1의 성』, 생각의 나무, 356쪽.

한 성욕의 충족이 필요하다고 보았다. 성적 쾌락을 지나치게 추구하면 해가 될 수 있지만 어느 정도의 만족은 필요하다.

2-1. 성적 쾌락의 조건

어떻게 하면 더 많은 그리고 더 강한 성적 쾌락을 얻을 수 있을까? 성적 느낌은 여러 가지 조건과 영향요인들에 따라서 민감하게 달라진다. 사랑과 친숙성이라는 정신적, 영혼적 조건뿐만 아니라 주위환경과 신체상태에 따라서 성적 느낌이 달리 느껴질 수 있다. 성적 쾌락은 미각에 비유될 수 있다. 한 접시의 똑같은 요리라도 나의 건강상태나 혀감각의 상태뿐만 아니라 기쁨과 우울 같은 정신적인 기분에 따라서 맛있게 느껴질 수도 있고 무감각할 수도 있다.

1. 성행위에 임하는 태도: 성은 사랑의 표현이다.

사랑에도 정도 차이가 있고 낮은 온도의 사랑에서도 성관계를 갖기도 한다. 즉 사랑의 종류와 형태와 깊이가 사람마다 상황마다 제각각이고, 오직 깊고 진정한 사랑만이 성행위를 정당화해 주는 것은 아니다. 그러나 역시 사랑이 있음으로써 성행위가 가장 자연스러워진다. 사랑이 있는 성행위라면 성적 수치감 그리고 행위를 하고 난 뒤 후회 역시 적을 것이다. 사랑 없는 성은 공허하며 자신의 인격에 대한 회의까지 일으킬 수 있다. 가벼운 이끌림이나 남녀 간의 우정이 섹스로 연결될 수도 있다. 그러나 이상적인 성행위의 모습은 사랑의 표현으로서의 성이다. 성행위는 단순한 육체적 행위가 아니라 영혼과 정신이 동반되는 행위이며 영혼과 정신도 만족시켜야 하는 행위이다. 성행위는 쾌락을 목적으로 하기보다는 사랑의 표현으로서 해야 한다. 쾌락은 사랑의 표현에서 우연히 부수적으로 동반되는 느낌이다.

그러나 이왕이면 쾌락이 많은 것이 좋지 않은가? 성행위를 통해서 오로지 쾌락만을 추구하는 것도 바람직하지 않지만 아무리 깊은 사랑이라고 하더라도 쾌락 없는 성행위 역시 공허하기는 마찬가지다. 쾌락이 성행위에 부수적인 목적이라 할지라도 더 많은 쾌락을 얻도록 우리가 의식적으로 계획하고 추구할 수도 있는 것이다. 발레를 하기 위하여 연습하고 단련하듯이 성행위도 연습과 단련이 필요하다. 우리는 날감자를 우적우적 씹어 먹지 않고 갖은 양념으로 요리하여 먹는다. 감자에 대한 무수한 요리법이 있다. 그리고 요리학원들이 있다. 성을 위한 요리법도 당연히 있어야 하며 훈련원도 있을 법하다.

성적 쾌락은 결코 사랑의 감정만으로 정열만으로 주어지는 것이 아니다. 즉 사랑하지 않는 상대임에도 불구하고 진정으로 사랑하는 상대보다 더 많은 쾌락을 줄 수도 있다. 인간은 정신적인 존재일 뿐만 아니라 물리적, 생화학적 신체를 가진 존재이다. 그래서 성적 쾌락은 정신적 조건뿐만 아니라 물리적, 생물학적 조건에 좌우된다. 적당한 물리적 자극이나 생화학적 자극 없이 성적 쾌락은 오지 않는다. 상대방의 신체를 어떻게 자극할 것인가에 대한 지식과 배려가 필요하다.

2. 성행위, 성기 등에 대한 거부감이 없어야 한다.

성은 자연스러운 것이다. 성기는 인간의 자연적인 부분이고 성행위는 인간의 자연적이고 본능적인 행위이다. 식물의 아름다운 꽃은 바로 식물의 성기다. 식물들은 보란 듯이 밝은 태양 아래 자신의 성기를 내보인다. 우리 몸 가운데 성기는 빼놓을 수 없는 귀중한 부분이고 또 아름답고 신비로운 부분이다. 성기는 생명의 탄생과 연관되어 있으며 우리가 느낄 수 있는 감각 가운데 가장 뿌듯하고 강렬한 감각을 주는 부분이다. 성기를 통해서 우리는 우리가 세상에서 가장 사랑하는 사람과 가장 깊은 접촉을 할 수 있다. "우리는 자신의 육체와 성에 친숙해질 필요가 있다. 자신의 육체에 대한 부정적인 감정이나 성교 시 자신이 어떻게 보일까 하는 생각은 우리를 혼란시키고 쾌감을 느끼는 자신의 능력발휘를 방해한다. 편견 없이 자신의 육체를 거울에 비춰보고 탐험하라. 육체의 아름다움과 쾌감을 주는 능력에 감사하라. 여성은 평소에 여러 방법으로 클리토리스 자극을 시도함으로써 더 쉽게 오르가슴에 접근할 수 있다."[11] 유아기 때부터 주변에서 물밀듯이 흘러들어온 성과 성기에 대한 수치감은 성적 느낌에 막대한 방해가 될 수 있다. 그러나 성인이라면 자신의 무의식 속에 쌓여 있는 이러한 외부적 영향들을 걸러내고 자신의 느낌을 정비할 필요가 있다. 정신이 감각에 영향을 주기 때문이다.

3. 기법

식사에도 각자의 기호가 다르듯이 성행위도 좋아하는 상대, 체위, 기법 그리고 성감대가 다르다. 상대의 기호를 알아야 하며 나의 기호를

---

11) 『성도인술』, 266쪽.

알려야 한다. 내숭 떨고 고상한 체하다가는 쾌락을 놓친다. 때로 혀와 성기의 접촉(펠라치오), 그리고 도구나 윤활유의 사용이 필요하다. 예를 들어서 여성의 경우 대부분 질보다는 클리토리스의 자극을 통해서 더 강한 즐거움을 얻는다. 여성이 그런 자극을 거부할 경우 또는 남성이 이를 회피할 경우 여성의 만족은 거의 불가능하다. 마음의 전환과 개방이 필요하다. 포르노나 애정영화를 통해 미리 어느 정도의 흥분을 얻을 수도 있다.

4. 솔직한 대화

서로 어느 부위를 어떻게 자극하기를 원하는지를 솔직하게 말할 수 있어야 한다. 그런 솔직한 대화 없이 쾌락은 갖기 힘들다. 관계의 초반부터 그렇게 하기는 힘들 것이다. 그러므로 어느 정도의 친숙성이 전제된다.

5. 친숙성과 편안함

상대를 오래 알고 잘 알수록 성이 자연스럽고 즐거움도 많다. 한 인간을 아는 데에는 21년이 걸린다는 말도 있다. 그래서 한 사람과의 오랜 접촉이 더 큰 성적 즐거움을 준다. 즉 이 사람 저 사람에게로 바람처럼 떠돌아다니는 사람, 소위 돈 후앙이나 카사노바는 진정한 쾌락을 갖기 힘들다.

6. 여유 있는 마음

때에 따라서 상대가 피곤하거나 마음의 준비가 되지 않았을 때에는 쓰다듬기나 어루만지기, 키스만으로도 만족할 수 있어야 한다. 속도가 느리고 여유가 있을수록 쾌락이 더 크다.

7. 건강

신체적 건강은 쾌락의 필수조건이다. 쾌감은 혈액순환과 밀접하게 연관된다. 흡연, 음주 같은 것은 혈액순환에 치명적이며 성생활에 해롭다. 비아그라 같은 약도 혈액순환과 연관되는 것이다. 즐거운 성을 위해서는 적절한 식이요법이 필요하다. 그리고 초콜릿이나 포도주같이 성적 감각을 더해 주는 최음제도 필요하다면 사용할 수 있다.

8. 생활에서 오는 내적 불만과 스트레스가 없는 상태

모든 조건이 갖추어지더라도 특히 여성은 조그만 불만 하나로 제대로 감각을 느낄 수 없게 된다. 평소 서로가 더 잘 이해하고 배려하며 불만이 없도록 충분한 대화가 필요하다.

9. 성행위를 나누는 주변 분위기가 마음에 들어야 한다.

『카마수트라』를 보면 성행위의 준비로서 장롱의 위치와 방안의 장식까지도 언급하고 있다. 이왕이면 아름다운 풍경이 있는 곳이 정감을 부드럽게 해주며 방안의 꽃, 촛불 등 소품은 특히 여성들을 도취하게 할 것이다. 주변의 악취와 소음이 방해하지 않아야 하며 남을 의식하지 않아도 되는 은밀한 공간일수록 더 좋다. 몸의 청결은 필수조건이다.

10. 여성 만족시키기

여성의 오르가슴에는 질 오르가슴과 클리토리스 오르가슴이 있는데 대개의 경우 후자를 더 많이 체험한다. "개인적 취향에 관계없이 혀 운동은 여성의 질액을 잘 분비시켜 성교를 가장 빠르게 준비할 수 있는 수단이며 여성이 오르가슴에 도달할 수 있는 가장 손쉬운 수단이며 유일한 수단이다. 성기뿐만 아니라 성기 주변 그리고 배, 가슴, 유두, 얼굴, 손을 함께 애무함으로써 쾌감이 증폭될 수 있다. 손을 질 내부에 넣어 민감한 부분 즉 클리토리스 뒤 2-5센티미터 지점을 자극하며 손가락으로 페니스 흉내를 낸다. 느리고 우물쭈물하는 접근이 권유할 만하며 파트너가 충분히 달궈지기 전에 삽입하는 것은 어떤 경우에라도 피해야 한다."[12]

11. 남성 달구기

남자의 성은 페니스에만 국한된 것이 아니다. "페니스의 귀두 부분을 제외하고 가장 많은 신경조직이 모여 있는 곳은 고환이다. 고환은 페니스보다 부드럽게 다루어야 한다. 고환과 항문 사이의 회음도 민감한 부분이다. 많은 남성들이 유두자극을 좋아한다. 무엇보다도 해주기를 바라는 바에 대한 솔직한 대화가 필요하다. 여성의 신음소리는 가장 강력한 최음제이며 여성의 만족감은 남성의 만족을 더욱 확대시킨다."[13]

12. 검토

"상대와 오르가슴을 느끼지 못할 때, 상대방의 만족에 너무 신경 쓰

---

12) 『성도인술』, 158-184쪽.
13) 『성도인술』, 232-235쪽.

지 않는가, 자의식이 너무 많지 않은가, 흥분이 없는 것은 아닌가, 전희를 더 길게 할 필요는 없는가 등을 검토해야 한다."[14]

2-2. 오르가슴의 기능

성은 사랑하는 남녀의 존재를 하나로 합일시켜 준다. 두 사람의 감정뿐만 아니라 인격적 존재의 합일이 성취되는 것이다. 이러한 감정합일은 철학자 막스 셸러에 의하면 우주와의 존재적 합일로 들어가는 입구이다. 한 사람의 존재와의 성적 합일을 통해서 온 우주의 존재를 만나기 시작하는 것이다. 우주의 본질을 탐구하는 철학은 존재의
본질에 대한 고차원적, 정신적 직관뿐만 아니라 존재와의 도취적, 열광적, 디오니소스적인 합일도 포함한다. 정신과 충동은 철학의 두 측면이다. 그렇게 놓고 보면 성행위는 철학의 중요한 한 측면인 것이다.

성행위의 극치는 흔히 오르가슴이라고 불린다. 성반응의 단계에는 성 흥분기-성적 흥분 유지기-오르가슴기-흥분 해체기-무반응기가 있다. 여성의 경우 오르가슴은 음핵의 특수한 감각신경 종말자극에 의해 일어나는 것으로 질 주위 근육 수축에서 시작하여 항문 괄약근 수축, 자궁 수축으로 이어지는 과정이다. 남성의 경우 오르가슴은 몇 초 간격

14) 『성도인술』, 268쪽.

의 전신발작과 정액방출과 동시에 느끼는 느낌이다.[15] 오르가슴이 성반
응의 극치이기는 하지만 반드시 쾌락의 극치인 것은 아니다.

오르가슴은 음핵의 물리적 자극에 의해 획득되므로 사랑하지 않는
상대와의 관계에서도 얼마든지 획득된다. 그러나 오르가슴은 마음과
정신에 의해서 크게 좌우된다. 오르가슴은 기대에 의존한다. 오르가슴
이 있다고 믿지 않으면 느끼지 못한다. 오르가슴은 문화적 산물이기도
하다. 예를 들면 여성의 성욕을 죄악시하고 여자를 남자의 성적 도구로
삼는 이슬람교 문화권에서는 여성의 성을 철저히 억압한다. 여성이 쾌
락을 알고 적극적으로 추구하는 것을 방지하기 위하여 음핵절제와 음
순봉합 등 여성할례가 이루어진다. 여기서 여성의 오르가슴은 있을 수
없다. 반대로 태평양 망가이아 섬에서 여인들은 성교 시 2-3회 오르가
슴을 체험한다. 남자들은 성인의식에서 여자에게 최고의 쾌락을 주는
비법을 전수받는다.[16]

오르가슴은 암컷이 성교를 좋아하도록 만든 진화론적 장치이다. 실
험결과 동물 암컷은 오르가슴에 이르지 못했다.[17] 인간 여성의 오르가
슴은 늦게 진화된 결과이다. 그러면 오르가슴은 어떤 의미와 기능을 가
지는가?

(1) 오르가슴은 남녀관계를 강화, 결속시켜 준다.[18]

(2) 오르가슴은 임신 가능성을 크게 높여준다. 성교 직후 암컷이 서서
돌아다닌다면 정액이 바깥으로 흘러나온다. 오르가슴은 여성이 녹초가
되어 누워 있게 만들어서 수정 가능성을 높인다.[19]

---

15) 윤가현, 『성문화와 심리』, 학지사, 119-120쪽.
16) 윤가현, 『성문화와 심리』, 149쪽.
17) 윤가현, 『성문화와 심리』, 161쪽.
18) 이인식, 『성과학탐사』, 147쪽.
19) 이인식, 『성과학탐사』, 146쪽.

(3) 오르가슴은 질의 윤활작용으로 질 내 알칼리 농도가 높아져서 정자 생존율을 높인다.[20]

지식박스: 도교의 섹스기법[21] ---------------------------------

호흡법: 사정을 조절하고 멀티오르가슴(여러 차례의 오르가슴)에 이르는 길은 바로 호흡이다. 깊고 느린 호흡 즉 복식호흡으로 사정을 조절한다.

성근육 강화: 고환과 항문의 중간회음부가 PC근육으로 바로 소변을 참을 때 사용되는 근육이다. 이것이 오르가슴 동안 골반과 항문의 율동적 수축을 담당한다.[22] 이 근육 강화로 발기력과 오르가슴

을 강화할 수 있다. 이것은 오르가슴과 사정을 분리하여 사정 없는 오르가슴을 이끌어내려는 시도이다. 이를 위해서는 소변 흐름 멈추기(소변 보는 동안 골반근육을 조임)를 해야 한다. 이런 PC근육 수축이완을 통한 근육훈련은 하루 중 어느 때라도 가능하다.

자위행위: 도교에서 자위행위는 생식기와 성에너지를 강화할 수 있는 탁월한 방법이라고 본다. 자위는 독신수련법, 생식기훈련법으로서 성교대용이 아니라 보충이다. 지나치게 많은 사정만 아니라면 무방하다.[23]

20) 윤가현, 『성문화와 심리』, 162쪽.
21) 『성도인술』, 174쪽.
22) 『성도인술』, 78쪽.
23) 『성도인술』, 84쪽.

강의 3. 남녀의 성의 차이

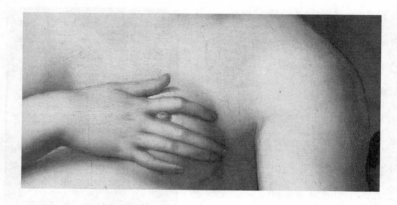

1. 남성과 여성의 테스토스테론 수치는 모두 동틀녘에 가장 높다. 여성의 성욕은 월경 직전에 가장 높고 남성의 성욕은 11월과 12월 즉 늦가을에 가장 높다. 남자의 성욕은 10대 후반과 20대 초반에 절정을 이루며 점점 감퇴해 간다. 반면에 여성의 성욕은 20대 후반과 30대 초반에 절정에 달했다가 다소 떨어진 뒤 평생 같은 수준을 유지한다. 대개의 여성들의 성욕은 폐경기 이후에도 감퇴되지 않는다. 40대 이전까지는 남성의 성욕이 여성보다 크지만 40대 초반부터 폐경기 전까지는 여성의 성욕이 더 크다. "섹스만 밝힌다"는 여성의 남성에 대한 비난의 목소리가 이제는 "섹스를 잘 안 하려고 든다"는 비난으로 바뀐다.

2. 남성은 여성에 비해 다른 파트너와 섹스를 즐기는 환상을 더 자주 품는다. 생물학적으로 볼 때 남성은 가능한 한 많은 여성들에게 정자를

뿌리려는 본능이 있는 것이다. 그러나 여성도 다양한 파트너와의 섹스를 추구한다는 진화론적인 증거가 있다. 즉 남성의 정자에는 난자잡이뿐만 아니라 낯선 정자의 침범을 방지하는 훼방꾼들과 그것을 찾아 죽이는 정자 등 세 종류가 있다. 이것은 선조 여성들이 여러 명의 파트너에 관심을 가졌다는 암시이다.

3. 남성이 이성애 아니면 동성애 한 쪽에 관심을 가지는 반면에 여성은 양성애 감정을 느끼는 성향이 더 강하다. 여성은 영화나 소설 속에 나타나는 낭만적인 밀어나 이미지에 의해서 남성보다 더 쉽게 자극받는다. 여성은 또한 성기 이외의 다른 육체부위의 애무를 더 자주 마음에 그린다. 남성이 머릿속에 그리는 시나리오에는 정복과 지배가 핵심을 이룬다. 반면에 여성들의 성적 사고에는 순종과 양보가 주를 이룬다. 여성들은 스스로를 성적 욕망의 대상으로 본다. 섹스에 대해 남성들은 여성들보다 더 자주 생각하며 자위도 더 자주 한다.

4. 오르가슴의 경우 남성은 처음에 서너 차례 강렬한 수축이 있은 뒤에 불규칙적이고 약한 수축이 몇 차례 따른다. 여성은 근육을 조이는 듯한 기분을 초기에 대여섯 차례 느끼며 근육수축은 갈수록 더 긴 리듬으로 진행되어 섹스에 따른 희열을 지속시킨다. 여성의 오르가슴은 골반조직의 더 넓은 범위에 걸쳐 일어난다. 여성들은 연속적으로 몇 차례의 오르가슴을 느낄 수 있는 반면에 남성 중에는 극소수만 그렇게 할 수 있을 뿐이다. 남성의 성욕이 더 꾸준하지만 성적 반응에서는 여성이 더 격렬하다.

5. 섹스에 대한 환상에 빠질 때 여성은 꽃, 올리브유, 촛불, 보송보송

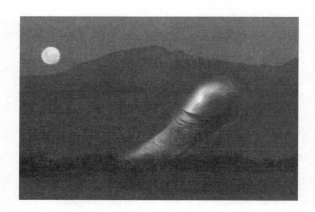

한 타월 등 감촉과 소리, 냄새, 키스, 포옹 등 섹스를 에워싸고 있는 분위기를 남성보다 더 자주 떠올린다. 여성은 성교행위를 더 넓은 육체적 환경에 놓는다. 여성은 성과 연관시켜서 의사소통, 사랑, 친교 등을 언급하는 반면에 남성은 정력, 발기횟수 등을 얘기한다.[24]

우리 사회에서는 여성이 성욕이 별로 강하지 않은 반면에 남성의 성욕은 강한 편이고 자제하기 어렵다는 편견이 지배적이다. 따라서 남성의 성적인 방탕은 눈감아줄 만한 것이고 여성의 성적 방종은 용납하기 힘든 것으로 취급되곤 한다. 가부장제 사회 속에서 남녀에 대한 의식적, 무의식적 성교육이 각기 달랐고 따라서 성에 대한 남녀의 사회화가 달랐다. 남녀의 각기 다른 사회화의 영향이 아주 없을 수는 없다. 개인의 성생활에 대한 관념은 선천적 요소뿐만 아니라 사회적 영향에 의해서 함께 구성된다. 사회화의 영향으로 남성이 여성에 비해서 자신의 성에 대해 다소 자유분방한 의식을 가질 수도 있다. 그러나 남녀가 똑같은 호모 사피엔스인 이상 남녀의 성욕의 양이 극단적으로 다른 것이 아

24) 헬렌 피셔, 『제1의 성』, 357-373쪽 참조.

니라 성욕의 표현방식이 다를 뿐이다. 남녀의 선천적인 성욕에 다소 차이가 있을지라도 극과 극의 차이는 아니다. "세계의 거의 모든 문화권에서 오랫동안 여자는 언더섹스화(undersexed, 성욕이 약한)되고 남성은 오버섹스화(oversexed, 성욕이 넘쳐흐르는)되어 왔다. 여성은 성적 욕구를 억누르고 심리적 친밀감을 내세워야 하고 남성은 성적 욕구를 발산해도 된다는 식의 고정관념은 어느 나라를 막론하고 비슷하게 받아들여진다."[25] 이런 고정관념은 서서히 깨지고 있고 하루빨리 깨뜨려야만 한다. 성욕을 유발하는 호르몬인 테스토스테론의 양은 남녀에서 다르고 남성에서 더 많은 것이 사실이다. 그러나 "남성은 이것이 많아야 성적 동기화가 되지만 여성의 경우는 테스토스테론의 양이 적어도 동기화가 가능하다."[26] 즉 같은 양의 성욕이 발생되기 위해서 남성은 여성에 비해 더 많은 테스토스테론을 필요로 한다는 것이다. 남녀의 성욕에 대한 편견은 여성의 억압으로 연결되어 많은 부작용을 낳았다. 순결, 정숙 등 주로 여성을 겨냥하고 억압하는 덕목이 오랫동안 지배적이었다.

25) 홍성묵, 『사랑은 진할수록 아름답다』, 121쪽.
26) 홍성묵, 『사랑은 진할수록 아름답다』, 117쪽.

강의 4. 부끄러움에 대하여[27]

대개의 사회에서 성과 연관된 것은 부끄러운 것으로 취급되고 성에 대한 개방적인 언급조차 금기시되었다. 성에 대한 부끄러움은 인간 모두가 선천적으로 타고나는 것인가? 아니면 교육에 의해 후천적으로 획득된 것인가? 원시림에 홀로 버려져 동물들에 의해 양육된 인간아이는 성욕을 의식하지도 표현하지도 못했다고 한다. 본능에 속하는 성욕의 존재 자체도 사회에 의해서 일깨워져야 비로소 의식될 수 있는지도 모른다. 그렇다면 그런 인간아이는 성에 대한 부끄러움은 더더욱 알지 못했을 것이다. 그러나 철학자들은 부끄러움이 인간이 본래 가지고 타고나는 도덕적인 부분과 연관되어 있다고 생각했다. 유교에서 말하는 수오지심이 그렇고 서양철학자 막스 셸러가 그렇다.

감정철학자 셸러에 따르면 부끄러움의 본질은 정신과 충동 그리고 개별자와 보편자라는 두 가지 극을 통해서 설명된다. 인간은 육체를 가진 충동적인 존재이며 인간종의 번식에 기여하는 존재인 동시에 육체와 본질적으로 독립적인 정신적 인격존재이다. 그리고 인간은 개별적

---

27) 이 글은 막스 셸러, 『동감의 본질과 형태들』(조정옥 역)의 역자 해설 부분에서 인용한 것이다.

개인인 동시에 인간종이라는 보편성의 한 예이다. 바로 인간이 육체와 정신, 종과 개별자 사이에 놓여 있는 존재이며 그 양극에서 갈등하는 존재이기에 부끄러움을 느껴야 하고 동시에 느낄 수 있는 능력을 가지게 된다.[28] 가치를 분별할 수 있는 정신과 가치에 대해 무분별하고 쾌락만을 추구하는 충동 모두를 갖춘 존재만이 부끄러움을 느낄 수 있다. 그러므로 신도 동물도 부끄러움을 느낄 수 없고 오직 인간만이 부끄러움을 느낀다.

부끄러움의 본질은 셸러에 의하면 한편으로는 가치를 분별하는 높은 의식적 기능과 충동적인 낮은 추구 간의 긴장을 드러내는 감정이며, 다른 한편으로는 개별적 개인이 자신을 되돌아봄이며 보편적인 종적 영역으로 추락하는 데 대한 자기보호의 필연성의 느낌이다.[29] 부끄러움의 보편적 기능은 가치에 대해 무지한 낮은 충동이 우세하지 못하도록 억압하고 그럼으로써 가치인식기능 일반의 더 높은 원리가 자기 권리를 찾도록 보호해 주는 것이다.[30] 예를 들면 수치심 가운데 가장 대표적이며 가장 강렬하고 긴박한 성적 수치심은 가치를 지향하고 한 대상에 몰입하려는 사랑과, 단지 쾌락만을 지향하며 대상에 대해 무차별적인 충동 간의 갈등의 느낌이다. 이러한 성적 수치심은 유일한 개별적 개인으로서의 자아와 인간종의 번식에 기여하는 한 생명체로서의 즉 보편자의 한 예로서의 자아 간의 갈등의 느낌이며 더 보편적이고 강력한 낮은 원리인 충동을 제어함으로써 더 개별적이고 높은 원리인 사랑이 우세하도록 돕는다.

개별자의 자기보호 느낌으로서의 부끄러움은 개별자가 개별자와 보

28) Max Scheler, *Schriften aus dem Nachlass*, Bd.1, Abern 1957, 69쪽.
29) Max Scheler, *Schriften aus dem Nachlass*, Bd. 1. 90쪽.
30) Bruno Rutishauser, *Max Schelers Phänomenologie des Fuehlens*, Bern 1969, 126쪽.

편자 간의 갈등을 체험하게 되는 느낌으로서 개별자가 보편적 영역으로 떨어지는 경우에 느낄 뿐만 아니라 보편자의 한 예로서의 개별자가 유일한 개별자로 취급되는 경우에도 느끼게 된다. 나 개인 특유의 체험이 타인에 의해서 실패, 실망, 승리, 애정, 질투 등 보편적인 개념 안에 들어가게 될 때 나는 부끄러움을 느끼게 된다. 예를 들면 나의 상황과 체험을 친구에게 털어놓았을 때 친구가 "너 질투에 빠졌구나"라고 말할 수 있다. 친구는 나 고유의 경험을 질투라는 보편개념 속에 집어넣은 것이다. 이때 나는 수치를 느낀다. 또한 내가 의사 앞의 환자처럼 나를 보편자의 한 예로서 내보일 때 내가 그에 의해서 환자가 아닌 한 개성적인 개인으로서 취급될 때에도 부끄러움을 느끼게 된다. 부끄러움이란 공공성과 보편성에 의해서 개인영역이 다칠 가능성에서 비롯된다.그리고 모든 형태의 부끄러움은 개인 자신의 보호감정이고 그것의 기능은 보편에 대한 개인의 자기보호이다.[31]

모든 부끄러움 가운데 대표적인 성적 수치심의 기능을 보면 (1) 그것은 감각적 쾌락만을 지향하는 리비도적인 충동을 억제하여 순수한 리비도가 대상을 지향하는 성충동으로 발전하는 것을 가능케 한다.[32] 그러므로 성충동이 있음으로써 성적 수치심이 일어나는 것이 아니라 반대로 성적 수치심이 있음으로써 성적 충동이 발생할 수 있는 것이다. 성적 수치심으로 인해서 무분별한 쾌락추구의 리비도가 이성지향적인 성충동으로 바뀔 수 있는 것이다.

(2) 성적 수치심은 성충동이 사랑하는 상대방으로 향하도록 하며 성

31) B. Rutishauser, *Max Schelers Phänomenologie des Fuehlens*. 110쪽.
32) B. Rutishauser, *Max Schelers Phänomenologie des Fuehlens*. 141쪽.

충동의 억제를 통해서 성적 결합을 사랑이 충만한 시기로 연기하게 만든다. 성충동은 완전한 성적 성숙 이전에 이미 만족을 추구하도록 강압하므로 성적 만족의 시기를 연기할 필요가 있다. 성적 수치심은 사랑을 느낄 수 있는 시기까지 그리고 사랑에 적합한 대상의 선택이 이루어질 때까지 충동적 요구를 제지시킨다. 결국 수치심은 파트너의 선택에서 사랑을 기준으로 삼을 수 있도록 하여 인간 번식에서 질적 상승의 최적 조건을 마련하는 생물학적 기능을 한다. 인간은 벌레처럼 양적 증식을 하는 것이 아니라 가치의 눈을 가진 사랑에 의해 성행위의 대상을 선택하고 자기보다 나은 자손을 생산한다.

(3) 성적 수치심은 사랑하는 마음가짐과 태도가 있더라도 순간적인 사랑의 동요가 일어날 때까지 성적 만족의 추구가 억제되도록 한다.

부끄러움의 종류에는 신체적 부끄러움 또는 생적 부끄러움, 영혼적 부끄러움 그리고 정신적 부끄러움이 있다. 전자는 쾌락을 지향하는 생적, 감각적 충동과 가치선택적인 생적 느낌, 생적(성적) 사랑 간의 긴장에서 비롯된 것이다. 후자는 생명의 힘의 상승을 지향하는 충동 그리고 자기보존 충동과 정신적 인격의 사랑, 의지, 사고 간의 긴장에서 비롯된다.

지식박스: 리비도 ------------------------------------

인간의 모든 활동을 성욕에 기인한 것으로 보는 프로이트의 판에로티시즘에서는 성적 사랑뿐만 아니라 모든 종류의 사랑을 성욕에서 비롯된 것으로 간주한다. 셸러에 의하면 이성에 대한 사랑은 성충동을 동반하지만, 성욕이나 성충동과 사랑은 본질적으로 다르다. 사랑작용이 지향하는 대상에 대해서 충동 역시 지향될 때 사랑이 가능하기는 하다. 그러나 충동에서 사랑이 발생하는 것은 아니다.

인간이 성숙기 이전에 심지어 유아기부터 가지는 성적 쾌락 추구를 프로이트는 리비도라 부르며 대상을 가리지 않고 쾌락을 추구하는 리비도를 도착적이라고 간주한다. 성충동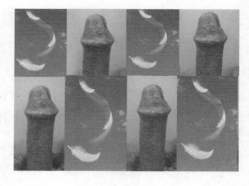은 도착적인 리비도가 우연히 욕구만족의 대상을 이성에서 찾는 우연한 경우에 불과하다. 즉 인간의 성적 충동은 선천적인 것이 아니라 후천적으로 획득한 것이며 인간은 본래 다차원적으로 도착적이다. 도착은 본래적인 것이 뒤집히는 혼란이 아니라 유아기적인 성향의 고착화이다. 리비도가 배척되어 무의식 속에 잔존하는 데서 노이로제가 발생되며 만일 리비도의 대상이 욕구만족과는 전혀 다른 것으로 옮겨가는 데에, 즉 리비도의 승화에 모든 문화가 기인된다. 즉 승화란 배척된 리비도 안에 들어 있던 에너지가 다른 대상과 과제, 예를 들면 정신적인 활동에 쓰이도록 인도되는 것을 의미한다.

셸러에 따르면 리비도는 이미 방향을 이성으로 지향하는 충동이며 성적 충동은 이미 리비도 안에 내재되어 있는 것이다. 성충동은 인간에게 선천적인 것이며 도착은 비정상이며 혼란이며 병적인 것이다. 그리고 리비도가 영혼 전체 에너지의 특성이라면 어떻게 리비도에서 리비도 배척의 힘이 생성되는가라는 의문이 제기된다. 그리고 리비도 배척의 결과 문화가 번창할 수 있다면 금욕적인 수도원에서 문화가 가장 번성해야 하고 문화가 번성한 곳에서는 인구가 감소해야 할 것이지만 그렇지 않다.

강의 5. 동서양의 성문화

5-1. 서양의 성혁명과 성문화[33]

1. 메소포타미아 이집트 문화 BC 3000-300	성교나 잉태의 비밀을 잘 알지 못하고 여성만이 탄생의 힘을 소유한다고 믿음. 여성은 경배와 두려움의 대상이며 남성을 파멸시킬 수도 있다고 믿음. 여신숭배. 어떤 성교도 묵인. 동성성교 등장. 사원에서 풍요를 위한 성의식 거래
2. 초기 유태교 문화 BC 1800-1000	배우자 간의 성행위만을 인정. 혼전혼외성교 금지. 동성애, 자위, 수간, 낙태 금지. 월경기의 성교 금지. 성행위의 목적은 번식과 종족보존
3. 초기 그리스 로마 문화 BC 1000-200	향락주의. 나체주의. 동성애, 매춘, 축첩, 외설문학, 집단성교 성행. 그리스에서 낙태, 영아살해. 플라톤은 남성 간의 사랑을 최고의 친교형태로 간주. 여성에게는 순결과 정숙 요구. 남성에게는 간통 허용. 일부일처제

4. 로마 제국주의 BC 186–AD 476	자유. 노골적이고 방탕. 대개 황제의 동성애
5. 초기 기독교	예수는 독신이었지만 추종자에게는 독신을 요구하지 않았다. 창녀와 간음을 용서. 여성존경. 바울: 독신강조. 아우구스티누스: 성교를 동물적 욕정으로 보아 번식목적의 성교까지 죄악시
6. 중세기 476–1300	아퀴나스: 종족보존과 무관한 모든 성관계를 욕정이라고 정의. 동성애, 수간, 비자연적 체위, 자위, 이혼, 피임 반대. 임신 초기의 낙태 허용
7. 르네상스기 1300–1519	욕망의 자유 자연발산
8. 종교개혁기 1517–1658	루터, 캘빈: 성생활을 삶의 중요한 부분으로 이해. 독신이 오히려 비자연적. 그러나 부부 간의 성관계만 인정하고 쾌락을 위한 성을 신성모독죄라고 봄
9. 청교도주의 빅토리아 왕조 1620–1900	부부 이외의 성에 반대. 자녀생산 목적 이외의 성교 금지. 대영제국의 번영을 위해서 한 달에 1회 이상의 성교 금지. 자위는 병. 여성의 성욕과 성적 표현 금지
10. 산업화 사회	미국의 사회정화운동 콤스탁: 외설적 우편물 우송 금지. 학자들의 성에 대한 사고표현 금지. 매춘을 법으로 규제. 1917: 피임옹호자 체포. 1930: 콘돔이 시장에 처음 등장. 1960: 여성피임약 등장
11. 현대	이란, 인도: 혼전순결 중시. 중국인의 86% : 혼전섹스 용납. 핀란드, 프랑스, 독일, 노르웨이, 네덜란드, 스웨덴: 혼전순결 불합리. 남아공, 폴리네시아: 아기 낳아본 여자 선호(출산력의 증거이므로)

33) 윤가현, 『성문화와 심리』, 25–27쪽. 헬렌 피셔, 『제1의 성』, 383–386쪽.
성혁명이란 성에 대한 태도가 변하여 기준이 달라지게 된 현상을 말한다.
근대의 성연구 흐름은 다음과 같다.
에빙 → 프로이트 → 엘리스 → 허쉬펠트 → 킨제이: 여성도 성적 존재라고 주장. 사회적 파동 → 마스터즈와 존슨: 사진기가 부착된 투명한 플라스틱 인조남근을 제작하여 가상 또는 실제 성교에서의 여성 성기의 내부 변화를 촬영. 1만 차례의 오르가슴 관찰.

5-2. 동양의 성문화

1. 불교와 유교	불교: 6세기 네팔에서 시작, 인도, 중, 한, 일에 퍼짐. 금욕이 근본 원리. 성적인 것은 수도에 방해가 되므로 자위행위를 비롯한 성적 접촉을 억압했다. 유교: 청조 17세기 중엽부터 20세기 초까지 금욕주의적 전통을 따름. 혼전성교 금지. 기혼자도 성교를 자녀생산 목적으로 제한
2. 도교	한국은 유교의 영향, 중국은 도교의 영향을 더 많이 받았다. 도교에서는 음양의 균형, 개인의 건강, 장수에 초점, 금욕을 주장. 정액을 생명력의 원천으로 보아 사정회피를 권장. 과다한 성행위 와 자위를 질병의 근원으로 보았다. 도교에서는 성의 단순한 억제 가 아니라 성의 이용법을 가르침. 현실주의적 도교에서는 정액의 생동적 에너지를 살리기 위해서 10회 중 2-3회만 사정하라고 가르침. 남성이 사정하지 않고 성교 를 오래 지속하는 방법은 카레짜(페르샤 → 인도 → 동양)라 불림
3. 힌두교	금욕하는 승려까지도 성생활을 적당히 즐겨야 한다고 봄. 성을 자 연스러운 것으로 간주. 남성신-쉬바, 여성신-샤크티. 사정회피를 권장. 사정하지 않고 수많은 오르가슴을 느끼라고 가르침. 여신, 모신 숭배

4. 탄트라 불교의 좌파[34]	탄트라: 붓다가 전하는 문헌을 총칭. 힌두교의 여신숭배하는 집단의 문헌. 좌파들은 금욕과 대조적인 생활. 즉 부처가 되기 위해서는 관능적 쾌락의 절정에 도달해야 한다고 믿는다. 부처가 성적 이미지로 표현된다. 탄트라에서는 성적 에너지가 우주에서 가장 중요한 에너지라고 본다. 성교의식에서 오르가슴에 도달하는 것을 초월적이고 우주적인 경험으로 본다. 성교의식은 꽃, 향, 음악, 촛불 등에서 시작. 커플이 목욕. 몸에 기름을 바르고 애무, 명상, 성적 결합. 남녀가 전신애무와 키스. 곡식, 포도주, 어류, 육류, 성교가 5요소

5-3. 성의 억압

문화 특히 전승된 문화는 어릴 때부터의 교육이나 어른들의 행위를 보고 듣는 가운데 이심전심으로 우리 가슴에 전파되어 우리의 무의식에 굳게 자리 잡는다. 어릴수록 영혼의 밭은 여리고 어떤 내용이든 아무런 장애 없이 깊게 파고들어 뿌리를 내리고 자라난다. 성문화도 마찬가지다. 예를 들면 가부장제 사회 속에서 성장하는 인간들은 성은 부끄러운 것이라든지 여성은 남성보다 낮은 존재라는 관념을 자기도 모르게 터득하게 된다. 어른들이 성에 대해 왠지 쉬쉬하는 모습, 남성들이 크고 당당한 목소리로 자기 주장을 하는 반면에 여성들이 귀 기울여 듣는 모습을 우리는 어릴 때부터 자주 보게 된다. 이렇게 전달된 문화는 한 번 무의식 속에 자리 잡으면 바깥으로 쫓아내기 힘들다. 어떤 설득

34) "성(性)은 칼 끝에 발린 달콤한 꿀과 같다. 그래서 감각적 쾌락과 불쾌감을 넘어서는 평안을 추구하는 수행자들에게 '성문제'는 넘어야 할 최고의 산이었다. 그래서 불교를 포함한 대부분의 종교가 육체의 문을 잘 단속해 감각의 쾌락에 의해 정신 자체가 무너지는 것을 크게 경계했다. 그러나 '무상유가 탄트라'로 알려진 티베트 밀교(금강승불교)에선 인간의 성을 진리의 근원에 들어가는 문으로 활용하는 방법을 제시하고 있다." 조연현 기자, 『한겨레』.

력 있는 주장이나 반복된 교육도 그런 무의식을 퇴치하기 힘들다. 그렇기 때문에 문화가 바뀌고 제도가 바뀌는 데에는 수백 년의 세월이 필요한 것이다.

문화는 거의 강박관념에 가까울 정도로 사람들 스스로를 채찍질하고 억압한다. 예를 들면 높은 나무 위에서 뛰어내리는 성인식이 거행되는 문화를 가진 민족에 속한 사람이라면 그런 성인식의 위험성을 알면서도 기어코 참여하려고 할 것이다. 그뿐 아니라 자손들에게도 성인식에 참여하도록 설득하고 강요할 것이며 이웃 가운데 그것을 회피하는 사람이 있다면 벌 주려고 할 것이다. 전승된 문화의 힘은 이렇게 막강한 것이다. 성인식을 바꾸려면 얼마나 많은 에너지가 필요할 것이며 얼마나 오랜 세월이 걸릴 것인가는 미루어 짐작할 수 있다.

본래 인간의 영혼은 아메바와 같은 무정형이다. 아무 방향으로나 자라날 수 있을 정도로 유연하다는 것이다. 한날 한시에 태어난 쌍둥이라도 각기 흩어져 다른 문화권 속에서 성장한다면 서로 전혀 다른 인간이 되어 버린다. 무의식 속에 쌓인 것이 많은 어른일수록 영혼은 경직되고 새로운 것을 수용하기 어려운 상태가 된다. 민족성도 개인의 개성과 마찬가지로 유연성을 갖는다. 그러기에 삼국시대, 고려시대에 자유분방한 성문화를 갖다가 유교의 유입으로 경직된 성차별적 문화를 수용할 수 있는 것이다.

우리 민족 고유의 개성적인 정신이 있는가? 있다면 그것은 무엇인가? 그것은 대답하기 쉽지 않다. 유교적 전통이 오랜 세월 동안 우리 민족을 지배해 오면서 우리의 무의식에 너무도 깊게 뿌리 내려 있다. 그래서 유교문화가 곧 우리 문화라고 불릴 정도이다. 하지만 엄밀히 따져보면 유교는 비록 같은 동양문화이기는 하지만 중국이라는 외국에서 들어온 외래문화이다. 유교의 발상지인 중국 자신의 문화는 그렇게 유교적이지 않다. 중국인들은 사적으로나 공적으로 자신의 감정과 사고에 대해 지나칠 정도로 솔직하다. 그러나 우리 문화 속에는 유교가 깊게 배어 있으며 사람들의 행동과 감정이 확연하게 유교적이다. 자기 감정을 털어놓는 것을 회피하며 따라서 얼굴표정이 굳어 있으며 제스처도 뻣뻣한 편이다. 성에 대한 금기는 인간보편적이기는 하지만 특히 우리 사회의 성문화는 유교의 영향 아래 한층 더 경직되어 있다. 오랜만에 만난 사람들 간의 인사도 포옹보다는 그저 손을 흔드는 정도에서 그치고 있다. 성에 대한 약간이라도 개방적이고 자유로운 표현은 금기시되고 있다.[35]

김상일에 따르면 "인간의 뇌는 무의식적이고 이기적이고 자기중심적인 따라서 공격적인 파충류층과 애타적이고 공감과 유대감을 추구하는 포유류층 그리고 언어, 사고, 판단, 분석과 종합을 담당하는 영장류층으로 구성되어 있다. 인류역사 속에서 충동과 욕구, 감정의 근원인 파충류층과 포유류층은 이성적인 영장류층에 의해서 끊임없는 억압을 받아왔다. 그러나 세 층은 적절한 조화를 이루는 것이 이상적이며 한 층에 대한 지나친 억압은 스트레스와 부작용을 초래하게 마련이다. 인류문명사에서 기원전 2000년경부터 신피질(영장류층)이 고피질(파충류층과 포유류층)을 억압하기 시작했다. 즉 이성이 감정과 충동을 억압했으

---

35) 예를 들면 우리나라 포르노 제작에서도 동성애를 다루는 예는 거의 찾아볼 수 없다.

며 이성을 대변하는 남성이 감성을 대변하는 여성을 억압하기 시작했다. 한국에서 신유교문화가 끼친 스트레스는 대단하다. 이(理) 우위적 사고는 기(氣)를 억압했으며 사단으로 칠정으로 억압하도록 교육해 왔던 것이다. 이런 유교문화는 여성탄압과 계급의 균열을 심화시켰다."[36] 성과 여성에 대한 억압은 인류역사 어느 시대 그리고 지구의 어느 곳에서나 지배적이었고 현재도 그렇지만, 한국에서 그런 억압의 악역은 바로 유교가 담당했던 것이다. 그것은 물론 공자 자신보다도 공자에 대한 해석과 수용 그리고 실제적 유용의 오류일 것이다.

좋은 문화라면 그것이 어디에서 왔는가를 굳이 따질 필요 없이 수용할 만한 가치가 있는 것이다. 그러나 성에 대한 지나치게 경직된 의식을 조장하고 은연중에 성차별의 씨앗을 뿌리는 문화라면 다시 한 번 재고할 필요가 있다. 과연 그것을 계속 전승하고 발전시키고 키워나가고 확산시킬 것인가? 한 민족이 가지는 어느 정도의 개성적인 정신적 집단 영혼이 있다면 우리 민족의 영혼은 어떤 것일까? 혹시 우리 고유의 정신은 유교문화가 들어오기 전에 있었던 자유로운 그리고 성평등적인 성문화가 아닐까?

5-4. 유교와 여성억압

『삼국지 위지 동이전』을 보면 고구려 사람들은 노래와 춤을 즐기고 밤늦도록 남녀가 모여 놀았다고 기록되어 있고, 『주서 열전』에는 남녀가 함께 시냇가에서 목욕하고 한 방에서 잤다고 기록되어 있다. 신라에서는 혼전 혼외 성교가 보편적이었고 남녀의 탑돌이 성교도 유행이었

---

36) 김상일, 『카오스와 문명』, 116쪽.

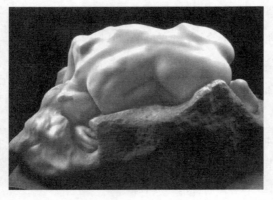

다. 경상도 해안에서는 나체 부부가 집 둘레를 짐승처럼 세 바퀴 돌았다. 이것은 집신(택신)을 성적으로 만족시켜 주지 않으면 해를 당한다고 믿었기 때문이었다. 5, 6세기경 신라인이 흙으로 빚어 만든 인형, 토우에는 성교하는 남녀와 남녀 성기의 과장된 표현작품이 아주 많다. 신라 22대 지철로왕의 설화를 보면 그는 거대한 남근을 가지고 있어서 여자를 구하기 힘들었다. 사신을 보내 짝을 구하게 했는데 어느 동네에서 북만한 똥을 발견하고 동네사람들에게 물었다. 어떤 여자가 빨래를 하다가 숲속에 들어가 눈 똥이라는 얘기를 듣고 찾아가서 궁중으로 데리고 왔다.[37] 이 신화를 보면 신라시대만 해도 성에 대한 논의가 과감하고 솔직했음을 알 수 있다. 전국적으로 유포되어 있는 처녀바위, 공알바위, 숫탑, 총각바위는 우리나라의 남근 여근 숭배의 흔적이다. 통일신라의 목제남근이 안압지에서 출토되었고 동해안 지역에서는 목제남근을 바다의 신인 여신에게 봉헌하는 풍습이 있었다. 농촌에서는 숫총각이 나체로 밭갈이 풍작을 빌기도 했다. 고려 중기까지 자유의사로 맺는 자유혼인, 연애결혼, 자유이혼이 성행했으나 고려 후기부터 중매로 바뀌었다. 고려 말 유교 유입 이후 성적 표현이 극도로 억제되었다.

여기서 특히 신라 토우가 주목할 만하다. "신라 토우(土偶)는 뜨겁고

37) 조현설, 『우리 신화의 수수께끼』, 한겨레출판, 151쪽.

대담하다. 그 사랑의 표현은 노골적이고 적나라하다. 절제와 감춤의 미학에 익숙한 우리 전통에 있어 신라 토우의 에로티시즘은 하나의 파격이자 충격이다. 토우는 한국 역사상 가장 강렬한 에로티시즘이라고 할 수 있다."[38] 왕이나 귀족의 무덤은 신성시되는 곳이다. 왕의 무덤의 장식품이 성행위하는 남녀와 과장된 남녀 성기라는 것은 보통의 상식을 초월한다. "토우장식항아리(국보 195호, 국립경주박물관)의 남녀상이 단연 압권이다. 한 여인이 엉덩이를 내민 채 엎드려 있고 그 뒤로 한 남자(머리와 오른팔이 부서져 있다)가 과장된 성기를 내밀며 다가가고 있다. 왼쪽으로 얼굴을 쓱 돌린 이 여인은 히죽 웃고 있다. 보는 이는 얼굴이 달아오르고 가슴이 쿵쾅거리는데 정작 주인공은 웃음을 흘리고 있다. 이것은 그러나 뻔뻔스러움이 아니라 신라인의 허심탄회 혹은 꾸밈없음이다. 신라 토우는 그래서 외설스럽지 않다. 당시 신라가 아랍인들과 교역하면서 그 영향을 받아서 성관념이 자유로웠는지도 모른다."[39]

고려 중기까지만 해도 성에 대한 억압 그리고 여성에 대한 차별이나 억압은 없었다. 그러나 고려 말 중국에서 유학이 수입되면서 여성에 대한 비인간적인 억압이 시작되었다. "삼국시대는 모계사회로서 남녀관계가 평등했고 따라서 결혼도 자유결혼이었다. 애정이 결혼의 가장 중요한 조건이었다. 자유혼은 고려시대에도 계속되어 부인의 재가 또는 삼가까지도 아무런 문제가 없었다. 외손도 가계상속을 할 수 있었고 가산도 아들딸 구별 없이 균등 상속했다. 고려 후기 주자학의 유입으로 여성의 사회적 지위가 떨어지기 시작했으며 호주제 즉 가부장제가 생기고 삼재가가 금지되었다."[40] "조선시대에는 정절 이데올로기가 여성

38) 이광표 기자, 『동아일보』, 1998.
39) www.koreacraft.org/html/koreacraft/exp/vod/19.html
40) 『여성과 한국사회』, 47~49쪽.

억압의 주범이었다. 여성의 바깥출입과 활동이 규제되었고 재혼한 여자의 자손은 신분상승에 제한을 당했다. 삼종지도, 일부종사, 출가외인 개념은 여성을 극단적으로 통제하는 수단이었고 여성은 효녀, 효부, 열부로 살도록 강요당했다. 조선시대 여성의 인권은 형편없었고 여성은 자신의 이름조차 가지지 못했다."[41]

유교에는 인간사랑 등 가치 있는 가르침들이 많이 내포되어 있는 것이 사실이다. 그러나 유교는 남녀노소와 신분에 따른 인간의 가치를 차등적으로 매김으로써 명령복종 식의 권위주의와 남녀차별을 조장했다. 물론 유교 자체와 시대와 국가에 따른 유교에 대한 해석 및 실천은 논리적으로 구분되어야 한다. 즉 유교해석과 공자의 사상으로서의 유교 자체는 동일한 것이 아니다. 우리의 역사를 돌이켜 볼 때 현실사회에 대한 유교이론의 적용에서 심각한 남녀차별이 초래되었고 여성에 대한 각종 비인간적인 억압이 당연시되었다. 유교 연구자들의 현대적 임무가 있다면 유교 안에 들어 있는 옥석을 비판적으로 과감히 가려내고 유교 본래의 인간사랑 정신을 다시 되살려 시대에 적합한 즉 성차별에 대항하는 인간주의적 유교해석을 이끌어내는 것이다. 그것만이 진정한 유교-르네상스의 길이다. 유교만이 국가를 살린다는 유교주의자들의 극렬한 외침은 바로 그런 길을 통해서만이 실현될 수 있을 것이다.

거의 모든 종교가 그렇듯이 유교 역시 몸과 욕구에 대한 정신주의적 편견을 가지고 있다. 대개의 유교사상에서 인의예지는 선의 근원인 반면에 희노애락 등의 감정은 악의 근원이다. 『논어』를 보면 눈빛, 낯빛, 몸가짐 등 유독 몸에 대한 지침이 많고 자연히 감정표현에 대한 제한사항도 많은 편이다. "마음이 몸을 주재한다는 입장의 전통 유가철학은

---

41) 『여성과 한국사회』, 50-56쪽.

54

가능한 한 욕망을 없앰으로써 도덕적인 사람이 될 수 있다고 말한다. 욕망을 산출하는 몸은 공동체의 안녕을 위협하는 악의 요소로 이해된다."[42] 군자가 아닌 소인과 대등한 여성이라는 관념 즉 여성비하적인 유교관념은 가부장제 관념과 맞물려서 여성의 성을 극도로 억압하는 방향으로 치달았다. "전통 유가철학은 여성의 섹슈얼리티를 인정하지 않았다. 남성이 욕망의 주체로 인정되는 반면에 여성은 남성의 욕망의 대상으로만 인식되었다. 남성의 경우 성욕을 어떻게 극복할 것이며 성욕이 도덕주체의 실현에 어떻게 방해가 되는가에 대한 논의들이 여러 각도에서 비중 있게 다루어졌다면 여성의 성적 욕망 통제는 남편에 대한 정절을 지키는 문제에 제한되어 논의되었다. 여성의 몸은 가문의 혈통을 잇는 수단에 불과했다."[43]

조선시대에는 남편 이외의 남자의 손길만 스쳐도 스스로 자기 팔을 잘라내고 목숨까지 끊는 일이 종종 일어났으며 그것은 열녀적인 행동으로서 극도의 칭찬의 대상이었다. 『삼강행실도』라는 책은 그런 광란적이고 비정상적인 열녀적 행동의 나열이라고 할 수 있다. 스스로의 유혹에 의한 것도 아니며 상대 남자의 간통의도에 의한 것도 전혀 아닌 그저 강을 건너는 것을 돕는 과정에서 다른 남자의 손길이 스친 것을 죄악시한 조선시대 여자들은 얼마나 지독한 세뇌교육을 받은 것인가? 그리고 여성들로 하여금 사소한 일 때문에 과감하게 자기 팔을 잘라버리고 자결까지 할 결심을 하게 한 조선사회는 얼마나 지독한 비인간적인 사회였던가? 여성들이 다른 남성과의 크고 작은 접촉으로도 자결하도록 은근히 부추기고 그렇게 자결한 여인들을 열녀로 칭송하고 열녀

---

42) 김세서리아, 『동양 여성철학에세이』, 117쪽.
43) 김세서리아, 『동양 여성철학에세이』, 65-66쪽, 122-123쪽.

문을 세운 조선시대는 얼마나 비뚤어지고 뒤틀린 범죄사회였던가? 남자들은 첩을 몇씩 두고 살면서도 외도한 여인을 거리에 매달고 팔다리를 차례로 베어버리는 참형에 처한 세종, 성종은 진정으로 인자한 왕이었던가?

5-5. 기독교적 성관념[44]
-특히 외도에 대하여-

현대에는 피임기술 등 현대의학의 발달과 더불어서 성의 자유가 확대되고 있으며 오늘날 한국사회에서도 여러 가지 측면에서 성의 자유가 추구되고 있다. 인터넷과 핸드폰 등 통신수단을 매개로 하여 다양한 의미에서의 남녀 간의 성접촉이 활발해지고 있다. 직업적 매춘부가 아닌 평범한 여성의 성매매가 사회적 이슈가 되고 심지어 초등학생 등 미성년자의 포르노 제작 및 판매 행위가 경악을 낳고 있다. 외도는 현대에 특유한 시대적 현상이 아니라 고대로부터 존재했던 비일비재한 현상에 속한다. 르네상스 이래로 사랑과 연애를 다루는 거의 모든 문학작품들이 외도를 소재 또는 주제로 삼고 있다. 현대의 영화예술도 마찬가지

---

44) 이 글은 필자의 논문 「성의 자유에 대한 가치론적 존재론적 고찰」, 『철학과 현상학 연구』 27집의 일부분을 수정하고 정리한 것이다.

다.

인도의 탄트라 불교와 같은 예외를 제외하고 거의 모든 종교는 번식 목적의 성만을 인정하며 금욕주의를 권장해 왔다. 기독교에서도 혼전 성은 물론이고 혼외 성은 금기시되어 왔고 현재도 역시 기독교 공동체 내에서 성을 둘러싼 자유가 논의될 수 있는 여지조차 거의 없는 상태 다. 성경 자체와 성경에 대한 해석의 역사는 구분되어야 마땅하다. 성 경 속에서도 번식목적의 성 이외에 이성 간의 다정다감을 긍정적으로 보는 부분이 있다는 것이 스탠리 그렌즈 같은 기독교 윤리학자들에 의 해 발견되고 차츰 성에 대한 개방적인 논의가 이루어지고 있다. 그러나 기독교 공동체 내에서 성은 어디까지나 배타적으로 부부관계에서만 이 상적으로 실현될 수 있고 성의 본분을 다할 수 있다는 관점이 지배적이 다. 이제 기독교의 성관념을 더 넓은 토론의 장으로 이끌어내어 가족관 계가 과거에 비해서 다양해지고 복잡해지는 현시대의 흐름에 더욱 부 합하는 유연하고 포용력 있는 성관념을 구성하는 것이 필요하다.

기독교의 성관념은 단 한 가지로 명료하게 귀결되지 않는다. 그것은 기독교의 경전의 길이가 길고 단 한 사람에 의한 저술이 아니기 때문이 다. 성경의 단 몇 구절을 예로 들어서 그것이 성경을 대표하는 입장이 라거나 기독교 전체를 대변해 주는 입장이라고 단정 지을 수는 없다. 성경의 그 모든 구절이 만인에게 그렇게 살라는 명령이나 법칙은 될 수 없다. 예를 들어서 "이삭은 야곱을 낳고 야곱은 … 낳고"라는 구절은 무엇을 말해 주는가? 자손을 많이 번성케 하라는 것인가? 그렇다면 종 족끼리 피가 터지도록 싸웠다는 구절은 자민족을 지키기 위해서 얼마 든지 전쟁하라는 것인가? 십계명처럼 명료한 명령 역시 현대의 상황에 서 어떻게 해석될 것인가, 현대를 위해서 어떤 지침과 가치관을 제시하 는가를 숙고해 보는 과정을 필요로 한다.

1. 몸은 영혼보다 낮은 존재

영혼과 육신에 대한 이분법적 관념 그리고 영혼을 육체의 우위에 두는 영혼관은 기독교의 교리 이전에 이미 플라톤의 이데아의 철학에서 찾아볼 수 있다. 플라톤에 의하면 육체는 영혼의 감옥이며 무상한 가변적인 물질세계에 속한 것으로서 욕구와 죄의 근원이다. 영혼을 높은 존재 그리고 육체를 낮은 존재라고 할 때 그 관계는 높은 존재와 낮은 존재 간의 일반적 관계를 보면 알 수 있다.

기독교에서 높은 존재와 낮은 존재의 관계를 볼 때 높은 존재는 강하고 유능하며 더 밝은 인식의 눈을 갖는다. 그에 반해 낮은 존재는 무지하며 약하다. 그것을 설명해 주는 대표적인 예가 하느님(신)이다. 신은 최고로 높은 존재이며 전지전능하다. 반면에 가장 낮은 존재인 물질은 무능하며 무지하다. 한 인간 속에 내포된 것들 가운데 가장 높은 존재인 영혼은 영원한 존재이며 낮은 존재인 육체에 비해 강하고 유능하며 더 밝은 인식의 눈을 갖는다.

기독교에서는 플라톤과는 달리 육체가 전적으로 흙으로 돌아갈 무상한 존재로 그치는 것이 아니라 육체는 하느님의 영이 거주하는 성전으로도 간주된다. 하지만 이 경우에도 육체가 영혼보다 낮은 위치임에는 변함이 없다. "기독교에서 육체란 사람이나 동물의 살덩이 부분 또는 환유적으로 인간 또는 모든 생물을 가리킨다. 또는 하느님의 성령의 다스림을 받지 않고 죄의 다스림을 받는 인간성을 가리킨다."[45] "아우구스티누스에 따르면 인간은 육욕에 의해서 태어나는 존재이므로 죄가 있고, 죄는 세대를 통하여 순환되고 반복된다. 이것은 아담의 원죄 이외에 또 다른 원죄인 것이다."[46] 서양철학사가 플라톤에서 비롯된 것이

---

45) 『셀프 성경』, 부록: 성경주요용어사전, 1990, 35-36쪽.

기에 모든 전통 형이상학에서 정신과 생명의 관계 그리고 정신적 가치와 생적 가치 간의 관계는 플라톤과 그리고 기독교적 관념과 거의 유사하다. 성경에 의하면 "정욕에는 세상에 속한 모든 기쁨과 욕구로서 성욕뿐만 아니라 정신적 욕구들도 포함된다."[47] 기독교에서는 결국 정신적 가치 역시 세상적인 것으로서 초월되어야 할 어떤 것이다.

2. 기독교의 성관념

유교나 불교 등 다른 종교와 마찬가지로 기독교에서도 육체에 속한 기능으로서의 성은 오직 자손번식의 수단으로 이용되어야 하며 쾌락의 도구로 쓰여서는 안 된다. 성행위의 목적에는 번식 이외에도 쾌락 획득과 유대관계 강화 등이 있다는 사실이 존중되지 않은 채 대개의 종교에서는 번식목적의 성만을 인정한다. "마르쿠제에 따르면 인류는 역사 이전에 충만한 쾌락의 상태였지만 자원의 결여로 노동이 필요했고 따라서 정력과 본능의 발산이 제한되었다. 생식에 기여하지 않는 성, 즉 쾌락적 성은 도착으로 금기시되고 승화되거나 생식적 성욕으로 변형된다. 이것은 과잉억압이다."[48]

기독교적 성관념은 성을 결혼한 부부관계에 국한시키고 그것도 출산의 목적에 국한시키는 성에 대한 극단적 보수주의 입장에 속한다. "대개의 문화권에서 성적 파트너를 결혼한 배우자로 국한시키며 이를 어길 때 부정으로 간주한다. 구약성서에 의하면 고대 유태인들은 혼외성교를 엄격히 규제했고 그 사실이 발각될 경우 둘 다 돌로 쳐 죽여야 한

---

46) 김승일 편저, 『미켈란젤로는 왜 천사에게 옷을 입혔을까』, 136쪽.
47) 『셀프 성경』, 42쪽.
48) 이혜정, 「마르쿠제: 에로스적 문명」, 장영란 외 공저, 『성과 사랑 그리고 욕망에 관한 철학적 성찰』, 서광사, 344쪽.

다고 가르쳤다."[49] 대개 부부 간의 성마저도 정도를 지나치면 죄이며 절제의 대상이다. 물론 성경의 내용과 기독교 역사에서 해석되고 실천된 내용은 구분되어야 한다. 예를 들면 중세에서 성스러운 날에는 부부관계가 금지되어 있으며 이를 지키지 않으면 처벌된다. 성경에 부부 간의 절제에 대한 내용은 있지만 성스러운 날에 부부관계를 금한다는 내용은 없다.

성관계를 규정하는 성경 구절을 보면, 레위기에는 친부모, 계부모, 형제자매, 손녀, 며느리, 삼촌, 이모, 아내의 형제, 이복 형제자매와의 근친관계를 금하는 내용과 동성애를 금하는 내용, 그리고 짐승과의 성교를 금하는 내용과 더불어 외도 즉 이웃의 아내와의 성관계를 금하는 내용이 나온다. 거의 모든 구절이 아버지가 아들에게 충고하는 형식으로서 남성 중심적 시각을 취하고 있다. 즉 여기서 여성이 어떻게 행위해야 하는가는 간접적으로만 짐작 가능하다. 외도를 경고하는 내용으로는 잠언집의 2장 16-19절(탕녀에게 가는 길은 죽음의 길이다), 5장(달콤한 탕녀에게 빠지면 재산을 잃게 된다. 너를 인도하고 보살펴주고 친구가 되는 아내의 사랑 안에서 살아라), 7장(탕녀에게 가는 길은 지옥으로 가는 길이다), 23장 27절(창녀는 깊은 구렁이요 남의 계집은 좁은 우물이다), 30장 18-20절(간음[50]의 행위는 흔적도 없

---

49) 윤가현, 『성문화와 심리』, 251-252쪽.

다) 등이 있다. 여기서는 매춘부(탕녀)와 남의 아내와의 성관계에 대한 경고를 번갈아가며 하고 있다. 반면에 아가서는 오히려 젊은 남녀의 그리움과 사랑, 정열을 노래로 찬양하고 있다. 기독교도들 사이에서는 금욕주의자가 많았지만 실제로 성경에 금욕을 인간보편적 교리로서 명백히 내세우는 부분은 없다. "사도바울이 금욕을 권하는 말을 많이 한 편이지만 누구나 반드시 금욕을 해야 한다고는 하지 않았다."[51] 모세율법은 처녀의 혼전순결을 요구한 데 반해서 신약에서는 혼전 성에 관한 어떤 뚜렷한 입장도 찾아볼 수 없다.[52]

구약은 남자의 성행위에 대해 신약에 비해 다소 관대하며 남녀차별적이다. "구약에서 간음은 해당 여자가 약혼하였거나 결혼한 사람인 경우에만 성립되었다. 결혼한 남자는 아내가 아닌 여자와 성관계를 가질 수 있었던 것이 분명하며 물론 그 여자가 결혼한 사람이 아니라면 간음죄가 성립되지 않았다(창 38:12-16)."[53] 반면에 신약은 남녀평등적이고 남녀 모두의 성에 대해 더 철저하고 엄격한 편이다. "신약에서 예수는 성행위 자체뿐만 아니라 음욕을 품는 사람도 정죄했다. 아내와 이혼하고 다른 여자와 결혼하는 것도 간음이다. 신약에서는 남편도 아내와 마찬가지로 엄격한 도덕에 매여 있다(마 5:21-27, 막 10:11, 12, 고전 6:9)."[54]

여기서 제기되는 의문은 다음과 같다. 만일 위에 언급된 구약의 내용

---

50) 간음, 음행은 일반적으로 정상적인 결혼관계 외의 성관계를 가리킨다. 간통은 기혼자 간에 그리고 간음은 미혼자 간에 범하는 성적 범죄라는 설이 있지만 성경에는 그 차이점이 밝혀지지 않았다. 『셀프 성경』, 2-3쪽.
51) 김승일 편저, 『미켈란젤로는 왜 천사에게 옷을 입혔을까』, 134쪽.
52) 김승일 편저, 『미켈란젤로는 왜 천사에게 옷을 입혔을까』, 134쪽. 청년에게 동정을 요구하지는 않았다. 이것은 성생활에서 최대의 불평등이었다.
53) 『셀프 성경』, 2쪽.
54) 『셀프 성경』, 2쪽.

(결혼한 남자가 미혼의 여자와 갖는 성관계는 간음이 아니다)을 행위의 기준으로 삼는다면 결혼한 여자가 미혼의 남자와의 갖는 성관계는 어떤가? 기혼의 남자와 성관계를 가진 미혼의 여자는 마찬가지로 간음한 것인가 아닌가? 현대의 동성결혼 커플의 경우의 외도는 어떻게 볼 것인가? 그리고 신약을 기준으로 한다면 이혼이 급증하는 현시대에서 재혼하는 자들은 모두 간음죄를 범한 것으로 취급되어야 할 것인가? 더 나아가서 의문시되는 것은 기독교에서도 그래왔듯이 성행위의 의미를 자손번식에 국한시키고 감각적 만족을 위한 성행위와 같이 거기에서 벗어나는 모든 성행위를 비판하는 것은 지나치게 편협한 종교적인 편견은 아닌가? 그렇다면 자손을 얻기 위한 외도는 종교에 의해 비난 불가능한가? 종교적 관점에서 볼 때 자손을 얻기 위한 외도와 그렇지 않은 순수 쾌락을 위한 부부 간의 성관계 가운데 어떤 것이 더 나은가? 중세시대의 관념처럼 자손번식의 가능성이 전혀 없는 자위보다는 간음이 더 나은가? 진정한 가슴속 정열과 이타적인 마음이 바탕이 된 외도와 사랑이 없는 가운데 이루어지는 부부 간의 형식적인 성관계 가운데 어떤 것을 선택해야 하는가? 성경대로 살며 성경의 한 글자도 고칠 수 없다면 구약의 일부다처제와 신약의 일부일처제 간의 갈등은 어떻게 풀 것인가? 즉, 일부일처제를 따라야 하는가, 아니면 일부다처제를 따라야 하는가? 여자를 자손 특히 아들을 낳는 도구로 취급하고 여자를 돈을 주고 사는 상품취급을 한 구약의 이념을 어떻게 정당화시키고 실천에 옮길 것인가? 아무튼 성에 대한 신약과 구약의 내용이 다르고 구절마다 뉘앙스가 다르다면 행위의 기준을 성경에 둔다는 것은 간단한 문제가 아닐 것이다.

3. 혼외 성에 대하여

이 모든 물음들을 염두에 두고 여기서는 특히 혼외 성에 대해 중점적으로 생각해 보자. 혼외의 성 특히 기혼자의 외도가 종교적 관점에서 비난받고 심지어 법적 처벌까지 받는[55] 우선적 근거는 그것이 배우자와의 계약을 위반했다는 것이다. 기혼자의 외도는 혼인계약과 약속의 파기로 간주되어 당연한 사회적 비난의 대상이 되곤 한다. (혼인서약을 하지 않은 애인들 간의 약속위반은 어떠한가? 그것은 법에 저촉되지 않으므로 허용 가능한가? 아니면 법은 아니더라도 도덕에 어긋나는 것은 아닌가? 왜냐하면 그것은 기혼자의 외도와 비슷한 이유로서 암묵적인 약속이든 명시적인 약속이든 간에 약속을 어기는 행위이며 상대방에게 정신적 고통을 주는 것이기 때문이다.)

보통 기혼자의 외도의 경우는 법과 도덕의 위반이며 혼인하지 않은 자의 외도의 경우는 도덕의 위반으로 간주된다. 그러나 엄밀히 살펴보면 결혼으로서의 법적 계약이든 법의 구속력 바깥에 놓여 있는 사랑의 약속이든 간에 그것이 오직 정해진 상대방 한 사람과의 배타적인 성행위에 대한 약속 또는 계약인지 의문시된다. 혼인의 의지 그리고 연애의 의지 속에는 당연히 배타적인 성에의 의지가 내포되는가 의문이다. 즉 칸트 식으로 말하면 혼인과 연애라는 개념 속에 배타적인 성이 분석적 판단의 방식으로 포함되어 있는가? 원이란 개념 속에는 둥글다는 것이 분석적으로 내포되어 있다. 그런 식으로 혼인 속에는 배타적인 성이 내포되어 있는가? (배타성은 본능적 성향이지 사랑과 연관된 예외 없는 법칙은 아니다. 사랑의 형태에 따라서 배타성의 정도가 다르다.) 기독교를 비롯한 종교인들의 결혼식은 대개 자신들이 믿는 신 앞에서의 계

---

55) 국가마다 법이 다르다. 간통죄는 유럽 대개의 국가에서 폐지되고 있는 추세이다.

약이다. 그렇다면 신 앞에서의 계약이 아닌 일반적인 결혼식을 치른 부부들의 결혼약속은 절대적인 계약이 아닌 상대적인 계약에 불과한 것인가? 아니면 모든 인간은 한 하느님의 자손이므로 모든 인간의 결혼을 신에 대한 계약으로 보고 그것에 대한 위반을 죄로 볼 것인가? 그리고 결혼한 자들만이 계약의 구속을 받는다면 계약을 맺지 않은 채 자유로운 성을 누리는 것은 도덕적으로 정당한가라는 의문이 제기된다. 이런 문제들은 아직 풀리지 않은 과제이다.

성경 속에 출현한 결혼의 의미는 다음과 같다.

"남자와 여자의 결합은 최초로 에덴동산에서 아담과 하와 사이에 있었던 일이다. 이 결합은 다른 모든 사람들의 전형이 되었다. 신랑 신부의 아버지가 배우자를 결정하고 신랑은 신부의 몸값을 주고 신부의 아버지는 자기 딸에게 지참금을 주었다. 이것은 그녀가 남편에게 상속할 아들을 낳아주지 못하는 경우 첩을 얻을 비용을 부담하기 위한 것이다. 때로 그녀는 자기 여종을 남편에게 주었다. 혼인의 기능은 두 사람이 사랑하며 사는 것뿐만 아니라 자녀를 낳고 부모로서 자녀를 하나님의 백성으로 양육하는 일이었다. 여기에 대해서는 신구약 모두 일치한다. 구약에는 형이 죽었을 경우(형에게 아들이 없을 경우에 한해서) 동생이 형의 아내와 결혼하는 일부다처제의 형식이 나온다. 반면에 신약에서는 일부일처제를 가르친다. 그리고 아주 제한된 경우를 빼고 재혼은 간음으로 간주된다."[56]

여기서 결혼은 상속자 아들을 얻기 위한 계약으로 등장하며 남자 집안과 여자 집안 간의 상거래와 같은 것이다. 성경 속의 모든 구절이 독자 또는 신자들에게 '이처럼 살라'는 규칙이 될 수 없다는 것이 여기서

---

56) 『셀프 성경』, 59-60쪽.

도 드러난다. 위의 인용구는 역사 속의 결혼습속에 대한 서술에 불과하다. 그것은 결혼을 상거래처럼 하라거나 결혼의 목적을 아들을 얻는 데 두라는 권유가 아니다. 이혼과 재혼의 금지조항도 남녀 간의 사랑의 실현에 근거를 두고 있지 않다. 그것은 신과의 계약을 인간이 끊을 수 없다거나 외도가 타락이며 지옥의 길이라는 단순한 경고와 위협에 바탕을 두고 있다.

약속과 계약에는 빚을 언제까지 갚겠다는 물질에 대한 약속이 있는 반면에 평생 동안 사랑하겠다는 마음과 영혼에 관계된 약속이 있다. 어떤 약속이든지 간에 인간의 주어진 한계로 그 약속의 절대적인 이행이란 있을 수 없다. 더군다나 미래에까지 마음과 영혼 속에 사랑을 품겠다는 약속은 더욱 이행되기 어렵다. 물론 여기서 사랑을 무엇으로 보는가에 따라 상황이 달라질 수는 있다. 사랑을 감정과 정열이 아닌 헌신의 의지와 행위로 본다면 사랑의 약속의 이행이 더 수월해질 수는 있다. 그러나 가슴속 정열은 타인에게로 향한 상태에서 배우자에게 바치는 헌신은 진정한 헌신이라고 할 수 없다. 철학자 칸트는 사랑의 의무가 모순이므로 즉 사랑이 당위가 될 수 없으므로 진정한 선이라고 간주하지 않았다. 선의 기준을 법칙에 두며 윤리적 선에서 감정의 개입을 거부하는 칸트로서는 사랑을 선으로 볼 수 없었다. 이러한 칸트의 입장은 감정에 대한 부당한 평가에 기인한 것이지만 사랑의 약속과 당위가 불가능하다는 칸트의 통찰은 타당한 것이다.

사랑을 이행한다는 것이 어떤 의미인가도 그렇게 명료하게 결정될 수는 없다. 즉 상대방을 위해서 모든 것을 희생하는 것만이 사랑의 이행인가, 아니면 희생은 아니지만 어느 한계 내에서의 상대방에 대한 배려도 사랑의 이행이라고 할 수 있는가? 타인과의 성관계를 절대적으로 배제하는 것만이 사랑인가? 어느 정도의 성적 자유가 허용된 성관계는 사랑이라고 할 수 없는가?

인류역사에서 그래왔듯이 기독교에서도 무엇보다도 여성의 정숙이 강조되며 이혼도 여성의 부정에서 비롯된 이혼을 허용하고 있다. 이것은 가부장제 사회의 성차별이다. 구약에서 여자의 간통은 이혼사유가 되지만 신약에서는 그런 경우에도 이혼이 장려되지는 않는다.

"남편과 아내의 혼인약속이 깨지는 것은 구약의 경우에는 주로 아내의 부정행위가 발견될 경우 남편 쪽에서 이혼을 제기한다. 남편은 이혼 증서를 써서 이 여자는 내 아내가 아니고 나도 이 여자의 남편이 아니라는 말을 하고 집 밖으로 내보내면 이혼이 성립된다(신 24:1, 호 2:2). 이혼한 여인이 재혼한 경우 그녀의 남편이 죽거나 그녀를 버려도 그녀를 아내로 취할 수 없었다."[57]

"신약에서는 간음한 아내를 버리는 것은 그녀로 하여금 간음하게 하는 것이고 그녀와 결혼하는 자도 간음죄를 범하는 것이다. 신약에서는 여자도 이혼을 제기할 수 있었다. 신약은 부부 중 한 쪽의 이혼제기로 이혼함을 허용한다. 그러나 신약은 이혼을 장려하지는 않는다(고전 7:10-16, 이혼을 생각하는 부부에 대한 교훈)."[58]

"중세의 기독교 사상은 이혼을 배우자와 신에 대해 죄를 짓는 행위로 여기고 금하기 시작했고 10세기경 유럽에서는 법적으로 이혼이 금지되었다. 국왕들도 로마교회의 허가 없이는 이혼이 불가능했고 배우자의 부정이나 불임의 경우를 제외하고는 이혼이 인정되지 않았다."[59]

그러나 위에서 보듯이 성경은 이혼과 재혼을 긍정적으로 평가하지는

---

57) 『셀프 성경』, 37쪽.
58) 『셀프 성경』, 37쪽.
59) 윤가현, 『성문화와 심리』, 234쪽.

않지만 절대적 금지로 보고 있는 것은 아니다. 심지어 앞서 본 바와 같이 구약에서는 기혼남과 미혼녀의 성관계는 간음에 넣지 않고 있다. 그렇다면 부부 간의 이혼과 재혼을 무조건 금지하거나 죄악시하는 것은 성경적 의미에 부합하지 않는 것이다. 성경의 의미를 전적으로 따른다면 이혼과 재혼도 어느 정도 허용되고 그 중간 단계로서의 혼외 성관계도 상황에 따라서는 허용되어야 할 것이다. 물론 어느 정도의 그리고 어떤 종류의 성적 자유가 윤리적 타당성이 있는가 하는 것은 별도의 보편적인 가치론적, 윤리학적 탐구를 요구한다.

4. 혼외 성의 난제들

끝으로 자유로운 성이 상대에게 고통을 줄 수 있다는 난제에 대해 논의해 보자. 상대방이 고통받으리라는 것을 짐작하고 예상함에도 불구하고 상대방에게 큰 고통을 부여하는 외도를 행함  은 ─ 두 사람이 기혼이든 미혼이든 간에 ─ 행위의 동기로 볼 때 선한 것이 아니다. 서로 사랑이 있든 없든 간에 배우자의 외도는 질투와 분노 그리고 고통을 부여하게 마련이기 때문이다. 상대방 특히 배우자의 고통을 간과하는 것은 네 이웃을 네 몸과 같이 사랑하라는 기독교적 이웃사랑의 이념에 어긋나는 것이다. 그러나 상대에게 고통을 주는 행위에는 정당한 것도 있다. 예를 들면 내가 성공하는 것이 남에게 질투와 시기심으로 인한 고통을 줄 수도 있지만 그렇다고 해서 내가 성공하기를 그만둘 필요는 없다. 부부 간의 공동적 삶이 고통을 주는 경우에는 오히려 상대방의 외도가 고통을 덜어줄 것이다. 이 경우 외도는 상대에게 기쁨을 주는 것이므로 정당한가? 반드시 그렇지는 않다. 결국 나의 행위의 결과로서 주어지는 상대방 또는 주위 사람들의 행불행이 나의 행위의 선악 또는 정당성과 부당성을 결정해 줄 수는 없다.

(상대방의 고통에 대한 배려 없이 외도를 했다는 것은 상대방에 대한 사랑이 거짓이었거나 깊지 않았다는 증거이다. 그러나 천박한 사랑이나 거짓된 사랑을 도덕적으로 비판할 근거는 없다. 둘이 만나서 어떤 사랑을 하는가 하는 것은 한 사람만의 의도적인 결정이라기보다는 두 사람 상호간의 다양하고 복잡한 요인들에 의해서 결정되기 때문이다. 그리고 인간은 누구나 이성과 사귄다면 언제나 깊은 연애를 해야만 한다는 도덕적 법칙은 존재하지 않는다. 사랑은 하르트만에 의하면 정의와 같은 낮고 강한 가치가 아니라 높고 약한 도덕적 가치이므로 그것을 행함은 높은 가치를 갖지만 반대로 그것을 행하지 않음은 죄악 — 비난의 대상 — 이 아니다.)

나의 신체를 도구로 한 나의 즉물적인(다시 말하면 영화를 보고 음악을 듣는 행위는 물질이 나의 신체 안에 주입되는 것이 아니다. 따라서 그것들도 신체를 필요로 하지만 정신적인 활동이다) 쾌락 획득 행위들 가운데에는 음식을 먹는 행위와 성행위가 있다. 내가 어떤 음식을 먹음으로써 즐거움을 얻든지 간에 그 누구도 간섭할 권리는 없다. (물론 보호받는 동식물을 섭취하는 것은 비난의 대상일 수 있다.) 그렇다면 마찬가지로 나의 신체 특히 성기를 사용하여 즐거움을 얻는 것은 만일 상대방의 자발적 의사와 동의에 의한 것이라면 더군다나 그것이 진정하고 절실한 사랑의 표현이라면 비난할 근거가 없는 것은 아닌가? 행위가 타인에게 미치는 신체적, 물질적 피해를 직접적인 피해라고 한다면 외도는 우선적으로 타인(배우자)에 대한 직접적인 물질적, 신체적 가해행위는 아니다. (물론 외도는 타인에 대한 정신적인 고통을 주며 정신적인 고통은 신체적 외상보다도 더욱 심각한 것일 수 있음을 인정해야 한다.)

자유로운 성 또는 외도의 경우에도 자신을 성적 쾌락의 전적인 도구로 삼는 것은 윤리적으로 부정적인 가치를 가진다. 그러나 모든 자유로운 성과 외도가 자신에 대한 전적인 성적 도구화인 것은 아니다. 반대로 부부 간의 성행위라고 해서 무조건 인격에 대한 감각적 도구화에서 벗어난 것이라고 평가될 수는 없다. 부부 간의 성에 대한 무조건적 이상화와 마찬가지로 혼외 성에 대한 무조건적 편견과 부정적 평가 역시 자제되어야 한다. 결국 하르트만의 눈으로 본다면 다음의 말이 가능하다. "네 앞에 성의 자유가 있다. 자유롭게 살라. 하지만 성에 대한 절제 그리고 더 높은 가치실현의 길도 있다. 스스로 그 길을 찾아가라."

5. 신의 뜻은 무엇인가

어떤 것이 확실한 신의 명령이라면 누구라도 그것을 따르는 것이 바람직할 것이다. 그러나 어떤 것이 성행위와 관련된 신의 명령인지 기독교에서도 불확실하다. 그리고 확실한 신의 명령이 있다고 하더라도 그것을 무조건 따르는 것은 인간의 자율성과 자유를 포기한 것이며 따라서 윤리적으로도 무의미하다. 종교적 입장에서는 신의 명령에 대한 무조건적 복종을 당연시하고 그것을 절대적인 선이라고 본다. 그러나 소위 신의 명령이란 직접 귀로 들을 수 있는 것이 아니라 경전을 통해서만 미루어 짐작될 수 있고 파악될 수 있다. 문제는 경전의 내용들 간의 충돌과 논리적 부정합성이다. 성행위에 관한 내용이 신약과 구약에서 다르고 부분마다 다르다면 어떤 것을 신의 명령이라고 판단할지 의문시된다. 그리고 만일 "절대로 외도하지 말 것이며 이혼하지 말라"는 명령을 신의 명령이라고 확신한다고 해도 그것을 인간의 모든 상황에 예외 없이 적용시키는 것은 불가능하다. 그것은 칸트와 같은 법칙주의가 가진 난제이기도 하다. 상황에 대한 완전한 무시는 경직된 법칙주의이며 그것은 진정한 의미의 윤리학의 이념에 어긋난다. (자기의 행복을 전적으로 무시하는 것도 자신에 대한 부당한 — 비윤리적인 — 행위이다.) 약속을 지키는 것은 미덕이며 그것을 위해서 우리가 최대한 노력을 기울여야 함은 당연하다. 어느 정도까지 자신의 이익과 행복을 희생해야 하는 것도 선의 실현에 필수적이다. 그러나 주관적인 기준이든 객관적인 기준이든 간에 어느 한계 이상의 불행까지 인내하면서 법적 부부관계를 (형식적으로) 유지하는 것은 불합리하다.

종교는 내세지향적인 반면에 윤리학은 현세지향적이다. 그리고 종교가 신중심적인 사고인 반면에 윤리학은 인간중심적인 사고이다. 종교(타율적)는 신의 명령을 도덕의 기준으로 삼는 반면에 윤리학은 인간 자신을 위한 가치를 추구한다(자율적 윤리학). "신의 명예를 위해 인간의 덕성까지 버린다는 것은 신에 대한 그릇된 경외이다. 더 깊은 종교심이 있는 자는 신에 대한 인간의 자유를 주장한다."[60] 그 어떤 것에 대한 무조건적인 복종은 위험하며 더군다나 초월자인 신의 명령을 함부로 넘겨짚는 것은 인간의 오만이다. 신의 명령에 대한 잘못된 파악보다는 차라리 판단중지가 나을 것이다. 인간 개개인이 자신의 고유한 실존 즉 창조주가 부여한 이 세상 유일무이한 자기의 실현이 이웃사랑보다도 오히려 더 성스러운 것이라고 주장한 키에르케고르의 실존주의를 따르자면, 외도를 통해 자기실존을 찾은 이들이 어떤 맹신자들보다 오히려 더 깊은 의미에서 종교적이라고 할 수 있다. 결혼과 부부관계의

60) 하르트만, 『윤리학』, 546쪽.

무조건적 미화는 위험한 이데올로기가 될 수 있다. 개개인의 실존과 고유한 상황으로 볼 때 독신 또는 동거 또는 자유로운 성에서 조화를 찾는 사람도 있을 수 있다. 더구나 현대사회에서 가족과 성생활의 형태는 다양하고 복잡해지고 있다. 구태의연한 종교의 잣대로 대다수의 사람들에게 간음죄의 낙인을 찍는 것은 부당하다. 시대적 상황과 개인적 상황을 도외시한 획일적인 법칙의 강요는 반인간주의적인 법칙주의의 횡포가 될 수도 있다. 진정한 사랑의 발견과 자기실존의 실현이 동반된 가치선택, 그리고 거기에서 비롯된 외도는 비록 칭찬할 만한 선은 아니더라도 이해와 용서의 대상이 될 수 있다.

오늘날 한국사회에서의 성윤리는 오랜 역사 동안 관행이 된 남성들의 매매춘과 더불어 평범한 여성들의 매춘 그리고 사회병폐에 함께 물든 아동들의 성적 타락에 이르기까지 상당한 정도로 오염된 상태이다. 이것은 성행위가 가지는 진정한 사랑과 영혼의 표현의 의미를 자각함으로써 개선될 수 있는 것이며 그와 더불어 물질적 가치와 감각적 가치에 매몰된 채 정신적, 영혼적 가치를 도외시하는 사회 전반의 잘못된 가치관과 윤리관의 회복을 필요로 한다. 이에 한국사회의 가장 중요한 한 종교로서의 기독교 공동체가 종교교리를 통한 윤리의 효과적인 전파를 위해 노력해야만 한다. 그러나 그 이전에 경전에 대한 편협한 해석과 맹목적인 추종의 전통을 극복하고 교리에 대한 객관적인 해석을 통해서 (법칙을 위한 법칙숭배가 아닌) 진정으로 인간을 위한 포용적 윤리를 이끌어내려는 노력이 필요하다. 그리고 무엇보다도 성경에 대한 개인이나 사회 또는 시대 나름의 속단과 그 속단에 대한 과신을 삼가야 할 것이다. 그것은 중세의 마녀재판처럼 자칫 부당한 인간억압으로 이어지기 때문이다.

5-6. 청소년의 성

초중생의 4%가 성경험이 있다는 언론매체의 조사가 충격을 안겨주고 있다. 인터넷을 통해 포르노물을 쉽게 접하는 어린 청소년들이 성에 대한 호기심과 더불어 성충동을 주체하지 못하고 거리를 헤매는 모습이 놀라움을 던져주고 있다. 청소년들은 소위 번개팅을 통해서 성매매를 하기도 하고 거리에서 지나가는 행인을 대상으로 거리낌 없이 성을 팔기도 한다. "요즘 애들 (성관계) 다해요. 안 하는 애들이 이상한 거죠." 이것이 모든 청소년들의 일반적인 생활은 아니고 소수에 불과하겠지만 과거에는 도저히 상상조차 할 수 없었던 일들이다.

그러나 당황하여 그들의 행동을 부적절한 것으로서 무조건 비난하고 죄악시할 것이 아니라 차분히 상황을 이해해야할 것이다. 요즘 들어서 청소년들의 사춘기가 초등학교 4-5학년으로 앞당겨지고 있다. 그렇게 보면 초등학생을 초등학생으로 볼 것이 아니라 과거의 중고생의 정신연령으로 보고 판단해야 할 것이다. 겉모습이 아동이라고 해서 어른들이 기존에 가지고 있던 낡은 아동상을 투사하여 마치 그들이 동화 『백설공주』에 도취되는 식의 어리고 순수한 정신세계를 가지고 있다고 속단해서는 안 된다. 그들은 말한다. "성에 대한 나의 생각과 나의 느낌은 이렇다. 나도 어쩔 수 없다. 어른들은 우리를 제대로 이해해야 한다."

이상적인 성관계는 상호간의 사랑의 표현과 교감이 실현되는 성관계일 것이다. 그리고 성인으로서의 성숙한 신체와 성욕의 존재를 전제로하는 것이다. 성관계는 성인으로서의 자신과 상대방에 대한 책임감과 더불어 책임질 수 있는 지적, 도덕적 능력의 토대 위에서 이루어지는 것이 바람직하다. 이상적인 성에 대한 이런 기준에 비추어 청소년의 행태에 대해 생각해 보자. 우선 요즘의 청소년들은 이른 사춘기로 인해서 사랑의 감정을 일찍 느끼고 이해한다. 그리고 그들은 이미 육체적 성숙을 경험하고 더불어서 성욕도 가지고 있다. 이런 점을 생각할 때 성행위를 함께할 누군가를 찾는 그들의 심리를 어렵지 않게 이해할 수 있다. 성행위가 허용되는 연령을 기계적으로 19세라고 못 박는 것은 무리가 있다. 꼬마신랑처럼 과거의 우리 조상들도 그랬고 지구촌 어딘가에서는 이미 어린 나이의 아동들이 성을 체험하고 있다. 성은 보편적 윤리의 잣대보다는 시대와 문화의 지배를 받는다. 아무리 괴상한 성풍습이라도 특정한 문화와 시대에서는 당연시되게 마련이다. 예를 들면 그리스의 동성연애가 그렇다. 따라서 성행위가 허용되는 나이가 인간보편적으로 19세이어야 하며 그 이전에 이루어지는 모든 성관계는 비정상이라고 낙인 찍는 것은 부당하다.

문제는 다수의 청소년이 성행위에 대한 성숙한 이해가 없이 대소변의 배설처럼 영혼과 정신이 결여된 그저 기계적인 과정으로 생각하고, 성행위에 대한 정신주의적 접근을 할 사이도 없이 당연히 처리해야 할 어떤 것으로 즉 "급히 소변을 보아야 하는데 화장실이 어디 있냐"는 식으로 간주한다는 것이다. 그들의 성에는 정신과 영혼이 전적으로 결핍되어 있다. 그들의 성행위에서 두 인격존재 간의 감정적, 영혼적 일체감은 찾아보기 힘들다. 아직 어리기에 그럴 수밖에 없는 것으로 이해해 줄 수는 있다. 그러나 성행위를 그렇게 천박하고 가벼운 것으로 취급하는 것은 중대한 오류이다. 성은 두 인격 간의 영혼적 합일을 줄 수 있는 아름다운 과정이다. 그리고 그 행위를 통해서 생명이 탄생되는 신비로운 창조과정이기도 하다. 이 점에서 성에 대한 또 다른 정신적 차원의 교육이 절실하다.

그리고 더 심각한 문제는 피임이 제대로 되지 않아서 어린 나이에 불가피하게 낙태라는 비참한 과정을 겪거나 출산까지 경험해야 한다는 것이다. 그저 성충동에 내몰리면서 자신의 행위의 결과 즉 자신의 부주의로 인해서 미래에 다가올 자신의 인생의 행·불행에 대해서는 제대로 배려하지 않는 것이다. 무분별한 낙태가 아니면 불안 속에서의 수태와 출산 그리고 불안전한 산후처리와 신생아 관리와 신생아의 신변위험으로까지 이어질 수 있다. 이것은 보통 심각한 사회문제가 아닐 수 없다.

이 문제는 청소년의 교제나 성행위를 무조건 금지시키는 것으로는 해결될 수 없다. 그들이 성을 알고 성욕을 가지고 있고 성욕을 처리하려는 욕구를 가지는 한 무조건적인 금지는 다른 방식의 비정상적인 불안전한 출구를 찾아 빠져나가는 부작용을 낳는다. 그들이 잘 알지 못하는 상대방과의 무분별한 성관계에 빠지지 않도록 지도하고 이왕이면 아름다운 인간관계와 성을 누릴 수 있도록 배려할 수밖에 없다. 즉 그들이 성적 존재라는 객관적 사실을 직시하고 무조건적이고 강압적인 금지가 아닌 이성적 절제와 발산으로 나가도록 인도해야 할 것이다.

2부
사랑

강의 6. 철학사에서 사랑의 가치

어느 그리스 철학자는 사랑과 미움을 만물의 근원이라고 불렀다. 세상 모든 일의 변화와 발생은 사물들 간의 그리고 사람들 간의 결합과 분리에서 기인된다. 망치와 못, 나무뿌리와 흙, 산소와 수소… 모두가 만나고 다시 뿔뿔이 흩어진다. 이에 따라서 집과 나무, 물이 생겨났다가 사라진다. 인간 간의 감정적 결합을 이끌림과 사랑이라고 한다면 감정적 분리는 증오와 결별이라고 할 수 있다. 우리의 삶에서 사랑과 연애보다 더 중요한 문제는 없다.

연애의 성공 여부가 사업의 성공 여부보다 인생의 행복감을 결정하는 데 더 결정적이다. 시간이 없다는 핑계를 자주 대면서도 사랑하는 사람의 전화 한 통에 우리는 부리나케 달려 나간다. 이것을 쇼펜하우어[1]는 종족번식을 도모하는 종의 무의식적인 압력에 따른 것이라고 해석했다. 생물학적으로 볼 때 낭만적 이끌림은 두뇌의 화학작용에 의해 일어나는 것으로서 특정 파트너를 더 좋아하게 함으로써 성교 에너지를 보존하도록 진화된 것이다.[2] 이끌림이나 사랑은 생물학적 관점에서 볼 때 번식으로 가는 중간다리쯤 되는 것이다.

플라톤[3]은 플라토닉 러브 즉 육체적 관계가 배제된 순수한 정신적 사랑을 이상적으로 보았다고 오해되고 있다. 그러나 당시의 보편화되고 당연시된 풍습은 동성애였고 플라톤 역시 사랑을 언급할 때 남성 간의 동성애를 염두에 둔 것이다. 전생에 욕정을 제어하지 못한 남자는 그 벌로 다음 생에서 여성으로 태어난다. 플라톤이 보기에 여성은 열등한 존재이므로 사랑받을 가치가 없는 것이다. 플라톤은 윤회설을 믿었고 인간의 영혼은 영원불멸하다고 보았다. 사랑이란 그 옛날 함께하던 자신의 짝에 대한 그리움이고 재결합에의 갈망이라고 보았다.

데카르트[4]는 합리론자로서 감정을 낮게 평가했다. 애증은 단지 생존 본능의 일부분일 뿐이다. 스피노자 역시 인간의 본성은 이성이며 감정에 이끌리는 것은 본성에서 벗어난 행위이며 따라서 부자유스러운 것이고 바람직하지 못하다고 보았다. 이들에게서 사랑이란 자신에게 이득이 되는 대상과 결합하려는 욕구이고 미움은 자기에게 해가 되는 대상에서 벗어나려는 욕구이다. 또는 사랑이란 자기 바깥의 존재로부터 기인한 기쁨이고 미움은 자기 바깥의 존재로부터 기인한 슬픔이다.

사르트르[5]에서 타자는 나의 자유를 강탈하는 지옥이며 타자의 시선은 나를 대상으로 전락시키는 메두사의 시선이다. 타자와 나의 관계는

---

1) 아르투르 쇼펜하우어(1788-1860): 만물의 근원을 맹목적 자기보호 본능이라고 본 독일의 철학자.
2) 헬렌 피셔, 『제1의 성』, 407쪽.
3) 플라톤(BC 427-347): 완전한 이데아를 이야기한 그리스 철학자.
4) 르네 데카르트(1596-1650): 인간이 본래적으로 타고나는 인식이 있다고 본 합리론자.

서로 자유를 강탈하려는 갈등과 대립 속에 있다. 여기서 사랑은 서로에게 자유를 부여하는 관계를 가능하게 하는 유일한 길이다. 사랑의 행복은 나의 강요가 아닌 오직 그의 자발적인 베풂에 있다. 자기존재를 긍정하지 못하는 인생 대부분의 비극은 오직 사랑받음에 의해서 끝날 수 있다.

셸러[6]는 사랑을 에로스와 아가페로 분류한다. 에로스는 상대방의 장점과 가치에 이끌리는 사랑이다. 반면에 아가페는 대상의 가치에 무관하게 일어나며 심지어 대상이 거지나 병자와 같이 무가치한 존재임에도 불구하고 그 대상을 지향한다. 에로스는 생명과 영혼의 깊고 어두운 층에서 발생하는 열정적 사랑이다. 반면에 아가페는 이성적 사랑이며 신적인 사랑이다. 신이 이 세상을 사랑함과 같이 인간도 이 세상을 사랑하고 이웃을 사랑하는 것이다. 에로스가 예술의 원천이라면 아가페는 철학적 본질 직관의 근원이다.[7]

하르트만[8]은 보편적인 인간사랑, 구체적이고 개별적인 타인의 인격에 대한 인격적 사랑, 선사의 미덕 등 타인에 대한 사랑을 세분화한다. 사랑에는 남녀노소와 종족의 차이를 넘어서서 인간 그 자체를 사랑하는 이웃사랑이 있는 반면에 한 개인의 고유한 인격적 가치를 지향하는

5) 장 폴 사르트르(1905-1980): 인간은 어쩔 수 없이 자유 즉 선택권을 행사하며 살아야 한다고 본 프랑스 철학자.
6) 막스 셸러(1874-1928): 가슴으로 파악되는 가치를 행위의 기준으로 본 감정철학자.
7) 아리스토텔레스에서 비롯된 사랑의 종류인 필리아도 있다. 필리아는 우정이나 우애를 의미한다. 에로스가 주로 미를 지향한다면 필리아는 선을 지향한다. 김주완 외 공저, 『성과 사랑』, 54쪽.
"로츠에 따르면 에로스는 사랑하는 대상을 사물(감각적 쾌락의 도구)로 대하지만 필리아는 인격으로 대한다. 에로스가 나를 위한 사랑이라면 필리아는 너를 위한 사랑이다. 필리아는 에로스보다 높은 단계의 사랑이고 에로스는 필리아에 의해서 통제되어야 한다." 김주완 외 공저, 『성과 사랑』, 54-55쪽.
8) 니콜라이 하르트만(1882-1950): 존재의 원리를 탐구한 현대의 형이상학자.

인격적 사랑이 있다. 남녀 간의 에로스적 사랑은 인격적 사랑의 범주에 속한다. 이웃사랑은 아직 존재하지 않는 먼 미래의 인간에 대한 사랑인 원인애와 대조적이다. 이웃사랑은 당장 눈앞에 있는 어려운 이웃을 지향하는 반면에 원인애는 아직 존재하지 않는 미래인간의 복지를 배려한다. 자기사랑의 이기주의를 극복한 뒤 도달된 이웃사랑은 다시 원인애로 나갈 수 있다. 이웃사랑은 누군가에게 선사하는 데서 기쁨을 느끼는 '주는 덕'과도 대조적이다. 이웃사랑이 누군가의 궁핍 때문에 선사하고 자기를 희생한다면, '주는 덕'은 자기충만에의 갈망 때문에 선사한다. 이웃사랑이 생존에 필수적인 의식주 같은 기본적 가치 즉 낮은 (강한) 가치를 이웃에게 선사하는 반면에, '주는 덕'은 생존과 무관하며 생존을 초월해 있는 가치를 선사한다.

플라톤 이래의 합리주의적 관점에서는 사랑은 눈이 먼 것이다. 그러나 셸러에 따르면 애증의 눈을 통해서 보는 것이 이성의 눈을 통해서 보는 것보다 결코 열등한 것이 아니다. 애증은 애증 나름의 고유한 인식을 가지고 있다. 오히려 사랑은 눈이 밝으며 이성이 볼 수 없는 것을 들여다본다. 예를 들면 인격은 오직 사랑을 통해서만 열릴 수 있고 접근될 수 있다. 인격은 사랑 없이는 결코 열리지 않으며 인식되지 않는다. 논리의 법칙이 있듯이 애증에도 애증 나름의 고유의 논리와 법칙과 이유가 있다. 이것은 이성이 납득할 수 없는 것이다. 눈이 들을 수 없듯이 이성은 감정의 논리를 이해할 수 없는 것과 마찬가지다. 그렇기 때문에 철학사에서도 사랑은 저급한 혼돈상태로 간주되곤 했다. 이성이 보기에 감정은 혼돈이지만 감정에는 명증한 논리가 있다. 이성과 감정은 서로 보는 대상이 전혀 다를 뿐이며 결코 감정이 이성에 비해 하등한 기능이 아니다.

흔히 동물들은 영혼이 없고 서로 이끌리고 진정으로 그리워하는 마음이 없다고 믿어져 왔다. 서양철학사에서도 어리석고 오만한 철학자들은 인간이 우주에서 최고의 존재이고 인간만이 하느님을 닮아서 영혼을 가졌다고 믿었다. 동물의 괴로운 울음소리는 12시를 알리는 시계의 종소리와 다를 바가 없다고 생각했다. 그러나 과학이 발달할수록 인간이 갖지 못하는 동물들의 능력들의 가치가 인정되고 심지어 동물들도 높은 지능을 가지고 있음이 점차 확증되고 있다. 최근 연구결과에 따르면 동물들 간에도 영혼적인 사랑이 있다.[9]

동물들은 그저 성욕에 이끌려서 눈앞에 보이는 암컷에게 무조건 달려든다는 편견이 지배적이다. 그러나 동물들에게도 인간처럼 이성에 대한 기호와 취향이 있다. 동물종들마다 보통 매력적이라고 간주되는 기준이 있다. 그러나 그런 공통적인 매력의 기준과 관계없이 동물들은 보통 자기만의 취향이 있다. 자기만의 눈으로 짝을 고르는 것이다. 예를 들면 까치 수컷의 꼬리가 길면 길수록 암컷에게 인기가 높다. 그렇다고 해서 모든 암컷이 꼬리 긴 수컷만을 좋아하는 것은 아니다. 꼬리가 짧더라도 그 수컷을 좋아하는 암컷이 얼마든지 있을 수 있다.

9) 헬렌 피셔, 『왜 우리는 사랑에 빠지는가』, 69쪽.

강의 7. 사랑이란 무엇인가?

7-1. 사랑의 본질

사람마다 감정이 다르고 같은 사람이라도 상황에 따라 감정이 다른데 그 모든 사랑을 단 한마디로 정의할 수 있는가? 사실 사랑 같은 영혼현상뿐만 아니라 몸의 신체적 현상도 각자의 개성을 갖는다. 사람마다 체질이 다르다. 동양의학에서는 음적 기질이니 양적 기질이니 하면서 신체를 분류한다. 그렇게 따지면 몸에 관한 생물학도 불가능할 것이다. 그러나 사물에는 보편적이고 공통적인 부분이 있고 개성적인 부분이 있다. 과학은 모든 동종의 사물이 어느 정도의 공통성을 가지고 있다고 전제한다. 모든 개구리가 같다는 것은 검증될 수 없다. 백 년 전의 개구리, 아프리카의 개구리, 중국의 개구리 등 온 세상의 과거, 현재, 미래의 모든 개구리를 다 검사할 수는 없기 때문이다. 사물에 개성적인 유일무이한 부분이 있지만 동시에 보편적인 부분도 존재하기에 우리는 개구리 전체의 특징에 대해 언급할 수 있는 것이다.

사랑도 마찬가지다. 사랑에 관한 학문적 연구는 무수한 사람들이 사랑을 경험하지만 사람들의 감정이 어느 정도는 비슷하리라고 전제하고 출발하며, 그럴 수밖에 없다. 그리고 그것은 사실과 상식에도 부합한다. 인간은 다르면서도 같고 같으면서도 다르다. 사람들마다 다른 다양한 사랑의 현상들을 방출하는 것은 바로 사랑의 보편적 본질이다. 그 본질을 밝히는 것이 사랑에 관한 철학이다.

가치론적 관점에서 볼 때 사랑의 본질은 한 대상의 긍정적 가치에서 출발하여 그 대상의 가치가 내 마음속에서 점점 더 상승하여 결국 대상의 이상적 가치상에 도달하는 마음속의 동요라고 할 수 있다. 이것은 사랑의 철학자 막스 셸러의 정의이다. 수시로 변하고 사람마다 다른 감정을 한마디로 정의한다는 것이 얼마나 어려운 일인가! 그런 점에서 셸러의 정의는 감탄할 만하다. 동양의 노자라면 "도란 말할 수 없다, 사랑이 무엇인지 말로 다할 수 없다"고 할 것이다. 그러나 서양적 사고방식은 무엇이든 말로 그리고 수학적으로 규명하고자 한다. 그런 시도가 꼭 성공적이지는 않지만 그런 시도는 필요한 것이고 쓸모가 있는 것이다. 내가 무의식중에 깨달은 것을 말로 풀이하고 설명하여 다른 사람에게 전달하고 인정받으며 역사 속에서 존속할 수 있는 것이다. 그리고 내가 발견한 진리는 후대에게 전달되어 후대사람들과 계속 대화한다.

영화 〈브리짓 존스의 일기〉에서 브리짓은 마크의 친절함과 섬세한 배려를 마음에 들어 한다. 그래서 브리짓은 마크를 한 번 더 만나고 싶고 그가 어떤 사람인지 더 알고 싶어 한다. 긍정적 가치란 쉽게 말하면 바로 내 맘에 드는 점이라고 할 수 있다. 그가 돈 잘 버는 부자라는 것도 그가 가진 긍정적 가치이기는 하지만 사랑에서 중요한 것은 그의 주변에 둘러싸인 사회적 자아라는 껍데기가 아니라 인격적 중심에 들어 있는 인격적 가치들이다. 몇 번 더 만나다 보니 마크가 아주 지성적이라는 것도 발견한다. 드디어 브리짓의 가슴 안에서 감정적 동요가 일어나기 시작한다. 마크의 가치가 점점 더 위로 상승하고 치솟기 시작한다. 마크의 가장 아름다운 모습이 브리짓의 가슴속에서 형성된다. 이제 브리짓에게는 마크밖에는 없다. 다른 사람은 생각할 수도 없다. 사람을 계속 만나고 깊이 사귀다 보면 그 사람의 결점이 보이게 된다. 경직성, 포용력의 부족… 이것을 부정적 가치라고 부르자. 마크가 가진 부정적 가치가 나타나도 그에 대한 브리짓의 사랑은 멈추지 않는다. 사랑은 마크를 있는 그대로 받아들이는 것이다. 부정적 가치들도 그의 전체 인격에 속해 있는 불가피한 일부분이고 중요한 그의 한 부분임을 인정하는 것이다. 심지어 그의 장점들이 있기 위해서 존재하는 토대라고 이해할 수도 있다. 사랑은 이리저리 쪼개고 분석하고 재는 것이 아니다. 섬세하고 친절한 것은 좋은데 경직되어 있고 포용력이 없는 것은 별로 좋지 않다…, 이런 식으로 마크를 생각한다면 마크를 진정으로 사랑한다고 말할 수 없다. 심지어 마크가 마약중독자나 알코올중독자임이 발각될 수도 있다. 그런 극단적인 경우에서조차도 대개의 사랑은 식을 줄을 모른다. 사랑은 단점도 받아들이며 심지어 그 단점 때문에 그가 더 좋다는 말까지 하게 만든다. 개중에는 얼음처럼 차가운 이성적 인간들이 있다. 그런 사람들이라면 그가 알코올중독자임을 발견한 뒤 곧바로 관계를 끝내버릴 수도 있다.

사랑을 시작하게 만드는 가치들 가운데 얼굴이나 육체의 아름다움은 대단히 중요하다. 특히 남자들에게 여자들의 외모는 아주 중시되며 늙은 사람들보다 젊은 사람들 사이에서 중시된다. 플라톤도 말했다. 경험이 많지 않을 때에는 미모에 빠지다가 나이가 들면 내면의 아름다움을 보게 된다. 내면의 아름다움이란 인격이 가진 덕성 즉 도덕적 가치이다. 우리 한국사회에서는 취직이나 사회적 진출을 위해서 미모가 중시된다. 미모가 있으면 미모를 가지지 않은 남들보다 훨씬 앞서갈 수 있고 더 쉽게 유명인이 될 수 있다. 아무튼 첫 만남에서 외모에 끌릴 수 있어야 다음 단계 즉 다른 내면적 가치들을 발견하는 단계로 나갈 수 있다. 내면에 제아무리 천재성과 지성과 덕을 가지고 있어도 외모가 극도의 거부감을 준다면 더 이상 관심의 대상이 될 수 없다. 따라서 젊은 날의 로맨스를 위해서는 외모를 청결하고 단정하게 하는 것이 중요하다. 이것은 젊은 날의 사랑의 행복을 위해서 그렇다는 것이다. 철없는 젊은 나이에 연애에 빠져 일찍 결혼에 골인하는 것이 긴 인생으로 볼 때 좋은 일이 아닐 수도 있다. 왜냐하면 나이가 먹을수록 이성을 보는 눈이 대폭 바뀌기 때문이다.

방금 언급한 사랑의 본질적 특성을 철학적 용어로 정리하면 다음과 같다.[10]

1. 사랑은 정신의 지향적 작용[11]이다.

가치를 파악하는 감정적 기능이나 작용들은 의식 속에서 뚜렷한 대상을 마주하는 지향적 작용이다. 지향성이란 대상을 마주 대함이다. 그러나 그런 지향성의 정도에 따라 감정의 단계가 달라진다. 가장 낮은 쾌·불쾌의 감정상태 또는 감각적 느낌이 있고 그 위에 막연한 기분이 있으며 다시 그 위에 지향적인 가치느낌과 가치 선호 배척 작용이 있다. 사랑과 미움은 감정영역에서 최고 위치에 있다. 대상이 아예 없거나 또는 표상이나 지각을 매개로 해서(즉 내가 왜 이런 기분인가 한참

---

10) 이 부분은 막스 셸러, 『동감의 본질과 형태들』(조정옥 역)에서 역자 해설 부분을 인용한 것이다.
11) 지향성이란 현대철학의 중심적 흐름인 현상학의 창시자 후설이 우리 의식의 특징으로 본 것이다. 우리의 의식은 언제나 어떤 대상을 눈앞에 두고 있다. 즉 어떤 대상을 향하고 있다.

반성함을 통해서 비로소 기분의 대상을 짐작하게 되는) 간접적으로만 대상과 연결되는 선(先)지향적 감정상태나 절반 정도만 지향적인 기분과는 달리 사랑은 목표로 하는 대상이 뚜렷한 지향적 작용이다. 사랑은 사랑하는 사람을 뚜렷한 대상으로서 눈앞에 그려본다. 감각적 느낌이나 기분이 영혼적 기능인 데 비해서 애증은 정신적 작용이다. 영혼은 생명과 자연의 단계이며 육체와 불가분리적이라면, 정신은 생명과 자연의 단계를 초월한 반자연적이며 인간 특유의 작용이다.

2. 사랑은 가치고양 작용이다.

가치느낌이 단순한 가치수용 작용인 데 반해서 사랑은 새로운 가치를 자발적으로 발굴하는 작용이다. 즉 사랑은 대상이 가진 가치를 있는 그대로 느끼는 데 그치는 것이 아니라 긍정적 가치를 능동적, 자발적으로 찾아내고 발견한다. 그에 따라 대상의 가치는 점점 더 상승하고 마침내는 그 대상의 이상적인 모습에 도달하게 된다. 한 인간의 이상적인 가치상은 그 대상의 현실적인 실재가 아니라 경험적으로 주어진 가치들에 뿌리를 두고 있는 것이다. 즉 그것은 단순한 상상이나 감정이입 또는 착각이 아니다. 경험적 실재와 이상적 가치상과의 미분리 상태가 사랑의 본질적 상태이다.

사랑은 한 대상의 주어진 한두 개의 가치에서 출발하여 더 높은 가치로 나아가는 지향적 움직임이며 심지어 추가로 주어지는 대상의 낮은 가치나 오점에도 불구하고 대상을 있는 그대로 받아들인다. 사랑의 진정성은 우리가 구체적인 대상의 오점들을 보기는 하지만 이 오점들과 함께 사랑하는 데서 입증된다. "사랑은 하나의 낮은 가치로부터 출발해서 더 높은 가치로 올라가는 운동이며 운동 속에서 그때그때마다 한 대상 또는 한 인격의 더 높은 가치가 빛나듯 출현하는 운동이다."[12] 사랑은 더 높은 가치의 정립과 보존, 더 낮은 가치의 지양을 도모한다. 반대로 미움은 하나의 낮은 부정적 가치에서 출발해서 더 낮은 가치에 적극적으로 눈을 돌리며 결국은 가치영역 전체에 대해서 폐쇄적이 된다. 비유적으로 말하자면 사랑은 대상을 마음속에서 천사(대상의 있을 수 있는 최고의 모습)로 만들어가며 미움은 악마(대상의 있을 수 있는 최악의 모습)로 만들어가는 과정이라고 할 수 있다.

3. 사랑은 자발적, 창조적 작용이다.

기쁨이나 슬픔은 가치에 대한 반작용이며 동감 역시 타인의 감정에 대한 반응 내지 반작용이다. 진선미에 대한 느낌은 대상의 있는 그대로의 가치를 수용하는 기능이다. 반면에 사랑은 앞서 밝힌 바와 같이 영혼적 기능이나 반응 또는 단순한 수용기능이 아니라 스스로 가치를 찾아내는 자발적인 작용이다. 그리고 사랑은 가치발굴을 통해서 가치영역을 넓히는 창조적 작용이다. "사랑이 가치의 더 높음을 향한 운동이라는 것에 사랑의 창조적인 의미가 놓여 있다."[13] 사랑은 모든 가치느낌, 선호, 의지, 행위 등의 영역에서 완전히 새로운 높은 가치들을 등장시킨다. 미움 역시 정신적 작용이며 사랑과는 반대로 가치에 대해서 눈을 감고 가치를 말소시키는 파괴적인 작용이다.

4. 사랑의 본질은 추구나 충동과 독립적이다.

셸러에 의하면 사랑에는 추구가 선행하거나 추구를 동반하지만 사랑의 본질은 추구가 아니다. 추구의 불안은 사랑이 명료할수록 제거된다.

---

12) Max Scheler, *Das Wesen und Formen der Sympathie*, 155쪽.
13) Max Scheler, *Das Wesen und Formen der Sympathie*, 156쪽.

비록 사랑은 지향하는 목표로서 대상을 가지기는 하지만 사랑은 추구와는 달리 실현되어야 할 어떤 목표를 가지고 있지 않다. 어머니가 잠자는 아기를 사랑스러운 눈으로 바라볼 때 실현하려는 어떤 것도 가지고 있지 않다. 모든 추구가 실현하려는 목표를 가지는 반면에 사랑은 전적으로 대상의 있는 그대로의 존재에 안주하고 머문다.

갈망, 동경, 욕구, 충동 등의 추구와 사랑을 비교해 보면 추구는 만족하면 안정되지만 사랑은 언제나 동일하게 머무르며 더 깊이 움직인다. 추구가 자연적 성향이라면 사랑은 자연적 성향을 거슬러 올라가는 것이다. 셸러는 사랑이 충동에서 기인한다고 보는 자연주의자를 비판하였다. 충동이 사랑을 발생시키는 것이 아니라 충동은 단지 사랑의 한계지음과 대상선택에 참여할 뿐이다. 즉 사랑의 지향작용이 지향하는 가치대상에 대해서 충동 역시 함께 지향할 때에 한해서 사랑이 현실화될 수 있다.

5. 사랑은 사회적(사교적) 작용이 아니다.

타인을 전제로 하며 타인에게로 지향하는 작용인 사회성은 사랑에 본질적인 것이 아니다. 사랑은 일차적으로 가치를 지향하며 그 가치를 내가 갖든지 타인이 갖든지 전혀 무관하다. 사랑이 일어나기 위해서는 의식작용이 타자에게로 향하는 것이 필수전제는 아니다. 타인에게로 향하는 작용이라고 해서 반드시 사랑만 있는 것이 아니라 시기, 악의, 심술 등도 있다. 동감은 사회적 작용인 반면에 애증은 그렇지 않다. 우리는 우리 자신을 사랑하거나 미워할 수는 있지만 자신과 동감할 수는 없다. 동감은 다른 인간(생명체)을 필요로 하기 때문이다. 다시 말하면 사랑은 반드시 타인의 존재를 전제로 하지 않는다. 자기사랑도 있기 때문이다. 사랑은 사람보다도 가치를 우선적으로 지향한다.

7-2. 사랑의 형태들[14]

셸러는 인간을 몸과 생명 그리고 영혼(=자아), 정신으로 나눈다. 이 것은 인간사분법이다. 생명과 영혼은 동전의 양면 같은 불가분리적 단 일체이다. 동물도 몸, 생명, 영혼을 갖지만 정신은 갖지 못한다. 몸과 영혼은 생명이며 자연적인 부분인 반면에 정신은 생명과 자연을 초월 하는 인식과 감정 작용이다. 정신은 비자연적, 반자연적인 것으로서 절 제의 능력, 본질인식의 능력이다. 사랑은 몸이나 영혼의 기능이 아니라 정신적 작용인 것이다. 즉 사랑은 자연이나 영혼보다 높고 심오한 인격 의 작용이다. 셸러는 사랑을 나의 인격과 정신이 상대방의 정신적, 인 격적 가치를 사랑하는 정신적 사랑, 나의 영혼이 상대의 영혼적 가치를 사랑하는 영혼적 사랑, 나의 생명이 상대의 생적 가치를 사랑하는 생적 사랑으로 나눈다. 감각적 쾌락 같은 가치 때문에 상대방을 사랑하는 것 은 진정한 사랑이 아니다. 즉 감각적 사랑은 사랑의 종류에 집어넣을

14) 이 부분은 막스 셸러, 『동감의 본질과 형태들』(조정옥 역)에서 역자 해설 부분을 인용한 것이다.

수 없다.

내 안에서 일어나는 신체작용, 생적 작용, 영혼적 작용, 정신적 작용 및 인격적 작용은 서로 구분된다. 몸의 쾌·불쾌를 느끼는 것은 신체적, 감각적 작용이며 생명 전체의 생동감 또는 쇠진감 등에 대한 느낌은 생적 작용이다. 그리고 자아의 기쁨과 슬픔 등의 느낌인 영혼적 작용, 인격에 대한 만족감, 행복감을 느끼는 정신적 작용이 구분된다. 마찬가지로 사랑도 인격의 정신적 사랑, 자아 개인의 영혼적 사랑, 생적(정열적) 사랑으로 구분된다. 유쾌하거나 유용한 대상에 대해서는 느낌과 관심만이 성립하고 그 대상에 대한 사랑은 있을 수 없다. 음식이나 성관계 같이 쾌적하기만 한 대상은 사랑에 본질적인 가치고양을 일으키지 않으며 따라서 감각적인 사랑은 사랑이라고 할 수 없다. 다른 감정적 지향의 부수현상으로서의 감각적 쾌적의 지향은 아무 문제가 없지만, 한 인간에 대한 단순한 감각적 취급은 사랑 없는 냉담한 태도인 동시에 악하다.

미움에도 마찬가지로 생적, 심적, 정신적 미움이 있다. 그리고 한 대상을 사랑하는 동시에 미워하는 것도 가능하다. 즉 누군가의 영혼의 실존이 사랑스럽지 않지만 그의 성스러움을 여전히 사랑할 수 있다. "동일한 한 인격이 그 인격의 실존과 가치들의 세 가지 단계에서 그리고 이런 세 가지 형태의 애증 속에서 동시에 미움과 사랑의 대상일 수 있다." 이러한 영혼의 부조화는 사랑의 기능들이 본질적으로 분리 가능함을 의미한다. 인간의 최고단계의 실존에 대한 미움은 악마적이며 영혼적인 실존에 대한 미움은 악하며 생적인 증오는 단순히 나쁘다.

7-3. 사랑의 우위성[15]

1. 인식에 대한 사랑의 우위성

셸러에 의하면 인식도 존재 간의 관계이다. 즉 바람이 시원하다는 인식은 나라는 존재가 바람이라는 존재의 시원하다는 속성에 참여하는 것이기 때문이다. 하나의 존재관계라고 할 수 있는 인식은 사랑을 전제로 한다. 다른 존재자에 참여하기 위해서는 자기 자신을 초월하는 작용인 사랑이 있어야 한다. 자신의 상태와 의식내용을 떠나는 것 즉 자기초월은 세계와의 접촉의 전제이다. 더 나아가 사랑은 인식으로 이끄는 자명종이며 정신과 이성의 어머니이다. 새에 대해 알게 되어 새를 사랑하는 것이 아니라 거꾸로 새에 대한 사랑이 새에 대한 인식욕구를 불러일으킨다. 한 인간의 인식세계와 범위가 가치세계를 한계짓는 것이 아니라 거꾸로 가치세계가 인식세계를 한계짓는다. 가치세계는 한 인간

15) 이 부분은 막스 셸러, 『동감의 본질과 형태들』(조정옥 역)에서 역자 해설 부분을 인용한 것이다.

이 인식할 수 있는 존재범위를 그려주고 그것을 존재의 바다로부터 마치 하나의 섬처럼 떼내어 준다.[16] 인식의 정도는 사랑에 비례한다. 무엇을 사랑하는가가 인식을 결정하고 의지와 행위를 결정하며 결국은 인생을 결정해 준다.

사랑은 모든 감정작용 가운데에서 가장 근원적인 작용이며 감정은 모든 실천적, 이론적 행위의 뿌리이다. 사랑은 이런 의미에서 모든 다른 감정, 의지, 지성적 작용에 대해 우위성을 갖는다. 셸러가 인식에 대한 사랑의 우위를 논할 때 사용한 사랑개념은 자기초월 및 관심의 의미이다. 셸러는 여기서 관심 역시 사랑의 저조한 동요라고 보고 이 관심이 모든 인식의 근본조건이라고 본다.

2. 미움에 대한 사랑의 우위

미움 역시 사랑과 같은 지향적인 정신작용이다. 셸러는 중기에서 주로 미움을 가치 은폐와 폐기로서 가치창조적인 사랑과 대립된 것으로 본다. 그러나 그의 후기에서 미움은 사랑의 낮은 단계이며 사랑의 일종으로 파악된다. 중기에서 셸러는 미움을 가치에 대해 눈이 먼 부정적 작용이 아니라 저등적 가치를 파악하는 일종의 긍정적 작용으로 본다. 그러나 미움은 사랑과 비교할 때 높은 가치에 대해 무감각하고 결국 가치영역을 축소시킨다. 가치론적으로 볼 때 여기서 미움은 사랑에 대립되며 사랑보다 열등하다. 사랑이 미움보다 우월하다.

셸러의 후기철학에서 사랑과 미움은 대립관계가 아니라 정도차이를 가진 동질적인 것으로 이해된다. 미움은 사랑의 낮은 단계이며 애증 또한 관심의 한 형태이다. 미움도 관심의 일종이며 따라서 미움도 사랑의

---

16) 『셸러 전집』, GW 10권, 356쪽.

모체이며 사랑의 일종이라고 할 수 있다. 모든 미움작용의 토대에는 이미 사랑작용이 내포되어 있다. 후기에서는 모든 사랑이 긍정적인 것도 아니고 모든 미움이 부정적인 것도 아니다. 사랑에도 높은 가치를 사랑하는 올바른 것이 있고 낮은 가치를 사랑하는 그릇된 것도 있다. 마찬가지로 미움에도 올바른 것과 그렇지 않은 것이 있다. 사랑과 미움 모두에 명증적이며 눈이 밝은 것도 있고 그렇지 못한 것도 있다. 사랑과 미움 모두 가치질서에 대한 인식을 전제로 한다. 가치질서에 비추어 그 질서에 부합되는 경우(높은 가치를 가진 것이 높은 위치를 차지할 때) 사랑이 일어나고 가치질서가 뒤집힐 때(낮은 가치를 가진 것이 높은 위치를 차지할 때) 미움이 일어난다. 미움은 사랑의 질서가 손상되는 것에 대한 우리 마음과 정서의 폭동이다. 모든 대상은 가치를 가지며 가치질서 속에서 어떤 특정한 위치를 차지한다. 사물의 가치와 가치질서에 대한 인식 없이는 올바른 애증이 형성될 수 없다.

3. 아가페에 대한 에로스의 우위

에로스가 남녀 간의 정열적인 사랑이라면 아가페는 신에 대한 사랑과 신적인 사랑을 의미한다. 신적인 사랑이란 신에 대한 사랑보다 높은 단계의 사랑으로 세상에 대한 신의 사랑행위에 동참하는 사랑이다. 에로스가 아름다움이나 선함, 지성 같은 어떤 긍정적인 가치에서 출발하여 더 높은 가치상으로 올라가는 마음의 움직임이라면, 아가페는 대상이 가진 가치와 전혀 무관하게 그가 한 인간이기에 사랑하는 것이다. 에로스가 가치의존적인 사랑이라면 아가페는 가치독립적인 사랑이며 대상의 가치가 낮고 비천할수록 더욱더 커질 수 있는 사랑이다. 아가페는 본질과 이념 그리고 근원적 현상들에 대한 통찰이다. 그에 비해 에로스는 감각의 영역 속에 머무르며 기껏해야 형체파악에 불과하다. 에로스는 존재나 본질이 아니라 우연적 속성을 인식하고 세계의 형체적 측면(시각적, 청각적 측면)을 파악한다. 에로스는 가치를 특히 미적 가치를 지향한다. 아가페가 본질직관의 근원이고 철학의 원동력인 반면에 에로스는 (두 가치 가운데 한 가치를 더 좋아하는) 가치선호작용의 원천이고 예술의 근원이다. 에로스는 가치선호작용에 의해 선택범위를 넓히고 세분화시킨다. 에로스는 상상활동을 북돋우고 지각보다 상상이 우세하도록 한다. 그러므로 에로스는 예술가적 구상의 인도자이다. 아가페는 정신작용인 데 비해 에로스는 영혼적 기능이다. 에로스는 통찰력을 얻은 충동이므로 정신적이지 못하다. 에로스는 악령적이다.

7-4. 사랑의 현상들[17]

1. 집중적 관심현상

이 사람에서 저 사람에게로 오락가락하다가 드디어 사랑에 빠지게 되면 오직 특별한 한 사람에게 관심을 집중하게 된다. 사랑의 통로는 비좁아서 한 사람밖에는 드나들 수 없다. 가슴이 너무도 충만하여 다른 사람에게 나눠줄 공간이 없게 된다.

2. 분홍빛 렌즈 효과

분홍빛 안경을 쓰고 세상을 보면 세상은 온통 분홍빛이다. 마찬가지로 사랑은 아주 특별한 안경을 쓰고 있는 것과 같다. 그 특별한 분홍빛 렌즈는 그 사람을 좋게 보고 결국 이상적인 모습으로 바라보게 만든다. 그가 가진 모든 것이 다 좋게 보인다. 쪼개어 분석하는 것은 사랑의 눈

---

17) 헬렌 피셔, 『제1의 성』에 나오는 내용에 의거하여 그것을 풀이하고 정리한 것이다.

이 아니라 평범한 냉철한 눈이
다. 냉철한 눈으로 보면 그는 아
무것도 아닐 수 있다. 사랑은 나
에게 그를 들여다볼 수 있는 특
별한 눈을 선사한다. 그 눈으로
볼 때 비로소 그를 객관적으로
볼 수 있는 것이다. 보통 사람들
은 눈에 콩깍지가 씌웠다고 하지

만 사실은 사랑에 빠진 나의 눈이 더 깊고 객관적인 것이다. 나는 다른
사람들이 보지 못하는 점들을 볼 수 있다. 냉철한 눈으로 보면 이 부분
은 좋고 이 부분은 나쁘다고 말한다. 즉 쪼개어 보는 것이다. 그러나 사
랑은 그 전체를 있는 그대로 받아들이고 결점도 그의 필연적인 일부분
으로서 받아들인다. 또는 커다란 장점을 보느라고 결점을 의식하지 못
한다. 더 나아가서 남들이 결점이라고 지적하는 바로 그 점 때문에 그
가 더욱더 매력적으로 보인다. 사랑은 긍정적인 부분을 계속해서 발견
하게 하며 부정적인 점은 눈 감게 만든다.

3. 기분의 기복현상

사랑은 백퍼센트 행복한 것만은 아니다. 사랑에 빠져 있을 때에 느끼
는 행복은 오로지 거의 사랑하는 사람과의 관계가 좋을 때 그의 관심을
듬뿍 받을 때뿐이다. 그가 나를 소홀히하면 나는 마치 나락으로 추락하
는 기분에 빠진다. 사랑은 우리를 천국과 지옥 사이를 오가게 만든다.
사랑 속에서는 행복감과 활력 그리고 불면증과 식욕상실이 교차된다.
인생이 그렇듯이 사랑도 순수한 낙원이라고는 말할 수 없다. 언제나 모
든 일에는 동전의 앞뒷면이 존재하는 것이다.

4. 과민현상

사랑하는 이를 기다리면 우리는 노크소리, 벨소리, 발자국 소리에 온 신경을 곤두세운다. 그가 아닐까? 전화가 올까 봐 샤워도 맘 놓고 할 수 없다. 반나절만 못 보아도 미칠 지경이 된다. 과민하게 되어 그의 모든 행동을 아주 세밀히 분석하게 된다.

5. 통제 불가능

사랑에 빠짐은 선택이 아니라 그저 때려눕혀짐이다. 열정이 대뇌피질의 이성을 압도한다. 평상시에 감정과 이성은 서로 영향을 주고받는다. 좋아하는 사람은 높게 평가하고 높게 평가되면 좋아하기도 한다. 그러나 사랑에 빠지게 되면 이성은 감정에 의해 포섭당한다. 이성이 아무리 그만을 외쳐도 감정은 듣지 않는다. 쇼펜하우어도 감정은 이성으로 절대 통제하거나 제거할 수 없다고 말했다. 미친 말은 벼랑 끝으로 마구 달리고 아무리 멈춰!를 외쳐도 말은 계속 달려 추락한다. 감정은 제풀에 꺾여 사라진다. 또는 다른 열정에 의해 대체된다. 그러나 이성과 의무에의 호소를 통해서 감정이 약해지거나 없어지지는 않는다.

6. 성적 독점욕과 소유욕, 질투

사랑의 대상을 독점하려고 하고 라이벌을 질투하는 것은 거의 모든 인간에게 공통적인 현상이다. 생물학적으로 볼 때 남자는 아내의 부정으로 태어난 아이를 양육하는 위험에 빠지지 않을까 두려워서 질투를 하며, 여자는 능력 있는 아이 아버지를 경쟁관계의 여자에게 빼앗기지 않을까 두려워서 질투를 하게 된다.[18]

---

18) 헬렌 피셔, 『왜 우리는 사랑에 빠지는가』, 43쪽.

1. 신체적 매력: 남녀는 서로 자신의 매력과 유사한 정도의 매력을 가진 이성을 찾는다.

2. 외부상황: 위험자극이 존재하면 남녀는 서로가 더 쉽게 가까워진다. 데이트 도중에 지진이나 쓰나미를 만난 한 쌍은 대도시의 공원을 편안히 거닐던 쌍보다 더 강하게 끌릴 것이다. 함께 여행하면서 모험을 같이한 파트너의 관계는 더 탄탄하다.

3. 근접성: 아주 마음에 드는 상대가 따로 있더라도 그가 먼 곳에 살거나 만나기 힘들다면 친해질 수 없다. 그다지 끌리지 않는 상대라고 하더라도 늘 가까이에 있으면 결국에는 전자보다 더 가까워진다. 심지어 심각한 신체적 장애를 가진 스티븐 호킹도 부인과 이혼하고 자기를 항상 돌보는 간호사와 결혼했다.

4. 호혜성: 자기를 좋아하는 사람, 그리고 자기를 열어 보이는 사람에게 끌리게 된다.

5. 유사성: 나이, 종교, 건강, 교육, 인종, 경제력에서 비슷한 사람에게 끌리게 된다.

6. 장벽, 장애물: 부모의 반대와 같이 두 사람을 가로막는 장벽이 있으면 둘 사이가 더 가까워진다.

"매력은 관계를 시작하기에는 충분하나 관계를 지속하기에도 충분한 것은 아니다."

7-5. 사랑의 유형들[19]

1. 친구로서의 사랑

함께 가까이 지내다 보니 편하고
좋고 저절로 통하고 감추지 않고 털
어놓을 수 있는 친구이자 애인 사이
가 된다. 갈등이 생기면 서로 양보
하여 평화롭게 타협한다. 이 경우의
결혼은 이혼율이 매우 낮다. 이혼해
도 우정이 남아 가끔 만나고 서로
도와준다. 니체[20]는 평생 동안 대화
할 수 있는 상대와 결혼하라고 충고
했다. (물론 니체는 여성 그리고 이
성교제에 대해 회의적이었고 그래서 사랑에 빠지기 전에 상대의 20년
뒤의 얼굴을 떠올리라고 경고했다.) 대화할 수 있고 마치 동성 같은 편
안한 우정을 나눌 수 있는 상대라면 관계가 더 안정적이고 지속적일 것
이다. 심지어 어쩌다 다른 이성에게 빠져들었을 때에도 솔직하게 털어
놓을 수 있고 충고를 들을 수 있다면 더할 나위없이 좋지 않을까?

2. 논리적 사랑

현명하게 사랑하려고 노력한다. 이상형의 조건에 맞지 않으면 연애
하지 않겠다는 자세와 실용주의적 태도를 보인다. 오래 지속될 가능성

---

19) 김중술, 『사랑의 의미』, 49-71쪽.
20) 프리드리히 니체(1844-1900): 영원한 것이 아니라 지금 여기의 끝없이 변화하는 흐름의 세계
　　가 진정한 존재라고 본 독일 철학자.

이 없어 보이면 아예 시작하지 않는다. 승진, 졸업 등 정해 놓은 어느 시기까지는 하지 않는다. 노력만큼의 결과가 없으면 그만둔다. 어떤 일을 시작하든 간에 미리 모든 일을 따져보고 준비한 뒤에 하는 이성적 타입의 사람들이 있다. 그들은 미리 생각해 봐서 한치의 오차도 없고 수지타산이 맞을 때만 행동에 옮기는 냉철한 인간들이다. 이런 사람들은 낭만적인 영역인 사랑에서도 이성을 잃지 않는다.

3. 낭만적 사랑

상대를 보자마자 감전된 듯 열정이 솟았다는 사람들이 있다. 대상에 대한 사랑이라기보다는 사랑에 대한 사랑이다. 만나자마자 신체접촉을 하는가 하면, 일단 사랑에 빠지면 한순간의 이별도 견딜 수 없어 한다. 불같은 사랑이 식으면 현실을 인정하며, 가끔씩 옛 모습을 발견하고 다시 달아오른다. 이것은 위의 논리적 사랑과 정반대되는 사랑유형이다. 마음이 동하면 곧바로 실천에 옮기는 직관적이고 감성적인 사람들이 여기에 속한다.

4. 소유적 사랑

사랑은 완전하게 서로를 소유하는 것이라고 생각한다. 흥분과 절망, 헌신과 정열이 혼재하여 한시도 편안한 마음을 가질 수 없다. 잠도 못자고 식사도 잘 못하며 생각조차도 잘 할 수 없다. 사랑의 완전한 노예가 된다. 상대의 사랑을 확신하는 일로 모든 시간과 정력을 소모하며 버림받을까 불안하여 내내 초조해한다. 사소한 배신이나 사랑에 대한 보답이 미미할 때 격분하여 상대에게 심적 부담을 주게 된다. 이것은 사랑이라기보다는 일종의 중독이다. 이것은 참사랑이 무엇인지 모르는 사람의 태도이며 상대를 진정으로 좋아하는 것도 아니다.

이 유형에는 불행한 아동기를 보냈거나 친구가 없는 사람, 고독감을 많이 느끼는 사람이 많다. 사랑중독이란 애착관계 때문에 다른 모든 일을 잘 평가하지 못하고 유일한 만족의 근원이 되는 것에 의존하는 현상이다. 소유적 사랑을 하는 사람들은 사랑을 자긍심을 위해 이용한다. 대통령이라도 미스 유니버스라도 이성에게 차이면 모욕감을 느낄 것이다. 그러나 소유적 사랑을 하는 사람들은 그 정도가 지나치다.

5. 이타적 사랑

아무 조건 없이 좋아하고 돌보며 용서하고 베푸는 자기희생적인 사랑이다. 사랑은 가슴보다 머리로, 감정보다 의지로 행한다는 신념을 가지고 있고 사랑은 의무라고 생각한다. 사랑은 받는 것이 아니라 주는 것이라고 생각하고 상대의 행복을 더 많이 생각하며 자기목표를 포기한다. 문제가 있어도 사랑을 포기할 수 없다. 상대가 자신을 필요로 하지 않으면 사랑이 끝난다. 이 유형에 대해 해줄 수 있는 충고는 많이 주는 사람이라고 해서 우리가 더 사랑하는 것은 아니다. 나에게 이타적인 헌신을 하는 상대를 언제나 내가 사랑하는 것은 아니라는 것이다. 오히려 찔끔찔끔 나누어 주는 사람에게 더 애착이 갈 수도 있다. 감정의 영역에서 수학은 통하지 않는다. 감정 그리고 예술의 영역에서는 $1-1=2$ 이다.

6. 유희적 사랑

사랑을 하되 게임이나 시합처럼 재미있게 정당하게 하며 너무 친밀해지면 안 된다고 생각한다. 따라서 사랑의 약속 같은 것은 금기이다. 이 유형은 둘 이상의 애인을 사귀는 것이 보통이다. 여러 가지 개성에 매력을 느껴 어느 한 사람과 심각한 사랑에 빠지지 않는다. 상대가 너무 깊이 빠지는 것, 마음속 깊은 생각을 드러내는 것을 두려워하고 질투는 사랑을 망친다고 생각한다. 섹스는 재미로 하는 것이므로 책임 질 필요가 없다. 사랑은 인생에서 중요한 것이 아니다.

사람들이 어느 특정한 사랑유형만 하지는 않는다. 보통은 혼합형이다. 여자들은 논리적 사랑이나 소유적 사랑을 더 많이 한다. 여자가 남자보다 더 이성적이기 때문이다. 반면에 남자들은 낭만적 사랑이나 유희적 사랑을 더 많이 한다.[21]

지식박스: R. 스턴버그의 일곱 가지 사랑의 종류

스턴버그는 친밀감, 열정, 헌신을 사랑의 세 가지 요소라고 본다. 친밀감이란 함께 있으면 편안하고 의사소통이 잘되는 것을 말하며, 열정이란 상대와 하나가 되고 싶은 강한 욕망, 특히 성욕을 말하며 상대를 정확히 알지 못하는 상태에서 겉모습에 매력을 느껴 이성을 상실하는 상태이다. 그리고 헌신이란 그 사람을 사랑하기로 결심하고 사랑을 유지하려는 진지한 노력을 기울이는 것을 말한다.[22]

21) 김중술, 『사랑의 의미』, 63쪽.
22) 로버트 스턴버그, 『사랑은 어떻게 시작하여 사라지는가』, 23쪽.

이 세 가지 요소를 근거로 하여 스턴버그는 사랑의 종류를 일곱 가지로 분류한다.

1. 좋아함: 열정이나 헌신 없이 친밀감만 있는 경우.

2. 도취성 사랑: 열정만 있는 경우로서 특히 첫눈에 반한 사랑이 해당된다.

3. 공허한 사랑: 헌신만 있는 경우. 오래된 관계에서 처음의 매력이 상실되는 침체기에 나타난다. 친밀감과 열정이 없음에도 사랑을 지키겠다고 결심하는 경우.

4. 낭만적 사랑: 헌신은 없고 친밀감과 열정이 있는 경우. 남녀가 서로 육체적으로 빠지게 되고 감정적으로도 하나가 된다.

5. 우애적 사랑: 열정 없이 친밀감과 헌신이 있는 경우. 열정이 식은 상태로 배신의 걱정이 없는 결혼에서 흔히 나타난다.

6. 얼빠진 사랑: 친밀감 없이 열정과 헌신이 있는 경우. 안정적인 친밀감이 없이 열정만 가지고 서로 헌신하므로 얼빠졌다고 할 수 있다.

7. 성숙한 사랑: 친밀감, 열정, 헌신이 모두 갖추어진 경우.[23]

7-6. 남녀의 사랑의 차이

보부아르에 따르면 여자에게 남자는 세상의 전부이다. 그러나 남자에게 여자는 세상의 일부분일 뿐이다. 여자들은 사랑에 빠지면 오로지 사랑하는 사람만을 기다리고 바라보는 경향이 강하다. 반면에 남자들은 사랑에 빠지더라도 자기 일을 놓치지 않으려고 한다. 우리나라 옛 어른들은 "여자가 공부해서 뭘 하나? 남자 잘 만나서 시집 잘 가야지"라고 입버릇처럼 말하곤 했다. 이에 따른다면 여자의 행복은 남자가 만

23) 로버트 스턴버그, 『사랑은 어떻게 시작하여 사라지는가』, 43-51쪽.

들어주는 것이며 따라서 자기실현을 위해 노력할 필요 없이 예쁘게 단장하여 좋은 남자의 눈에 들어야 할 것이다. 그러나 이것은 성차별적인 구시대의 발상이다. "성불평등 사회에서는 사랑에서도 남성의 주도권과 여성의 종속적 위치가 그대로 반영된다. 여성은 사랑에서도 순종적이고 수동적이 된다. 사랑은 여성으로 하여금 한 남자를 이상화하여 자아까지 포기하게 하고 남성의존적 삶을 살게 한다. 가부장제 사회에서 경제적 약자인 여성은 사랑에서도 평등성과 주도권을 잃고 생존전략으로서의 사랑을 하게 되며 사랑하기보다는 사랑받기에 몰두하며 사랑받는 자발적 노예로서 헌신하고자 한다."[24] 이제 여성들도 남자를 세상의 전부로 볼 것이 아니라 세상의 일부로 보고 자기실현을 게을리하지 말아야 한다. 인생의 무게중심을 자기실현이 아니라 사랑에 두는 순간 내 인생의 불행과 파멸은 불 보듯이 뻔하다. 왜냐하면 사랑은 은총과 같은 것이라서, 내가 노력한다고 해서 그리고 내가 간절히 원한다고 해서 내

24) 여성한국사회연구회 편, 『여성과 한국사회』, 283쪽.

게 찾아오는 것이 아니기 때문이다. 사랑은 은총과 같이 나도 모르는 순간에 내가 바라지도 않은 때에 슬그머니 내 곁으로 다가온다. 나의 노력과 소망에 무관하게 주어지는 사랑에 무게중심을 두는 것은 현명하지 못한 것이다.

남자와 여자가 생각하는 친밀감의 뉘앙스가 약간 다르다. 피셔에 따르면 "남녀 모두 개인적인 비밀과 행복한 활동을 함께 나누는 것을 친밀한 행위라고 생각한다. … 여자들은 얼굴을 마주하고 서로의 눈을 똑바로 쳐다보는 것을 친교라고 생각하는 반면에 남자들은 정면으로 마주 대하지 않고 나란히 붙어 앉는 것을 선호한다. 남자들은 눈을 똑바로 직시하는 것을 위협으로 느끼는 성향을 보인다. 이것은 여성 조상들이 오랫동안 아기와 마주 대하고 교육한 반면에 남성들은 적들과 마주 대하고 친구들과는 나란히 동행한 데서 기인한다."[25] 남자들이 스포츠와 정치, 사업에 대해 이야기하는 것을 즐기는 반면에 여성은 감정적인 개인적인 문제를 털어놓는 것을 선호한다.[26]

피셔에 따르면 "남녀 모두 매력을 찾고 정서적으로 안정되고 성숙하며 쾌활하고 친절하고 건강한 파트너를 찾는다. 그러나 남성은 무엇보다도 외모와 젊음과 아름다움에 관심을 둔다(탄력 있는 피부, 반짝이는 치아, 생기 넘치는 두 눈, 윤기 있는 머리, 강건한 근육 등). 반면에 여성은 남성의 재력을 사랑하고 교육과 지위를 중시한다. 여성들은 오래도록 함께할 파트너를 찾으며 원하는 것이 워낙 복잡하여 남성에 비해 쉽게 사랑에 빠지지 않는다. 남성들이 여성에게 필요한 존재가 되고 싶어 하는 반면에 여성은 사랑받고 흠모받고 싶어 한다. 질투의 형태도

---

25) 헬렌 피셔, 『왜 우리는 사랑에 빠지는가』, 304-305쪽.
26) 헬렌 피셔, 『왜 우리는 사랑에 빠지는가』, 306-307쪽.

남녀가 다른 모습을 띤다는 학설이 있다. 여성이 자신의 파트너와 라이벌 사이의 정서적 교감을 두려워하는 반면에 남성은 실제로 벌어진 또는 상상되는 성적 관계를 두려워한다."[27]

"남녀 모두 파트너가 다른 이성과 대화하고 키스하고 애무하거나 성교하는 모습을 목격하면 거의 미칠 지경에 이른다. 그러나 남자는 실제의 또는 상상 속의 성적 부정에 대한 털을 곤두세운다. 그 진화론적 이유는 파트너가 다른 남자의 아이를 낳게 될 경우 다른 남자의 DNA를 보존하기 위해서 엄청난 시간과 에너지를 쏟아야 하는 위험이 도사리고 있기 때문이다. 즉 남자는 잠재의식적으로 다른 남자의 자식을 키우는 데 대한 두려움을 갖고 있다. 반면에 여자는 정서적으로나 재정적으로 버림받지 않을까 하는 두려움이 강하다. 파트너가 경쟁자에게 소중한 시간과 돈을 쏟고 있다는 사실을 알게 되면 엄청난 질투심을 보일 수 있다."[28]

그레이에 따르면 남자는 고무줄처럼 가까워졌다 멀어졌다 한다. 남자들은 한동안 연락이 뜸했다가 다시 나타나곤 하는데 이것은 테스토스테론 수치와 연관이 있다. 테스토스테론 수치가 높아지면 여자를 찾고 낮아지면 잠적하는 것이다. 반면에 여자는 파도처럼 기분이 좋아졌다가 울적해졌다가 한다. 남자는 버너처럼 확 타오르고 확 꺼지는 반면에 여자는 오븐처럼 차츰 더워지고 느리게 식는다.

27) 헬렌 피셔, 『왜 우리는 사랑에 빠지는가』, 422-448쪽.
28) 헬렌 피셔, 『왜 우리는 사랑에 빠지는가』, 267쪽.

7-7. 남녀의 서로 다른 사랑의 단계

　　여성과 남성은 대개 서로 다른 단계를 통해서 사랑에 빠진다. 남자가 육체적 매력에서 차츰 정신적 매력으로 건너간다면, 여자는 정신적 매력에서 육체적 매력으로 건너간다. 육체적 매력은 생물학적 장점을 암시한다. 남자들은 젊은 여자를 좋아하며 균형 잡힌 몸매를 좋아한다. 젊음은 여자의 생식적 가치를 알려주는 결정적인 단서이고 균형 잡힌 몸매는 생물학적 자질의 우수함을 보여주는 단서이기 때문이다.[29] 반면에 여자들은 대화할 수 있고 정신적으로 교류할 수 있는 사람 즉 정신적 매력을 우선적으로 본다. 정신적 매력은 여자들이 중시하는 사회적 지위와 재산을 암시하는 징표인지도 모른다.

남성의 사랑의 단계
육체적 매력 → 감정적 매력 → 정신적 매력 → 영적 매력

　　남성은 먼저 여성의 육체적 매력에 이끌리면서부터 관계를 시작한다. 남성이 여성에게 육체적으로 끌릴 뿐만 아니라 정말 좋아하게 되면 그녀는 좀 더 특별한 존재가 된다. 남성을 육체적으로 사로잡을 수 있

---

29) 이인식, 『성과학탐사』, 108-109쪽.

106

는 여성은 많지만 친구가 될 수 있는 여성은 그다지 많지 않다. 그녀가 그에게 더 특별한 존재가 되는 때는 그가 그녀의 인격에 정신적으로 매료되었을 때이다.[30]

1. 남성은 자신에게 맞는 짝을 만날 경우 처음에는 거의 대부분 육체적 매력을 느낀다. 남성의 경우 자신 스스로가 육체적 매력을 느낄 수 없는 여성을 쫓는 것은 오류이며 분별력이 없는 것이다. 육체적 매력을 느낌은 분별력의 기초이면서 출발단계이며 가장 낮은 수준의 분별력에 속한다. 즉 육체적 매력만을 이성을 고르는 전적인 기준으로 삼고 머물러서는 안 된다.[31]

2. 남성은 육체적 매력을 느끼는 여성들과 얼마 정도 교류하고 난 뒤 그 가운데 한 여성에게 감정적으로도 끌리게 된다. 감정적 공감이란 쾌활함, 얌전함, 독단성, 유연성 등 개인의 성격에 대한 선호이다.

3. 육체적 매력과 동시에 감정적 매력을 느끼는 여성과 사귀다 보면 친절함, 생활력, 지혜, 재능, 명석, 관대, 정직, 공정, 인내, 용기, 끈기, 성숙, 순수함, 자부심, 민감성, 열정, 사랑과 같은 인격적 측면에 끌리게 된다.

4. 그는 그녀가 완전하지는 않지만 자신에게만은 완전하다는 것을 깨닫고 그의 진정한 짝을 발견한다. 그의 마음이 비로소 활짝 열린다. 영적 매력은 상대의 내면적 특질에 대한 인식에 기인하는 것이 아니다. 그것은 상대 영혼이 필요로 하는 것을 내가 가지고 있고 상대 또한 내 영혼이 필요로 하는 것을 가지고 있다는 사실을 인정하는 일이다. 나와 함께 사랑을 나누며 성장해 갈 사람이 바로 이 사람이고 나의 속마음을

30) 윌리엄 그레이, 『화성남자 금성여자의 사랑의 완성』, 172쪽.
31) 윌리엄 그레이, 『화성남자 금성여자의 사랑의 완성』, 175-176쪽.

함께 나누어야 할 사람도 바로 이 사람이며 인생을 함께 배워가야 할 사람도 바로 이 사람이라는 것을 알게 되는 것이다.[32]

여성의 사랑의 단계[33]

정신적 공감 → 감정적 매력 → 육체적 매력 → 영적 매력

1. 여성은 처음에는 그의 육체가 아니라 정서적, 정신적인 면에 끌린다. 즉 여성은 먼저 남자의 지적인 측면에 매료되는 것이고 지적인 판단을 개입시켜서 남성을 선택하는 것이다. 여성은 그를 어느 정도 알고 난 다음에 육체적 갈망과 열정을 느낀다. 자신의 경험이 이렇기 때문에 남성이 육체적인 관심을 보이면 자신에게 정신적, 감정적으로도 끌린다는 것으로 착각하기 쉽다. 지적인 면에 대한 이끌림이 여성에게서 남성을 고르는 분별력의 기초가 된다. 여성은 많은 남성에게 정신적 공감을 느끼고 다시 그 중 일부에게 감정적 공감을 느낀다. 그 다음에 그런 남성들 중 한 남성에게 육체적 매력을 느끼게 된다.

2. 자신에게 맞는, 자신에게 편안한 성격에게 이끌리게 된다. 여성에 따라서는 자기주장이 강한 사람을 좋아할 수도 있고 수줍고 조용한 사람을 좋아할 수도 있다. 신중한 사람을 좋아할 수도 있고 자유로운 사

32) 윌리엄 그레이, 『화성남자 금성여자의 사랑의 완성』, 179−180쪽.
33) 윌리엄 그레이, 『화성남자 금성여자의 사랑의 완성』, 169−183쪽.

108

람을 좋아할 수도 있다. 자신이 원치 않는 성격의 사람과는 깊이 사귀지 않는다.

3. 여성이 정신적, 감정적으로 이끌리는 사람들과 사귀다 보면 육체적 매력을 느끼는 남성을 발견하게 된다. 그녀가 세 가지 측면에서 모두 매력을 느끼고 공감할 수 있는 남성은 오직 소수에 불과하다.

4. 그녀는 어느 한 사람이 진정한 짝이라고 깨닫는다. 그녀는 바로 이 사람이 나와 평생을 함께할 사람이라고 느낀다. 그것은 상대가 완벽하기 때문이 아니라 그에게 무조건적인 사랑이 느껴진다.

7-8. 행복한 연애의 길

인간에는 대개 두 유형이 있다. 어떤 일을 하기 전에 앞뒤를 꼼꼼히 재보고 계산한 뒤에 행위하는 사람이 있는가 하면, 반대로 그때그때의 느낌과 기분, 충동에 따라 즉흥적으로 행위하는 사람이 있다. 전자를 흔히 햄릿과 같이 이성적인 사람이라고 부르며 후자를 돈키호테와 같이 충동적인 사람이라고 부른다. 앞으로 자세히 언급하겠지만 인류역사는 이성적 사고방식으로 짙게 염색되어 있어서 이성적인 사람이 이상적인 것으로 간주되어 왔다. 그러나 충동이 경솔하다는 단점을 갖는 것과 마찬가지로 이성도 지나치면 경직되고 메마르며 지나치게 계산적일 수 있다. 이성을 사귀는 연애과정에서도 두 유형의 사람들은 각기 다른 방식으로 행위할 것이다. 이성적인 유형은 그와 내가 잘 맞는지, 내가 고백하면 상대방이 어떻게 나올 것이며 결과가 긍정적일지, 미래에 결혼에까지 이르렀을 때 행복할 수 있을지 등 여러 가지를 고려해 볼 것이다. 충동적인 유형은 사랑과 정열을 느끼는 동시에 만나고자 시도하고 고백을 할 것이다. 그러나 이성적인 유형은 따지고 계산하고 주저하다가 기회를 놓칠 위험이 있으며 충동적인 유형은 익지 않은 사과를 따서 먹지 못하는 오류를 범할 수 있다. 상대가 어떤 사람이며 상황이 어떤가에 따라 행동방식을 달리하며 기회를 놓치지 않도록 유의해야 할 것이다. 충동적인 유형은 무엇보다도 너무 서두르지 않고 상대방의 감정이 달아오를 때까지 인내를 가지고 조용히 기다려야 할 것이다. 의외로 많은 사람들이 성급히 연애관계로 돌입하기보다는 우정의 관계를 맺으며 편안히 대화하며 상대방을 지켜보기를 원한다는 것을 망각하지 말아야 한다.

『화성남자 금성여자의 사랑의 완성』의 저자인 윌리엄 그레이는 남자는 쫓아가고 여자는 쫓겨야 한다고 주장한다. 그레이는 여성의 수동성과 남성의 적극성을 남녀관계를 호전시키는 효과적이고 이상적인 행동방식이라고 본다. 이것은 의식적으로나 무의식적으로 오랜 역사의 가부장제 사회를 염두에 둔 것으로 짐작된다. 우리 모두는 가부장제 사회의 남녀관념과 의식에 젖어 있어서 거기에 들어맞는 행동방식을 취할 때 남녀관계를 더 효과적으로 진전시킬 수 있다. 그러나 남녀관계에서 여성의 적극성과 남성의 수동성을 도덕적으로 비난하는 것은 부당하다. 자신의 사적인 일에 대한 비효율적인 처리를 선악의 잣대로 재는 것은 부적합하기 때문이다. 느린 걸음걸이를 덕에서 벗어났다고 말하는 것은 부적절하다. 앞으로 인류사회가 변한다면 연애방식도 달라져야 할 것이다. 지금도 사회는 변하고 있다. 연애에서의 여성의 적극성도 효율적일 수 있는 시대가 다가오고 있다.

그레이에 따르면 "여자는 거리를 두어야 매력적이다. 남자는 주고 도와주고 여자는 받고 도움을 받아야 한다. 남자는 그녀를 기쁘게 해줄 수 있음에 만족해야 한다. 여자는 주지 말고 우아하게 받고 감사하는 마음을 가지면 그만이다. 여자는 기쁘게 받는 것이 남자에 대한 최대의 선물이다. 남자는 어떻게 도전할까 궁리해야 하고 여자는 남성의 도전에 어떻게 대처할까를 생각해야 한다." 연애에 관한 많은 책들이 여성의 적극성에 대해 제동을 건다. 예를 들면 제리 야콥의 『남자들은 왜 여우 같은 여자를 좋아할까?』라는 책도 그렇다. 그에 따르면 "착한 여자와 여우 같은 여자를 비교하자면 착해빠진 여자는 데이트를 시작한 지 한 달 만에 남자에게 발마사지를 해주고 그를 위해 여섯 가지 재료를 넣은 달걀요리와 팬케이크를 준비한다. 그리고 그의 집으로 달려가 빨래를 하고 셔츠를 다린다. 또 그에게 시를 읽어주고 하루 종일 서로 부둥켜 안은 채 있고 싶어 한다. 그리고 남자에게 차이고 나면 이렇게 말한다. 내가 그렇게 잘해 줬는데 어떻게 이럴 수가 있어!"[34] 야콥은 여성이 전화통화 횟수를 줄이고 좀 더 들쑥날쑥 전화할 것이며 보통 주말에 많이 만났다면 이번 주는 주중에 보자고 말해 보라고 권유한다.[35] 불투명성이 도전욕구를 불태우게 만든다. 자신의 모든 것을 드러내고 지나치게 헌신적인 착한 여자는 그다지 매력적으로 다가오지 않는다. 오히려 자기 여자가 지금 어디 있는지 모르는 순간 남자는 그녀를 찾아 나선다.[36] 인간의 보편적인 심리는 가진 것에 대해 무감각하게 되고 감사할 줄 모르는 것이다. 그러므로 자기 스스로가 자기 프레젠테이션의 전략을 발휘하여 자신이 귀하며 만나기 쉽지 않은 사람이라는 인상을 심

---

34) 제리 야콥, 『남자들은 왜 여우 같은 여자를 좋아할까?』, 246쪽.
35) 제리 야콥, 『남자들은 왜 여우 같은 여자를 좋아할까?』, 229쪽.
36) 제리 야콥, 『남자들은 왜 여우 같은 여자를 좋아할까?』, 231쪽.

어줄 수밖에 없다. 이 점에서는 남자도 마찬가지다. 남자라고 해서 무조건 적극적이고 능동적이며 헌신적일 필요는 없다.

우리는 행복한 사랑을 누릴 수 있도록 최대한 노력할 필요가 있다. 사랑을 통해서 얻는 행복은 인생의 행복 가운데 아주 중요한 핵심부분을 차지하기 때문이다. 하지만 인생의 진정한 행복, 그리고 지속적이며 안정적인 행복을 누리기 위해서는 세상과 타인, 자신 그리고 사랑을 바라보는 긍정적인 시각이 필요하다. 똑같은 상황과 사물도 보는 시각에 따라서 다른 기분을 만들어주기 때문이다. 그리고 사랑에 모든 것을 거는 일(올인)은 자제되어야 한다. 앞서 말한 바와 같이 사랑은 반드시 소망과 노력에 비례해서 주어지는 것이 아니기 때문이다. 감정은 합리적인 계산이나 논리와는 다른 논리에 따라서 일어난다. 오히려 아무런 노력도 기울이지 않는 편이 더 정열적인 사랑을 가져다주기도 한다. 사랑과 감정은 1+2=3과는 반대로 1-2=3이라는 알 수 없는 논리를 따른다. 그렇게 알 수 없는 논리를 따르는 타인의 감정에다 내 인생의 모든 행복을 거는 것은 불안정하고 위험하다. 인생의 행복은 타인이 주는 것이 아니라 인생을 보는 나의 긍정적인 시각에 의해 주어지며 무엇보다도 나의 자기실현에 의해서 주어지는 것이다. 타인이 주는 사랑만을 바라보며 사는 것 자체가 그의 사랑을 받는 것을 막는 지름길이기도 하다. 우리는 자신을 요구하고 필요로 하는 사람이 아니라 자신을 진정으로 사랑해 주는 사람을 사랑하기 때문이다. 사랑만을 바라보며 사는 것보다는 자기실현을 지향하며 살아갈 때 상대방도 나에 대해 여유 있고 자유로운 기분을 느낄 것이다.

자기실현에서 행복을 찾는다면 한 인간을 전적으로 소유하려는 욕심도 더 쉽게 자제될 수 있다. 한 사람만을 바라보며 사는 것이 아니라 자신의 일의 성취를 향해서 나아간다면 굳이 매시간 매일을 함께 보낼 필요가 없다. 가끔씩 한 번 만남에도 충분한 행복을 누릴 수 있다. 반대로 상대가 주는 사랑만을 바라본다면 24시간을 함께해도 모자랄 것이다. 24시간을 함께하면서도 상대의 사랑을 의심하고 더 큰 그리고 더욱 진정한 사랑을 요구하며 상대의 자유를 가로막게 될 것이다. 즉 넘치도록 상대와 함께하면서도 전혀 만족할 줄을 모르게 되는 것이다. 이것은 세상에 기아에 허덕이는 사람들이 넘쳐남에도 불구하고 백만장자가 배가 터지도록 먹고 재산을 산더미처럼 쌓아두고도 더 가지려고 하는 것과 비슷하다. 지나친 소유욕은 때에 따라서 죄악에 접근한다. 무엇보다도 인간에 대한 소유욕으로 상대를 구속함은 인격의 도구화로서 악의 지름길이다. 철학자 하르트만은 말했다. 소유하려는 사랑은 불행하며 진정한 사랑은 상대의 행복을 빌어주는 것이라고.

피셔가 제시하는 실연에서 벗어나는 방법은 다음과 같다. "무엇보다도 사랑의 중독에서 벗어나려면 사랑하는 사람의 모든 자취를 제거해야 한다. 카드와 편지를 없애고 어떤 상황에서도 전화나 편지를 삼가야 한다. 옛 애인을 마주치는 즉시 현장을 떠나라. 사랑 그것은 매우 적은 양의 음식으로도 상당 기간 살아갈 수 있기 때문이다. 그리고 스쳐가는 아주 작은 접촉도 낭만적 열정을 충분히 자극할 수 있기 때문이다. 애인의 부정적인 특징을 떠올리고 종이에 적어 주머니에 넣고 다녀라. 이상적인 애인과 사귀는 자신의 모습을 상상하라. 마음을 딴 데로 돌리고 친구에게 전화하고 이웃을 방문하라. 카드놀이를 하거나 악기를 연주하고 음악을 들어라. 애완동물을 키워라. 휴가를 내라. 관심을 집중시키고 신기한 무엇인가를 한다면 좋은 기분을 느끼는 물질을 높이고 그 결과 에너지와 희망을 돋우게 된다. 운동은 진정시키는 물질인 엔도르핀과 세로토닌을 향상시킨다."[37] 일단 감기가 들면 열이 나고 기침, 콧물이 나온다. 실연의 마음도 마찬가지로 나름대로의 행로를 걷는다. 어느 정도의 고통이 수반됨은 불가피하다. 그러나 마음이 움직이는 원리를 잘 알고 거기에 대처하고 실수를 예방한다면 더 빨리 고통에서 헤어나올 수 있다.

평화로운 사랑을 위하여[38]

사랑의 행복은
내 안에서 오는 것이 아니라
바깥의 다른 누군가로부터
오는 것입니다.
내가 아무리 그것을
처절하게 소망한다 해도
그가 그것을 줄 마음이 없다면 가질 수 없는 것입니다.
내가 나를 아무리 아름답게 꾸민다고 해도 그가 내게 무관심하다면
소유할 수 없는 것입니다.

만일 행복의 닻을 성과 사랑에
즉 내가 아닌 다른 이에게 걸어 놓는다면
불행은 불가피한 것입니다.
그의 마음에 따라 나의 행불행이 결정되기 때문이며, 그의 마음은 내
마음대로 잡아 둘 수 없는 불확정적인 흐름이기 때문입니다.
비록 그가 지금 현재 나를 사랑한다고 해도

---

37) 헬렌 피셔, 『왜 우리는 사랑에 빠지는가』, 281-283쪽.
38) 조정옥, 『사랑은 미친 짓이다』.

5년 뒤 10년 뒤에 어떻게 될지 아무도 알 수 없고
변치 않겠다는 약속 또한 믿기 힘든 것입니다.

그러므로 삶이 행복하고 평화롭기를 원한다면
자기 스스로 만들어낼 수 있는 행복의 길을 찾아야 합니다.
예를 들면 에피쿠로스가 말한 호수처럼 잔잔한 영혼상태 즉,
무욕의 길이나 아리스토텔레스가 말한
지적 사색의 즐거움 말입니다.
그것은 타인이 내게 줄 수도 없는 것이고
빼앗아 갈 수도 없는 것입니다.
그리고 그것은 내가 원한다면 언제라도
내 안에서 스스로 샘솟는 물처럼 솟게 만들 수 있는 행복인 것입니다.

성과 사랑은 인생을 극도로 생기 있고
기쁨에 가득 차게 해주는
귀중한 것입니다.
그러나 그렇다고 해서 성과 사랑을 인생의 중대한 목표로
삼을 필요도 없고 삼아서도 안 되는 것입니다.

성과 사랑은 우리의 인생을 좌지우지할 수도 있는 것이지만
우리는 우리 인생이 결코 성과 사랑에 지배당하도록
내버려 두어서는 안 됩니다.
우리는 주체적으로 우리 인생을 지배하고
성과 사랑은 인생을 활기차게 촉진시키는
양념으로 사용해야 할 것입니다.

특히 이삼십대의 젊은 나이에는 넘치는 시간과
정신적 여유와 자유로움 때문에
저절로 사랑의 추구에 많은 힘과 시간을 할당하게 되며
그럴수록 더더욱 사랑의 회오리바람 속으로
강하게 휘말려 들어가게 됩니다.
특히 여성보다도 신중함이 부족한 남성일수록
더욱더 자주 여자에게 매혹되고 사랑에 빠지게 되고
그녀의 뒤를 쫓게 됩니다.

사랑은 아름다운 폭풍입니다.
그리고 사랑은 아름다운 물거품입니다.
사랑은 사랑하는 이의 모습을 내 마음속에 아름답게 새겨 놓습니다.
그 모습이 결코 허상이나 환영은 아니지만
있는 그대로의 현실도 아닌 것입니다.
종족을 보존하려는 자연적 본능이 그, 그녀의 모습을 내게 극도로
아름답게 비춰주고 홀리게 만드는 것입니다.
그 아름다운 모습은 언젠가는 반드시 물거품처럼 흩어지고
동시에 사랑하는 마음도 바람처럼 사라져버릴 것입니다.

삶에서 진정으로 중요한 것은 사랑이 아니라 나의 일입니다.
내가 가치를 두는 작업입니다.
어떤 이에게는 그림 그리는 일이고 어떤 이에게는
꽃을 가꾸고 동물을
돌보는 일일 수도 있습니다.
어쨌든 자기 자신이 좋아하고 가치 있게 여기는

어떤 일을 훌륭하게 잘 해내는 것이 인생의 핵심입니다.

흔히 남자에게는 일이 전부고
여자에게는 사랑이 전부라고들 합니다.
그러나 우리는 이제 남녀 모두 자기 일을 찾아야 할 시대에
살고 있습니다.
나날이 순간순간 하고 있는 일을 즐거워하고
거기에서 행복을 찾는 것만큼
확실한 행복의 길은 없습니다.

마치 파랑새를 찾으러 다니던
동화 속 아이들처럼
사랑을 얻기 위해 이리저리 뛰어 다니고
그의 마음에 들기 위해 나를 이렇게 저렇게 바꾸려고 노력하는 동안
긴 세월이 헛되게 흘러갑니다.
얼마나 쓸데 없는 짓이었던가!

자 이제부터 확실한 기쁨과 평화가 있는
자기 삶 속으로 걸어 들어갑시다.
사랑, 그 아름다운 혼돈 저 너머에는
맑은 하늘이 기다리고 있습니다.

1단계: 매력을 느끼는 단계. 자신의 매력을 충분히 발산하고 상대방을 알아가는 단계이다.

2단계: 상대를 반신반의하는 단계. 그가 과연 나와 맞는 상대인가 의심하고 불안해하는 단계이다. 불안감에 흔들리지 말아야 한다. 그렇지 않으면 이 여자에서 저 여자로 표류하다 말기 때문이다.

3단계: 서로 독점하는 단계. 그하고만 데이트하고 싶은 욕망이 발생하고 낭만적 애정을 키우는 데 주력하는 단계이다.

4단계: 강한 친밀감을 느끼는 단계. 모든 갑옷을 벗고 편안한 마음이 되며 상대의 최선의 것을 경험한다. 그와 더불어 부정적인 면들을 소화하는 문제에 직면한다.

5단계: 결혼약속 단계. 이 사람이라는 확신을 가지고 행복하고 편안하다. 곧바로 결혼에 돌입하지 말고 기분 좋은 체험들을 공유하는 것이 좋다. 의견 차이를 줄이며 실망감을 없애는 결정적인 시기이다.

---

39) 윌리엄 그레이, 『화성남자 금성여자의 사랑의 완성』. 그레이에 따르면 연애과정에서 우리는 단계에 맞는 행동을 해야 한다. 아직 상대를 알아가는 만남의 초기단계에서 마치 독점의 단계처럼 상대가 다른 이성과 만나는 것을 질투하고 분노하는 것은 적절하지 않다.

118

7-9. 사랑과 성

사랑과 성욕(성충동)은 실제로 밀접히 연관되어 작용하나 서로 다른 본질에 속한다. 실과 바늘이 항상 붙어 다니지만 서로 다른 실체이듯이 성욕과 사랑도 그런 것이다. 성욕에서 사랑이 나온다는 프로이트의 학설은 부당하다. 프로이트는 인간의 모든 행위를 성욕으로 설명하는 범성욕설을 주장한다. 막스 셸러에 따르면 사랑은 가치상승

운동이고 성충동은 가치에 무지한 쾌락추구이다. 그러므로 성욕(성충동)과 사랑은 다르다.

불타오르는 사랑은 성욕을 동반하지만 사랑이 불타오른다고 해서 반드시 성욕이 솟는 것은 아니다. 성욕은 혈액의 흐름이나 호르몬과 같은 나름대로의 신체적인 메커니즘에 종속되어 있다. 반대로 성욕이 일어났다고 해서 반드시 사랑도 뒤따르는 것도 아니다. (물론 성적인 매력은 하나의 가치로서 가치상승 운동으로서의 사랑을 일으키는 계기를 던져줄 수는 있다.) 그러므로 이상적인 상태라고 볼 수 없는 '성 없는 사랑', '사랑 없는 성'이 얼마든지 가능하다. 단순한 친구로 생각하며 대화가 잘 통하는 이성친구와의 성관계가 있을 수도 있다. 깊이 사랑하지만 성관계를 뒤로 미룰 수도 있다.

사랑의 깊이와 진정성 그리고 사랑의 종류는 각자의 상황에 따라 달라진다. 가장 깊은 사랑과 사랑의 절대적인 진실성만이 성행위의 조건

이 될 수 있는 것은 아니다. 그러나 이상적인 성[40]은 사랑의 표현을 목적으로 하는 성이며 이상적인 사랑은 깊은 신체적, 영혼적 접촉인 성과 함께하는 사랑일 것이다. 성행위에는 사랑이 토대가 되고 계기가 되고 전제가 되는 것이 바람직할 것이다. 앞장에서 밝힌 바와 같이 성행위는 쾌락을 목적으로 한 행위 즉 목적적인 행위가 아니라 사랑을 표현하는 표현행위가 되는 것이 이상적이다.

설문조사: 나의 사랑형태는?

"사회학자 래스웰, 햇코프는 설문을 통해 여섯 가지 사랑유형을 발견했다. 여기서 평소에 자신이 갖고 있던 생각이나 태도에 가장 가까운 것을 답으로 하는 것이 좋다. 애인하고 함께 이 검사를 해볼 때는, 서로 미리 상의하거나 상대방의 대답에 어떤 영향을 주어서는 안 되며, 각자가 따로따로 하는 것이 가장 좋다. 이 검사 결과가 자신의 사랑에 대한 어떤 윤리적 판정을 내리는 것은 결코 아니며, 이것은 다만 자신이 생각하는 사랑의 의미나 자신이 좋아하는 사랑의 형태를 나타내는 것에 불과하다."[41]

---

40) 이상적인 성의 조건으로는 (1) 쾌락, (2) 사랑, (3) 자연스러움(자연스러운 성이란 성인 남녀 간의 동의에 의한 성행위를 말한다, 부자연스러운 성관계란 동물 간의 관계나 미숙한 아동과의 관계 등이다) 등을 들 수 있다. 그러나 사랑이 있다고 해서 쾌락이 더 많은 것은 아니며 자연스러운 성관계라고 해서 쾌락이 더 많은 것은 아니다.
41) 김중술, 『사랑의 의미』, 42쪽.

애정형 척도 검사[42]

1. 나는 '첫눈에 반한다'는 것이 가능하다고 생각한다.

2. 나는 한참 지난 다음에야 비로소 내가 사랑하고 있음을 알았다.

3. 우리들 사이의 일이 잘 풀리지 않으면 나는 소화가 잘 되지 않는다.

4. 현실적인 관점에서, 나는 사랑을 고백하기 전에 먼저 나의 장래목표부터 생각해 보지 않으면 안 된다.

5. 먼저 좋아하는 마음이 얼마 동안 있은 다음에 비로소 사랑이 생기게 되는 것이 원칙이다.

6. 애인에게 자신의 태도를 다소 불확실하게 해두는 것이 언제나 좋다.

7. 우리가 처음 키스하거나 볼을 비볐을 때, 나는 성기에 뚜렷한 반응(발기, 축축함)이 옴을 느꼈다.

8. 전에 연애 상대였던 사람들 거의 모두와 나는 지금도 좋은 친구관계를 유지하고 있다.

9. 애인을 결정하기 전에 인생설계부터 잘 해두는 것이 좋다.

10. 나는 연애에 실패한 후 너무나 우울해져 자살까지도 생각해 본 적이 있다.

11. 나는 사랑에 빠지면 하도 흥분되어 잠을 이루지 못하는 때가 있다.

12. 애인이 어려운 처지에 빠지면 설사 그가 바보처럼 행동한다 하더라도 힘껏 도와주려고 노력한다.

13. 애인을 고통받게 하기보다는 차라리 내가 받겠다.

14. 연애하는 재미란, 그것을 진행시키면서 동시에 내가 원하는 것을 거기서 얻어내는 재주를 시험해 보는 데 있다.

---

42) 김중술, 『사랑의 의미』, 43-48쪽. Lee, J. A., *Colors of Love*, Toronto: New Press, 1975.

15. 사랑하는 애인이라면, 나에 관하여 모르는 것이 있다 하더라도 그것 때문에 그렇게 속상해하지는 않을 것이다.

16. 비슷한 배경을 가진 사람끼리 사랑하는 것이 가장 좋다.

17. 우리는 만나자마자, 서로가 좋아서 키스를 했다.

18. 애인이 나에게 관심을 보이지 않으면 나는 온몸이 쑤시고 아프다.

19. 애인이 행복하지 않으면, 나도 결코 행복해질 수 없다.

20. 대개 제일 먼저 나의 주의를 끄는 것은 그 사람의 상냥한 외모이다.

21. 최상의 사랑은 오랜 기간의 우정으로부터 싹튼다.

22. 나는 사랑에 빠지면 다른 일에는 도무지 집중하기가 힘들다.

23. 그의 손을 처음 잡았을 때 나는 사랑의 가능성을 감지했다.

24. 나는 어느 사람하고 헤어지고 나면, 그의 좋은 점을 발견하려고 무진 애를 쓴다.

25. 나는 애인이 다른 사람하고 같이 있는 것 같은 생각이 들면, 도저히 견딜 수 없다.

26. 나의 두 애인이 서로 알지 못하도록 교묘하게 꾸민 적이 적어도 한 번은 있었다.

27. 나는 매우 쉽고 빠르게 사랑했던 관계를 잊어버릴 수 있다.

28. 애인을 결정하는 데 한 가지 가장 고려해야 할 점은, 그가 우리 가정을 어떻게 생각하는가 하는 것이다.

29. 사랑에서 가장 좋은 것은, 둘이 함께 살며, 함께 가정을 꾸미고 그리고 함께 아이들을 키우는 일이다.

30. 애인의 소원성취를 위해서라면, 나는 기꺼이 나의 소원을 희생시킬 수 있다.

31. 배우자를 결정하는 데 있어서 가장 먼저 고려해야 할 점은, 그가 좋은 부모가 될 수 있겠는가 여부이다.

32. 키스나 포옹이나 성관계는 서둘러서는 안 된다. 그것들은 서로 충분히 친밀해지면 자연스럽게 이루어지는 것이다.

33. 나는 매력적인 사람들과 바람 피우는 것을 좋아한다.

34. 나와 다른 사람들 사이에 있었던 일을 애인이 더러 알게 된다면 매우 속상해할 것이다.

35. 나는 연애를 시작하기 전부터 나의 애인이 될 사람의 모습을 분명히 정해 놓고 있었다.

36. 만일 나의 애인이 다른 사람의 아기를 갖고 있다면, 나는 그 아기를 내 자식처럼 키우고 사랑하며 보살펴줄 것이다.

37. 우리가 언제부터 서로 사랑하게 되었는지 정확히 알 수 없다.

38. 나는 결혼하고 싶지 않은 사람하고는 진정한 사랑을 할 수 없을 것 같다.

39. 나는 질투 같은 것은 하고 싶지 않지만, 나의 애인이 다른 사람에게 관심을 가진다면 참을 수 없을 것 같다.

40. 나의 애인에게 방해가 된다면, 차라리 내가 그만두겠다.

41. 나는 애인의 것과 똑같은 옷, 모자, 자전거, 자동차 등을 갖고 싶다.

42. 나는 연애하고 싶지 않은 사람하고는 데이트도 하고 싶지 않다.

43. 우리들의 사랑이 끝났다고 생각될 때도, 그를 다시 보면 옛날 감정이 되살아나는 때가 적어도 한 번쯤은 있었다.

44. 내가 가지고 있는 것은 무엇이든지 나의 애인이 마음대로 써도 좋다.

45. 애인이 잠시라도 나에게 무심해지면, 나는 그의 관심을 되끌기 위하여 때로는 정말 바보 같은 짓도 할 때가 있다.

46. 깊이 사귀고 싶지는 않더라도, 어떤 상대가 나의 데이트 신청에 응하는지를 시험해 보는 것도 재미있을 것이다.

47. 상대를 택할 때 고려해야 할 한 가지 중요한 점은, 그가 자신의 직업을 어떻게 생각하는가 하는 것이다.

48. 애인과 만나거나 전화한 지 한참 되었는데도 아무 소식이 없다면, 그에게 그럴 만한 이유가 있기 때문일 것이다.

49. 나는 누구와 깊게 사귀기 전에, 우리가 아기를 가지게 될 경우 그쪽의 유전적 배경이 우리와 잘 맞는지부터 먼저 생각해 본다.

50. 가장 좋은 연애관계란 가장 오래 지속되는 관계이다.

애정형 척도 검사 채점법과 해석

채점방법은 매우 간단하여, 각 척도별로 '그렇다'로 대답한 문항의 수를 합치기만 하면 된다. 그 합친 수를 척도별로 퍼센트를 계산하여 백분율 값이 가장 높은 척도가 자신의 애정형을 나타내는 것이다.

가장 좋은 친구	이타적	논리적	유희적	낭만적	소유적
2	12	4	3	1	6
5	13	9	10	7	14
8	19	16	11	17	15
21	24	28	18	20	26
29	30	31	22	23	27
32	36	38	25	35	33
37	40	42	39	41	34
50	44	47	43		46
	48	49	45		
합계_____	합계_____	합계_____	합계_____	합계_____	합계_____

즉, '그렇다'로 대답한 문항의 번호를 적어 앞의 표에서 세로(척도)별로 그 번호들을 맞춘다. 그런 다음에 척도별로 '그렇다'로 대답한 문항

의 수를 세어 백분율로 계산하는 것이다. 그 결과, 예를 들어 '가장 좋은 친구' 척도에서 80%가 나오고, '논리적' 척도에서 60%가 나왔다면, 당신은 애인을 가장 좋은 친구로 삼는 사람임과 동시에 사랑을 하는 데 있어서도 매우 실제적(혹은 현실적)인 사람이라고 해석하는 것이다.[43]

43) 김중술, 『사랑의 의미』, 47쪽.

3부
여성과 남성

"여자는 안정과 예측 가능한 상태를 원하지만 남자는 흥분과 위험, 예측 불가능한 상태를 즐긴다. 바비인형과 바비의 남자친구 켄을 가지고 놀았던 여자아이들은 자기도 바비인형처럼 영원히 행복하게 살 것이라는 환상을 품는다. 그러나 남자아이들은 켄인형 따위는 거들떠보지도 않고 배트맨이나 슈퍼맨, 스파이더맨처럼 위험천만하고 흥미진진한 캐릭터에 빠져든다."[1]

강의 8. 여성과 남성은 같은가 다른가?

남녀 모두 호모사피엔스라는 종에 속하는 한, 남녀의 육체가 전적으로 다른 것만은 아니다. 그렇기 때문에 장기이식, 성전환이 가능하다.

1) 제리 야콥, 『남자들은 왜 여우 같은 여자를 좋아할까?』, 244-245쪽.

그러나 남녀의 육체는 생식기능의 차이로 생물학적, 해부학적으로 몇 가지 점에서 분명히 다른 점이 있는 것이 사실이다. 남녀를 다르게 성장시키는 것은 각기 다른 호르몬의 작용 때문이다. 남성이 남성으로 성장하기 위해서는 테스토스테론이 필요하고 여성이 여성으로 성장하기 위해서는 에스테로겐이 필요하다. 그러나 남성이라고 해서 언제나 몸 안에 남성호르몬을 여성보다 더 많이 가지고 있는 것은 아니다. 40대 이후에는 오히려 여성이 남성보다 더 많은 테스토스테론을 가진다. TV 광고를 보면 아이가 도시락을 놓아둔 채 학교에 가자 버스를 뒤따라서 한 정거장씩이나 뛰어가는 아줌마가 나온다. 아줌마는 폐경기가 가까워서 에스테로겐이 줄어들고 대신 테스토스테론을 더 많이 가지고 있는 것이다. 두뇌에서 눈에 띄는 것은 성욕중추이다. 남성은 여성보다 두 배나 더 큰 성욕중추를 가지고 있다. 그런 점에서 볼 때 남자들은 원래 성욕이 강한 존재라는 말도 근거가 없는 것이 아니다. 남성이면서도 성욕중추가 작으면 동성애자가 될 가능성이 높아진다고 한다.

남녀의 육체가 어느 정도 차이가 있다고 인정한다면 영혼은 어떤가? 남녀의 영혼도 선천적으로 다른가? 여기에 대한 세 가지 입장을 구분할 수 있다.

1. 남성은 강하고 우월하며 여성은 약하고 열등하다는 관념은 인류의 먼 과거로부터 여성에 대한 성차별을 야기했고 정당화시켜 주었다. 우리 사회에도 남자는 하늘, 여자는 땅이라는 유교적 관념이 존재한다. 이것은 전통적 본질주의 입장으로 남녀는 분명히 선천적으로 다르며 남성이 우월하다는 것이다. 이는 생물학적 결정론이라고 말할 수 있다. 그러나 인간이 전적으로 선천적인 기질에 의해서만 결정된다는 것도 잘못된 생각이며 남성이 무조건 여성보다 우위라거나 남성이 가진 기

질이 여성보다 무조건 우월하다는 생각도 근거가 부족한 편견이다. 남성보다 우월한 여성의 예를 얼마든지 찾아볼 수 있기 때문이다.

2. 두 번째 것은 전통적 본질주의에 대립되는 페미니즘의 반론이다. 이는 남녀는 선천적으로 다를 바 없으며 남녀의 차이는 오직 교육과 양육에서 비롯된 것이라는 입장이다. 예를 들면 시몬 드 보부아르는 여성은 태어나는 것이 아니라 만들어지는 것이라고 했다. 여성은 태어날 때부터 약자인 것이 아니라 사회에 의해서 약자로 길러진다는 것으로서 문화적 결정론이라고 할 수 있다. 성차별을 반대하는 페미니즘의 입장에서는 전통적인 성관념을 거부하고 남녀가 다르지 않다는 것을 내세우는 것이 보통이다. 그래서 남녀가 선천적으로 다른 것이 아니며 여자가 선천적으로 약하게 태어나는 것이 아님을 증명하려고 시도한다. 남녀 혼합집단을 무차별적으로 이등분하여 전혀 다른 양육방식으로 키웠을 때 두 집단의 성향과 능력이 확연히 다를 것이라는 주장도 있다. 즉 한 집단에게는 맘껏 먹고 뛰어놀게 하고 다른 집단에게는 꼭 끼는 옷과 신발을 주고 음식조절을 하게 하며 행동을 조심하도록 시킨다고 해보자. 그렇다면 후자에 비해 전자가 훨씬 더 강하며 우월한 능력을 갖게 된다는 것이다.

물론 인간의 성향과 능력의 형성에는 환경과 양육, 교육 등 후천적인 영향이 적지 않게 작용한다. 그렇다고 해서 선천적으로 타고나는 남녀의 차이가 전혀 없다고는 볼 수 없다. 인간의 능력과 기질이 전적으로 후천적인 환경과 교육, 양육 등에 의해서 또는 스스로의 노력에 의해서 만들어지고 구성된다는 주장은 문제가 있다. 인간의 타고난 상태가 과연 백지상태인가? 그렇지 않다. 우선 호모 사피엔스적인 능력과 기질을 타고나며 유전되어 받은 소질들을 가지고 태어난다. 거기에 더불어서 여성과 남성의 생물학적 기질의 영향으로 타고나는 영혼의 성향 역시 무시할 수 없는 것이다. 성차별을 제거하려는 페미니즘의 전략으로서 선택된 문화적 결정론은 전략으로서는 효과적일 수 있지만 객관적인 사실과 잘 부합하지는 못한다. 성차별 해소와 같이 학문이 현실사회 속에서 실현하고자 하는 실용적 목표도 중요하지만 학문이라면 어디까지나 우선적으로 객관적 사실과 부합해야 한다.

일부 페미니즘에서는 수동성, 나르시시즘, 관계지향성, 보살핌의 윤리, 요조숙녀, 집안의 천사, 모성성 등 여성성이라고 일컬어지는 것들을 이제 여성만의 것으로 분류할 것이 아니라 남성에게도 들어 있을 수 있는 것으로 인정할 것을 제안한다.[2] 열거한 특성들이 선천적인 것이 아니라 구성된 것, 만들어진 인위적인 것이며 남녀가 모두 가질 수 있는 것으로 남녀집단의 차이를 말해 주는 것이 아니라 단지 개개인에 따라서 차이가 있는 것으로 보자는 것[3]이다. 그러나 개인이 가진 특질들이 오직 개인만의 특질이며 그 개인이 여성인가 남성인가에 따라서 주어지는 생물학적인 영향을 조금도 받지 않는다는 것은 근거가 부족하다. 남녀집단의 차이를 말한다고 해서 곧바로 성차별의 굴레가 씌워지는 것은 아니다. 남녀의 차이가 주어진 사실의 차이로 간주되지 않고 가치적인 우열의 차이로 보는 데서 성차별이 비롯된다. 남녀의 차이를 인정하고 난 뒤에도 그 차이가 가치적인 차이가 아니라 나름대로 귀중한 남녀집단의 개성으로 인정한다면 성차별로 이어지지 않는다. 이어서 언급하려는 피셔의 관점이 바로 그런 것이다.

---

2) 한국여성연구소, 『새여성학강의』, 117쪽.
3) 한국여성연구소, 『새여성학강의』, 118쪽. "우리는 젠더정체성을 집단보다는 개인으로 본질주의보다는 구성주의의 관점으로 전환해서 볼 필요가 있다. 그리고 당연하고 자연스럽게 여성성, 남성성이라고 규정된 것이 사실은 … 허구에 불과하다는 인식으로까지 나아가야 한다."

3. 전통적인 성관념도 아니고 통상적인 페미니즘적인 관념도 아닌 제3의 관점으로서 남녀가 선천적으로 어느 정도 다른 성향과 능력을 타고나기는 하지만 남 또는 여 어느 한 쪽이 우월한 것은 아니라는 입장이 있다. 이것은 성차별을 거부하는 본질주의로서 여성 생물학자 헬렌 피셔와 같은 입장이다. 여기서는 남녀는 생물학적으로 다름을 인정한다. 즉 여성은 태어나는 것이며 남성도 마찬가지다. 그러나 남녀의 특징은 마치 다른 색깔처럼 서로 다른 개성일 뿐이며 우열은 없다. 한국의 철학자 김상일 역시 이와 유사하게 남녀의 선천적인 차이를 인정하면서도 남녀 간의 우열이 있다는 입장을 거부한다. 즉 여성의 본성은 자연이고 남성의 본성은 논리이다. 그러나 인간은 자기를 초극할 수 있다. 노력하기에 따라서 남성도 자연적일 수 있고 직관적일 수 있으며 여성도 논리적이고 이성적일 수 있다. 그리고 논리와 이성 간에 어떤 우열이 있는 것도 아니다. 대부분의 사회에서 통용되는 남녀에 대한 편견이 있는 것이 사실이다. 여성은 부드럽고 남성은 딱딱하다는 등…. 그런 편견들이 무근거한 것은 아니다. 문제는 남녀의 특성에 대한 가치 평가에 있다. 남성적 성질을 우월한 것으로 보는 성차별적인 안목에 문제가 있는 것이다.

피셔도 결과적으로는 두 번째의 입장과 마찬가지로 결국 남녀집단의 차이보다는 개개인의 차이를 보아야 한다는 쪽으로 기운다. 남성도 어느 정도 여성성을 가지고 있으며 여성도 어느 정도 남성성을 가질 수 있음을 인정하는 것이다. 그러나 피셔의 출발점은 어디까지나 선천적으로 주어지는 남녀의 성향이 어느 정도 존재하고 작용한다는 것이다. 그런 선천적인 성향이 교육과 양육과 환경 그리고 개인적 노력에 의해서 더 앞으로 튀어나올 수도 있고 뒤로 숨겨지고 퇴보될 수도 있다.

강의 9. 여성과 남성의 사고방식

보부아르는 여성은 역사 속에서 언제나 제2의 성이었고 노예였다고 한탄했다. 피셔는 이에 덧붙여 또는 이와는 대조적으로 여성도 남성과 마찬가지로 제1의 성임을 강조한다. 남성성과 여성성 즉 어느 정도 타고나는 여성적 사고와 남성적 사고의 특성을 구분할 때 피셔가 조심스럽게 내세우는 전제는 인간은 모두 남녀 특성의 복잡한 혼합이라는 것이다. 인간은 누구든 전적으로 100% 남성이거나 여성일 수 없다. 인간은 극단적 여성성과 극단적 남성성의 연속선상 어딘가에 위치한다. 대체로 여성은 여성성을 가지고 남성은 남성성을 가지지만, 때에 따라서는 남성도 보통의 여성보다 더 여성적일 수도 있고 그 반대도 마찬가지다. 인간은 DNA의 꼭두각시가 아니라 개인적 선택과 기술 습득에 의해 천성을 초월할 수 있다.

피셔는 『제1의 성』에서 특히 긴 인류역사 속에서 망각된 여성의 장점을 강조한다. 그것들을 열거하자면 다음과 같다.

1. 언어의 재능: 여성호르몬인 에스테로겐은 언어의 주광맥이라고 할 수 있다. 에스테로겐은 신경세포 간의 연결고리 수를 늘린다. 특히 생리기간에는 에스테로겐의 분비로 언어능력이 더 원활하게 발휘될 수 있다. X염색체상에 언어관련 유전자가 있는데 여성은 X염색체를 둘이나 가지고 있다. 여성 뇌의 언어관련 부분에 뉴런이 남성보다 11% 더 많다.

2. 타인의 몸짓과 표정 읽기: 여성은 예민한 오감과 직감으로 타인의 마음을 파악하는 능력이 있다. 남성이 상대의 언어에 집중하는 반면에 여성은 언어 이외에 얼굴표정과 몸짓을 읽어낸다.

3. 섬세한 감수성, 우수한 촉각, 후각, 미각, 청각 인내력

4. 여러 가지를 한꺼번에 처리하고 생각하는 능력

5. 문제를 넓게 전후맥락으로 보는 폭넓은 시각

6. 장기적 기획 선호: 미래에 아이를 양육해야 하는 여성으로서는 장기적 안목으로 판단하는 성향이 있다.

7. 협상의 재능: 언어재능과 미소의 능력을 갖춘 여성은 외교와 협상에 적합하다.

8. 보살핌의 충동

9. 평등주의 원칙 옹호

1. 남녀의 사고: 거미집 사고와 계단식 사고

인류가 탄생하기 이전의 인간조상들은 수십만 년 동안 성적 분업을 했다. 남성들은 주로 사냥을 했으며 여성들은 아이를 돌보면서 먹이를

채집했다. 남성들의 사냥이 간단하고 집중력을 요하는 것이라면 위험한 동물들에 둘러싸여서 아이를 돌보며 동시에 먹이를 구하는 여성들의 작업은 복잡한 사고를 요구했다. 피셔는 이로부터 남녀의 사고가 다른 성향을 물려받게 된 것이라고 추정한다.

피셔에 따르면 남성의 사고가 일직선적이고 단계적이며 분석적이라면 여성의 사고는 미세한 것들을 종합하고 통합하는 사고이며 직관적인 사고이다. 남성이 문제를 일직선적으로 파고드는 반면에 여성은 전체론적 시각으로 문제를 본다. 여성은 더 많은 자료와 변수를 수집하고 저울질하여 종합한다. 피셔는 남성의 단계적인 사고를 계단식 사고라고 부르는 반면에 여성의 마치 거미줄처럼 연관된 요소들을 통합적으로 사고하는 경향을 거미집 사고라고 칭한다. 여성의 거미집 사고는 더 유연하고 포용력이 있으며 남성보다 애매모호한 것에 관대한 편이다. 남성은 분명한 것을 선호하며 애매모호성을 포용하지 않는 성향이 있다. 남성이 한 번에 한 가지씩만 처리하는 반면에 여성은 한꺼번에 여러 과제를 처리한다. 여성은 한꺼번에 열 개의 요술공을 굴린다. 설거지하면서 TV 보고 핸드폰 통화도 한다. 남성적 사고는 초점을 한 곳에 집중하고 항목별로 차곡차곡 처리하는 계단식 사고이다. 남성은 외부 자극에 무관심하고 그것을 무시하고서 한 가지 일에 초점을 두고 집중한다. 한꺼번에 여러 가지를 생각하는 여성들이 산만해지기 쉬운 반면에 한 번에 한 가지씩만 처리하는 남성들은 집중력이 뛰어난 편이다.

여성 두뇌의 특징으로는 좌우뇌를 연결하는 마음의 교차로 즉 전두엽 앞쪽 피질이 남성보다 12% 더 크다는 것이다. 따라서 여러 정보를 동시에 축적하는 능력이 뛰어나고 좌우뇌가 긴밀히 연결되어 있다. 반면에 남성 뇌는 좌우뇌가 각기 분업하는 성향이 있다. 남성적 사고가 다소 경직된 반면에 여성은 정신적 유연성이 뛰어나서 적응력이 뛰어나다. 남성은 규율에 얽매이지만 여성은 예외조항을 인정하고 배려하는 경향이 있다. 여성의 사고는 온몸의 신체 고리로 느끼는 본능적 사고로서 이는 직관과 예언의 능력과 연결된다. 남성이 목전의 일에 초점을 두는 반면에 여성은 장기적 안목으로 계획하는 성향이 있다. 남성들이 느끼는 여성은 덜 논리적이며 덜 이성적이고 구체적이거나 명확하지 않다. 반면에 여성들이 느끼는 남성은 상상력과 주의력이 부족하며 좁은 시야를 가지고 있다. 끝으로 남성적 사고가 있는 그대로의 사실의 분석과 추론을 선호한다면 여성적 사고는 창의성, 감수성, 상상력의 측면이 탁월하며 개인적 가치를 강조하는 성향이 있다. 여기서 정신적 유연성이든 적응력, 집중력이든 단적인 장점으로 볼 것이 아니라 색과 같은 특성과 개성으로 보아야 한다.

2. 조직 속의 여성

요즘 여성이 한 조직의 상관 자리에 앉는 일이 종종 있다. 남성은 승자가 되고 존경받기를 원한다. 남성이 지배주의적이고 권위주의적이며 명령과 복종의 방식을 따르는 반면에, 여성은 자신이 상관이더라도 아랫사람들을 다룰 때 함께 일을 해결해 나가는 협력자로서 이해하고 대우하는 성향이 있다. 여성의 사고는 더 평등주의적이라고 할 수 있다. 남성이 직접적이고 명령적인 언어를 사용하는 반면에 여성은 명령이 필요할 때 암시적인 말을 사용하며 정보의 자유교환을 요구한다.

조직 속에서 여성은 예외를 고려하고 배려하는 반면에 남성은 규칙을 존중하며 규칙을 따를 것을 요구한다. 이런 면에서 남성은 다소 경직된 편이다. 반면에 상황과 예의를 고려하는 여성들은 다소 무질서한 편이다.

3. 의사로서의 소질

대개의 의사는 남성이고 간호사는 여성이다. 그러나 피셔에 따르면 여성도 여러 가지 측면에서 의사직업에 적합한 소질들을 가지고 있다. 인간의 몸은 마음과 밀접한 상호작용을 하므로 몸의 병은 마음의 통로를 거쳐서도 호전되게 마련이다. 즉 병은 좋은 약과 주사로만 낫는 것이 아니라 의사의 따스한 한마디가 마음의 위안을 주며 몸의 쾌유에 적지 않은 도움을 준다. 개개인의 차이가 있지만 대개의 남성의사들이 약과 주사에 관심을 기울이며 환자와의 대화에는 무관심한 편이다. 대화를 귀찮은 것으로 여기는 의사도 적지 않다. 30-40분 기다려서 의사와 대면하면 청진기, 혈압계를 대보고는 약 잘 먹고 주사 맞고 가라는 한두 마디로 진료가 끝나기 일쑤다.

반면에 인간의 내면을 잘 읽어내고 대화를 즐기며 언어능력이 좋은 여성의사의 경우 환자와의 대화를 통해 환자를 위로하고 격려하며 따스한 동정심을 발휘하는 경향이 있다. 물론 이것은 남녀에 관한 예외 없는 법칙이 아니라 하나의 성향일 뿐이다. 피셔에 따르면 여성은 환자와의 인간관계를 추구하고 더 많은 대화를 하는 편이다. 또한 여성은 인간에 대해서 더욱 민감하고 이타적인 성향이 있다. 남성이 전신의 총체적 움직임에 능한 반면에 여성은 에스테로겐의 영향으로 작은 물건을 다루는 손재주가 탁월한 편이다. 따라서 여성은 섬세한 신경을 요구하는 수술에 능하다. 남성의사가 자신을 병이라는 문제를 해결하는 해결사로 이해하는 반면에 여성은 자신을 치유자로 이해한다. 남성이 혈관수술, 심장학, 방사선학, 마취과 등을 선호하는 반면에 여성은 직접 손길을 내주는 분과인 산부인과, 소아과를 선호한다.

인류사회는 오랫동안 가부장제 사회였고 따라서 남성주도적인 사회인 동시에 남성적 사고방식이 주도하는 상태였다. 인류역사상 공격적인 전쟁이 끊임없이 이어진 것도 남성주도적인 역사의 부작용인 것으로 추측된다. 피셔가 제시하는 여성 마인드가 사회 각 분야에 침투되고 혼합됨으로써 인간사회는 더 균형 잡히고 조화로운 사회가 될 것이다. 무엇보다도 타인의 마음에 대한 배려와 평등주의적 사고방식은 사회를 더 따뜻하게 만들어줄 것이다.

지식박스: 동양인과 서양인의 사고방식 ------------------------

사회심리학자 리처드 니스벳에 따르면 동양인은 직관이 강하고 경험을 중시한다. 반면 미국인은 논리와 분석에 강하다. 동양인은 배경과 맥락을 중시하며 모순을 잘 받아들인다. 반면에 서양인은 배경에서 사물을 떼내어 생각하는 경향이 강하고 모순을 싫어한다. 예를 들어 미국인과 일본인에게 물속에서 헤엄치는 물고기 떼를 보여주고 이를 회상하게 했다. 일본인들은 대개 연못이나 호수 같다고 배경을 설명한 반면에 미국인은 송어 같은 큰 물고기가 있다는 식으로 사물을 중심에 놓은 대답을 많이 했다. 동서양의 사고방식의 차이는 고대 그리스와 중국에까지 거슬러 올라간다. 동아시아에서는 농경사회가 들어서면서부터 집단을 강조한 반면 수렵사회에서 출발한 서양에서는 개인이 더 중요한 삶의 단위가 되면서 사고방식의 차이가 난 것으로 추측된다. (『동아일보』, 2003. 9. 17)

피셔의 여성성, 남성성 개념을 적용해 본다면 직관적이며 모순을 허용하고 상황을 중시하는 동양인의 사고방식은 여성적 사고방식이고, 분석적이며 모순을 싫어하며 따라서 논리적인 서양인의 사고방식은 남성적 사고방식이다.

강의 10. 성차별

성차별이란 여성 또는 남성이라는 이유로, 즉 남녀에 대한 편견을 기반으로 이루어지는 차별이다. 여성은 인류의 절반을 차지하며 인류의 종족보존과 유지, 인류의 진보를 위해 필수불가결한 존재다. 그러면서도 역사 속에서 여성은 불행한 성으로서 억압당하고 차별당하여 왔다. 특히 가부장제 사회에서 여성은 육아와 가사 담당으로 역할이 고정되어 여성 개인의 자아실현과 사회진출이 봉쇄되어 왔다. 성차별은 남성에 의한 여성차별이라기보다 인류 전체에 의한 여성차별이라고 할 수 있다. 여성도 여성에 대해 성차별적 행동을 해왔다. 보부아르는 여성의 나약함을 천성이 아니라 사회에 의해 만들어지고 길러진 후천적, 문화적인 것이라고 주장하면서 역사 속에서 부차적인 성, 제2의 성으로 추락한 여성의 지위를 한탄했다.

단지 여자라는 이유로 토목기사 자격시험에 참가조차 할 수 없다고 해보자. 남녀집단 각각의 특성과 성향이 있고 다소 거칠고 위험한 일을 대체로 공격적인 남성들이 더 잘 해낼 수 있기는 하다. 하지만 궁극적으로 인간 개개인은 모두 다르며 경우에 따라서는 토목기사 일을 잘 해 낼 수 있는 여성이 있을 수 있다. 여성 또는 남성이라는 이유로 개인의 능력과 성향을 전혀 검토하지 않고 애초부터 선택권을 주지 않는 것은 부당하다.

우리는 앞에서 피셔가 말한 여성적 사고의 특징을 살펴보았다. 남녀의 능력 간에 우열이 있는 것이 아니라 마치 빨강과 파랑같이 서로 다른 개성일 뿐이라고 결론지었다. 개성은 상황에 따라서 다른 힘을 발휘할 수 있고 따라서 상황에 따라 다르게 평가된다. 마치 톱이 목재를 절단하는 데 유용하고 망치가 못을 박는 데 유용하듯이 인간의 개성도 그런 것이고 남녀의 서로 다른 특질도 마찬가지다. 계단식 사고방식이 거미집 사고방식보다 우월한 것이라고 가정해 보자. 그렇다고 해도 각 개인의 개성을 무시한 채 남성의 사고능력이 여성의 사고능력보다 단적으로 낮다고 단정지을 수는 없다. 때에 따라서 보통의 남성보다 더 남성적으로 사고하는 여성이 있기 때문이다.

개개인의 여성은 자신의 우울한 감정이나 불행을 개인의 능력과 주변상황의 탓으로 간주하기 쉽다. 그러나 여성의 불행은 근본적으로 여성의 사회진출을 가로막는 사회적 구조에 기인한다. 여성이 사회에 진출하여 개성에 맞는 다양한 활동을 하고 자아실현을 할 수 있는 기회가 미리부터 막혀 있기 때문이다. 개인의 힘으로 바꿀 수 없는 사회구조는 잘 의식되며 힘들고 비판적인 눈으로 바라보는 데에는 어느 정도 한계가 있다.

하나의 숲을 보아도 똑같은 소나무들로만 들어찬 것보다는 다양한 종류의 나무들이 어울려 서로 돕고 조화를 이루고 사는 편이 모두에게 이득을 줄 수 있다. 하나의 꽃도 각기 모양과 기능이 다른 잎, 뿌리, 줄기, 꽃이 모여 제대로 성장할 수 있고 생명을 유지할 수 있다. 인간사회도 마찬가지다. 남성들만으로 이루어진 사회구조는 한쪽으로 편벽될 수밖에 없다. 여성 특유의 사고가 사회에 함께 동참할 때 사회는 더욱 더 조화와 균형을 회복할 것이다. 성차별은 여성 개인의 불행에 그치는 것이 아니라 여성이 가진 다양한 장점들을 생각해 볼 때 사회발전을 저해하는 관습이다. 남녀가 조화를 이루고 각자가 잘 해낼 수 있는 것들을 실행하는 사회가 이상적이다.

여성은 가족 바깥의 직장에서나 가족 내에서 모두 불평등한 지위에서 고통을 받는다. 직장에서 여성은 임금, 승진 등에서 차별을 받고 가족 내에서는 성역할 고정관념에 의해 대부분의 가사노동과 육아의 책임을 여성들이 지고 있다. 여성은 가사와 취업의 이중역할로 고통받으며 소위 수퍼우먼 콤플렉스에 시달린다. "여자들은 육아 등의 가사노동으로 인해서 남자들보다 주당 34.8시간 더 일을 한다. 최저임금으로 따지면 월 80만 원의 월급에 해당된다. 똑같이 경제활동에 참여하면서 남편은 가정을 휴식처로 이용하는 데 반해서 아내에겐 또 하나의 노동의 장소이다."[4]

우리 사회에서는 아직도 여성이 아내와 어머니로서 남편과 자녀를 보살피는 것을 이상적으로 생각하는 가족주의 이데올로기가 지배적이다. 그리고 가족임금제도는 남성에게 아내와 자녀를 부양하기 위한 충분한 임금을 지불하기 위해서 여성과 아동의 노동시간을 제한하고 제도적으로 여성을 공식적인 일에서 배제하게 하였다. 여성이 가족임금의 벌이자가 아니라는 인식은 여성에게 임금을 적게 주어도 된다는 편견을 심었다.[5]

4) 『여성과 한국사회』, 156쪽.
5) 『여성과 한국사회』, 161쪽.

성차별을 없애기 위해서는 성역할 고정관념을 없애고 남녀를 떠나서 능력과 필요에 따라 일을 분담하고 가사가 여성전담이라는 인식을 없애고 남자들도 가사와 육아에 참여해야 한다. 그리고 무엇보다도 사회 구조 개선과 제도적 지원이 요구된다. 질적으로 수준 높은 탁아시설과 공적인 가사지원제도, 노부모를 모시기 위한 사회복지제도, 산전산후 휴가제도 등이 필요하다.[6] 성차별을 해소하기 위한 많은 방안들이 있지만 그 가운데 하나가 역차별이다. 역차별이란 사회적 약자를 보호하기 위해 약자에게 우선권을 주는 것으로서 차별을 줄이기 위한 차별이다. 농어촌 자녀 특례입학, 흑인 자녀의 특례입학, 여성 국회의원 비율을 미리 설정해 놓는 것 등이 그 예다.

지식박스: 한국 여성의 지위 ------------------------------------

한국 여성 권한지수 OECD 64개국 중 61위: 유엔과 경제협력개발기구 등이 조사한 여성 관련 통계를 망라해 보면 한국 여성의 지위는 세계 최하권이다. 고위직 여성간부 비율은 5%에 불과해 미국 45%, 영국 33%, 말레이시아 21%에 비해 크게 떨어진다. 전문직 여성 비율도 31%로 미국 53%, 필리핀 63%, 일본 44%에 비해 한참 처진다. 여성의 경제활동비율은 51.8%로 24위, 여성고용비율 50.1%로 22위다. (『동아일보』, 2002. 3. 7.)

6) 『여성과 한국사회』, 162쪽.

강의 11. 도가철학과 여성

전체를 부분보다 중시하는 동양인의 종합적인 사고방식이 여성적이라면 반대로 부분을 중시하는 서양인의 분석적인 사고방식은 남성적이다.[7] "서양철학이 논리적 증명을 통해서 자기 주장을 전개한다면 동양철학은 대체로 떠올린 직관을 비유형태로 제시하는 경향이 있다. 논리적 분석과 직관은 각각 남성과 여성의 사고방식과 연결될 수 있다. 하나의 개념에 대해 집요하게 파고들며 일관적인 체계를 구성해 내는 서양철학은 계단식 사고 즉, 남성적 사고방식이고 직관과 상징 그리고 비유를 위주로 자유로운 격언들의 나열인 듯한 동양철학은 거미집 사고 즉 여성적 사고라고 할 수 있다."[8] 도가철학은 동양철학 가운데 철학하는 방법과 태도로 볼 때 전형적인 여성적 사유에 속한다. "공자에서 비롯된 유교사상이 군신유의, 부부유별, 장유유서 등 사물들 간의 우열과 계급을 구분하는 분석적 논리이고 흑백논리라면"[9] 도가철학은 약한 것이 오히려 강하다는 평등주의이며 타자와 약자에 대해 포용적이며 배려하는 태도를 토대로 깔고 있다. 도가철학은 분석적, 논증적 이성을 우위에 놓는 남성적 사유가 아니고 오히려 말과 개념으로 다 설명 불가

---

7) 서양철학이 대개 기독교적인 유신론에 기초한 반면에 동양의 불교, 유교, 도가 그 어디에도 유신론이 없다. 유신론은 인간중심주의 그리고 자아중심주의, 개인주의로 흐르는 반면에 무신론은 대우주로 향한 지향과 개인적 개성의 초월을 권장함으로써 개인적 존재의 경시로 이어질 수 있다. 이런 점에서 동양과 서양은 상호보완될 필요가 있다.
8) 조정옥, 『성의 눈으로 철학보기 철학의 눈으로 성보기』, 59쪽.
9) 조정옥, 『성의 눈으로 철학보기 철학의 눈으로 성보기』, 59쪽.

능하고 분석 불가능한 감성과 신비를 명료하고 두드러진 것보다 우위에 놓는 여성적 사유이다.

도가철학은 약한 것, 부드러운 것, 허무를 오히려 세계의 본질로 봄으로써 강자인 남성보다도 약자로 취급되어 온 여성을 우위에 놓는 페미니즘에 속한다. 이것은 일반적 상식에 대한 반역으로서 결국 강자와 약자의 평등성을 노린다고 볼 수 있다. 남녀노소, 군신에 따른 존재 간의 가부장적인 계급성을 강조하는 유학이 남성적 사유라면 존재의 평등성을 옹호하는 도가철학은 여성적 사유이다. 이런 여성적 사유로서의 도가철학에는 자연과 인간의 평등성을 함유하는 생태주의와 환경윤리가 깃들어 있을 뿐만 아니라 남녀 간의 평등성을 암시하고 비인간적이고 비윤리적인 성차별을 해소하도록 유도하는 페미니즘(성윤리)이 깃들어 있다. 도가적인 가치전도는 만물의 평등으로 이어지고 남녀 간 그리고 자연과 인간 간의 평등으로 이어진다. 장자는 물의 관점과 도의 관점을 구분하고 물의 관점은 자기중심적인 차별주의적인 상대적인 관점으로, 그리고 도의 관점은 공평한 절대적인 관점으로 정의한다.

동양과 서양은 공통적으로 여성의 가치에 대해 무지했다. 도가철학의 페미니즘은 예외에 속한다.[10] 노자에 따르면 "천하에 물보다 더 부드럽고 약한 것은 없다. 그러나 굳고 강한 것을 공격하는 데 있어서는 능히 물보다 나은 것이 없다.[11] … 약한 것이 강한 것을 이기고 부드러운 것이 모진 것을 이긴다는 이치를 천하에 모르는 사람이 없건만 이것을 능히 실행할 줄 아는 사람은 없다." 노자에 따르면 어떤 것을 수축시키려면 확장시키고 약화시키려면 강화시켜야 하며, 폐지시키려면 강화시

---

10) 서양철학자로서 막스 셸러도 예외적으로 여성과 어린이의 감정합일 능력의 탁월성을 인정하고 여성과 어린이의 고유가치를 존중할 것을 제시한다.
11) 『도덕경』, 78장.

켜야 한다.[12] 즉 유연성과 부드러움이 불가능을 가능케 하는 것이다. 쉽게 구부러지고 흘러가서 없어지는 듯한 약자가 그런 식으로 강자를 지배할 수 있는 것이다. 강한 듯이 보이며 강자로 대접받아 온 것이 실제적으로는 부서지기 쉬운 약자이며, 약한 듯이 보이며 약자로 멸시되어 온 것이 오히려 강자이다. 부드러운 물, 여성, 어린이, 허무가 약자인 듯이 보이지만 사실은 만물의 근원이다. "허무가 존재를 지배하며, 약한 것이 강자를 움직인다. 그리고 여성이 그 부드러움으로 남성을 이긴다."[13] 약자로 보이는 것이 최강일 뿐만 아니라 최선이기도 하다. 노자에 따르면 최고의 선은 마치 물과 같다. 물은 만물을 이롭게 하면서도 다투지 않고 모든 사람이 싫어하는 곳에 있으면서도 만족한다. 이런 논리에 따르면 노자에서 약자로 보이는 여성 역시 남성보다 선일 수 있다.

노자의 도가철학은 명시적으로 그리고 의도적으로 남녀평등을 내세우거나 성차별을 반박하지 않는다. 도가철학은 우주의 이법을 해명하려는 하나의 형이상학일 뿐이고 남녀와 강약의 관계는 우주의 요소로서 다루어질 뿐이다. 노자는 이제까지의 질서를 뒤집어서 약자도 동등하게 대하라, 또는 약자를 강자로 대접하라고 내세우지 않는다. 다만 "너희들은 약자를 약자라고 착각하고 있으므로 그 착각과 오해에서 벗어나라"[14]고 암묵적으로 요구하고 있다. "여성은 강자이다"는 서술이고 사실에 대한 진술인 반면에 "여성을 강자로 대접하라"는 것은 명령문이고 강요이며 의무, 당위를 의미한다. 노자는 사실에 대한 담담한 진술에 머무름으로써 오히려 강요가 없는 더욱 강력한 페미니즘의 효과를 발휘하고 있다.

---

12) 『도덕경』, 36장.
13) 조정옥, 『성의 눈으로 철학보기 철학의 눈으로 성보기』, 62쪽.
14) 『도덕경』, 8장.

설문조사: 여성으로서 또는 남성으로서 나의 사고방식은?

남녀의 두뇌 회로 테스트[15]

이 테스트는 당신의 두뇌 패턴이 여성형인지 아니면 남성형인지 알아보려는 것이다. 이 테스트에 정답이나 오답은 없다. 이 테스트의 결과는 당신의 두뇌가 수태 후 6-8주 동안 받아들인 남성호르몬의 대략적 수준을 보여준다. 이 수준은 당신의 가치, 행동, 스타일, 정향, 선택사항 등에 그대로 반영된다.

다음은 일상생활에서 마주치게 되는 여러 가지 상황을 열거한 것이다. 당신에게 가장 어울린다고 생각되는 것에 동그라미를 쳐라.

1. 지도를 읽거나 도로 안내판을 볼 때 당신은?

    a. 어려움을 느껴서 남의 도움을 청한다.

15) 앨런 피즈 외 공저, 『말을 듣지 않는 남자 지도를 읽지 못하는 여자』, 90-99쪽.

148

b. 지도를 펼치면서 가야 할 방향을 살핀다.

c. 아무런 어려움 없이 지도와 안내판을 읽는다.

2. 라디오를 틀어놓고 친구의 전화를 받으면서 복잡한 요리를 해야 하는 상황이다. 이럴 때 당신은?

a. 라디오를 그대로 틀어놓고 요리를 하면서 친구와 전화를 한다.

b. 라디오를 끄고, 전화를 하면서 요리를 한다.

c. 요리가 끝나는 대로 전화하겠다면서 전화를 끊는다.

3. 당신의 새 집에 친구들이 방문하겠다며 위치를 묻는다. 이럴 때 당신은?

a. 명확하게 위치가 그려진 지도를 만들어 친구에게 보낸다. 아니면 사람을 시켜 새 집에 오는 방법을 가르쳐준다.

b. 친구들이 알고 있는 지형지물을 먼저 파악한 다음, 그것을 중심으로 방향을 알려준다.

c. 말로 찾아오는 방법을 일러준다. "뉴캐슬로 가는 M3 도로를 타. 그런 다음 톨게이트를 빠져나와서 좌회전해. 그리고 두 번째 신호등까지 쭉 가…."

4. 어떤 생각이나 개념을 설명할 때 당신은?

a. 연필, 종이, 몸짓언어를 사용한다.

b. 몸짓언어와 제스처를 써가며 말로 설명한다.

c. 분명하고 간결한 말로 설명한다.

5. 감동적인 영화를 보고 난 후 집으로 오면서 당신은?

    a. 마음속으로 영화의 멋진 장면을 회상한다.

    b. 멋진 장면과 그 속의 대화에 대하여 말한다.

    c. 영화 속의 대화만 주로 인용한다.

6. 영화관에 들어가서 당신은?

    a. 주로 영화관 오른쪽에 앉는다

    b. 어느 쪽이건 신경 쓰지 않는다.

    c. 영화관의 왼쪽에 앉는다.

7. 친구가 고장난 기계 장치를 갖고 왔을 때 당신은?

    a. 동정을 해주면서 친구의 기분을 이해한다.

    b. 그 장치를 고칠 수 있는 사람을 추천한다.

    c. 기계의 작동과정을 살펴보면서 가능하면 고쳐주려 한다.

8. 낯선 곳에 갔는데 누군가 당신에게 다가와 북쪽이 어디냐고 물으면 당신은?

    a. 잘 모른다고 실토한다.

    b. 잠시 생각해 본 뒤에 당신의 의견을 말한다.

    c. 아무 어려움 없이 북쪽을 가리킬 수 있다.

9. 아주 비좁은 주차공간을 발견하여 후진 주차를 해야 한다. 이때 당신은?

    a. 다른 주차공간을 알아본다.

    b. 조심스럽게 후진 주차한다.

    c. 아무 어려움 없이 주차한다.

10. 텔레비전을 보고 있는데 전화가 왔다. 그러면 당신은?

    a. 텔레비전을 그대로 켜둔 채 전화를 받는다.

    b. 텔레비전 소리를 낮추고 전화를 받는다.

    c. 텔레비전을 끄고 식구들에게 조용히 하라고 한 다음 전화를 받는다.

11. 좋아하는 가수의 새 노래를 방금 들었다. 이럴 때 당신은?

    a. 그 노래의 일부를 별 어려움 없이 따라 부른다.

    b. 정말 쉬운 노래라면 추후에 몇 소절을 따라 부른다.

    c. 노래 가락은 전혀 기억할 수 없지만 가사는 일부 기억한다.

12. 당신이 어떤 일의 결과를 가장 잘 예측하는 방법은?

    a. 육감을 이용하는 것이다.

    b. 입수된 정보에 육감을 적용시켜 결정한다.

    c. 사실, 통계수치, 데이터만 이용한다.

13. 당신은 열쇠 꾸러미 둔 곳을 잊어버렸다. 이럴 때 당신은?

    a. 생각이 저절로 날 때까지 딴 일을 한다.

    b. 딴 일을 하지만 계속 열쇠 꾸러미 생각을 한다.

    c. 마음속으로 차근차근 열쇠를 두었을 때의 상황을 되짚어서 어디다 두었는지 마침내 기억해 낸다.

14. 호텔 방에 들어갔는데 먼 곳에서 사이렌 소리가 난다. 이럴 때 당신은?

    a. 소리가 나는 방향을 정확하게 짚어낸다.

    b. 정신을 집중하면 그 방향을 짚어낼 수 있다.

    c. 방향을 전혀 알지 못한다.

15. 당신은 사교모임에 가서 7-8명의 새로운 사람을 만났다. 그 다음날 당신은?

    a. 어렵지 않게 그들의 얼굴을 기억해 낸다.

    b. 몇몇 사람의 얼굴을 기억한다.

    c. 이름만 기억하는 정도다.

16. 당신은 산으로 휴가를 가고 싶은데 배우자는 바다로 가고 싶어 한다. 배우자에게 당신의 계획을 설득하고자 할 때 당신은?

    a. 당신의 입장을 이해시킨다. 당신이 얼마나 산을 사랑하는지, 또 예전에 산에 갔을 때 가족들도 재미있어 했다는 사실을 상기시킨다.

    b. 가족들에게 노골적으로 산에 따라가 주었으면 고맙겠다고 말하고 다음번에 해변으로 가자고 말한다.

    c. 사실을 이용한다. 산속 리조트는 지리상 가깝고, 비용도 저렴하고, 스포츠와 여가활동 시설이 훌륭하다는 사실을 지적한다.

17. 하루 일과를 계획할 때 당신은?

    a. 틈틈이 참조할 수 있도록 종이에 써놓는다.

    b. 해야 할 일을 머릿속으로 생각한다.

    c. 마음속으로 만나야 할 사람, 가보아야 할 장소, 해야 할 일 등을 구체적으로 그려본다.

18. 친구가 고민이 있어 당신을 찾아왔을 때 당신은?

    a. 동정해 주고 이해해 준다.

    b. 그 고민은 그리 심각한 것이 아니라고 말하면서 그 이유를 설명해 준다.

c. 그 고민을 해결할 수 있는 방법에 대하여 합리적인 조언을 해준다.

19. 두 친구가 바람을 피우고 있다. 당신은 그것을 어떻게 아는가?

　　a. 아주 쉽게 눈치 챌 수 있다.

　　b. 눈치 챌 가능성은 반반이다.

　　c. 눈치 채지 못한다.

20. 당신이 볼 때 인생의 목적은 무엇이라 생각하는가?

　　a. 친구를 사귀고 주위 사람들과 조화롭게 사는 것이다.

　　b. 개인의 독립을 유지하면서 남들에게 우호적으로 대하는 것이다.

　　c. 가치 있는 목표를 성취하고, 다른 사람의 존경을 받고, 출세와 명예
　　　를 얻는 것이다.

21. 마음대로 선택할 수 있다면 이런 방식으로 일하고 싶다.

　　a. 여러 사람과 함께 어울리는 팀에서

　　b. 당신만의 공간을 유지하면서 다른 사람들의 주위에서

　　c. 당신 혼자서

22. 당신이 읽기 좋아하는 책은?

　　a. 소설과 픽션

　　b. 잡지와 신문

　　c. 논픽션과 전기물

23. 쇼핑을 갈 때 당신은?

　　a. 특이한 제품을 보면 충동 구매를 한다.

　　b. 대강의 계획을 가지고서 눈에 보이는 대로 산다.

　　c. 상표를 읽어가며 가격을 비교한다.

24. 취침시간과 식사시간은?

　　a. 마음 내키는 때에

　　b. 기본 스케줄을 정하지만 신축성이 있다.

　　c. 매일 정해진 시간에

25. 당신은 새 직장에 들어가서 새로운 사람들을 많이 만났다. 그들 중 한 사람이 당신의 집으로 전화를 했다. 이럴 때 당신은?

　　a. 그의 목소리를 쉽사리 알아듣는다.

　　b. 목소리를 알아듣는 확률이 반반이다.

　　c. 목소리를 잘 알아듣지 못한다.

26. 사람들과 언쟁을 할 때 당신을 제일 당황하게 만드는 것은?

　　a. 그들의 침묵이나 무반응

　　b. 그들이 당신의 관점을 이해해 주지 않을 때

　　c. 그들이 당신의 견해를 의심하면서 따지고 들 때

27. 학창시절 철자 테스트나 작문 시간에 당신의 느낌은?

　　a. 둘 다 아주 쉽게 해냈다.

　　b. 두 가지 중 하나만 그런대로 해냈다.

　　c. 둘 다 잘하지 못했다.

28. 춤이나 재즈댄스를 배울 때 당신은?

    a. 기본 스텝만 배우면 음악을 몸으로 '느낄' 수 있다.

    b. 연습은 그런대로 하는데, 막상 사람들과 함께하면 헷갈린다.

    c. 리듬을 제대로 타는 것이 어렵다.

29. 동물들의 소리를 알아맞히고 흉내 내는 능력은?

    a. 별로 좋지 않다.

    b. 보통이다.

    c. 아주 좋다.

30. 고단한 하루 일과가 끝나면 당신은?

    a. 하루 동안 벌어진 일에 대해 친구나 가족과 얘기한다.

    b. 남들이 그들의 하루 일과를 얘기하는 걸 듣는다.

    c. 신문을 읽고 텔레비전을 볼 뿐, 말은 하지 않는다.

테스트의 결과 보기

먼저 a, b, c의 숫자를 헤아리고 아래와 같이 총점을 구하라.

• 남자의 경우	• 여자의 경우
a의 개수×15점=	a의 개수×10점=
b의 개수× 5점=	b의 개수× 5점=
c의 개수×-5점=	c의 개수×-5점=
총점=	총점=

당신이 정확하게 대답을 할 수 없거나, 당신의 일상생활과 관계없다고 생

각되는 문항에 대해서는 5점을 주어라.

　대개의 여성은 180점 이상이며 대개의 남성은 150점 이하이다. 여성으로서 180점 이하라면 사고방식이 보통의 여성에 비해 더 논리적이며 수학적일 것이며 남성으로서 150점 이상이라면 사고방식이 보통의 남성에 비해 더 직관적이고 감성적일 것이다.

4부
성에 관한 토론의 장

＊ 성에 관한 토론의 장에서는 일부일처제, 혼전 순결, 성매매, 혼외의 성, 포르노, 자위, 동성애, 성희롱, 성폭행, 낙태 등 10개의 주제에 관해 독자 나름대로 생각할 수 있는 기회를 갖게 하고자 한다. 각 주제에 관해 서로 대립되는 주장인 진이의 입장과 선이의 입장이 제시되고 그 다음에는 성균관대 2007년도 1학기 「성과 문화」 강의 수강생들의 견해가 10개 정도 제공되었다. 대개 진이의 입장은 보수주의를 대변하고 선이의 입장은 자유주의적 입장을 대변하고 있다. 각자 나름으로 성에 관해 생각해 보고 판단하기 바란다.

1. 일부일처제

1) 진이의 입장

일부일처제는 역사가 가장 길고 세계적으로도 가장 많은 인종과 국가에서 사용되는 보편적인 제도이다. 일부일처제는 역사 속에서 그 효용성과 타당성이 입증되었다고도 볼 수 있다. 일부일처제는 많은 종교에 의해서 지지되며 특히 기독교에 의해서 강력하게 옹호된다. 기독교도들의 주장에 따르면 일부일처제는 하느님의 신성한 계명이며 인간으로서 반드시 지켜야 할 것이다. 결혼제도도 원시적인 형태에서 현대적인 형태로 발전되었다는 이론에 의하면, 일부일처제는 발전의 최종단계의 결혼형태이다. 그리고 부부의 인격, 부부와 가족 전체의 행복과 복지 그리고 남녀의 성비 등을 모두 생각할 때 일부일처제는 문명사회의 유일한 결혼제도이다.

이 세상의 남녀의 수가 대체로 1:1인 한, 결혼제도 역시 한 쌍의 남녀가 짝을 이루고 사는 일부일처제이어야 한다. 다부다처, 일부다처, 일처다부 등의 혼란한 제도에서는 자손을 제대로 양육하기 힘들다. 거기에서는 누가 누구의 자식인지 확인하기가 어려우며 서로 양육의 책임을 회피하고 남에게 미루기 쉽기 때문이다. 서로 간의 애정이 긴 동반의 세월 동안 식을 수는 있지만 대신 애틋한 정 같은 것이 생겨나게 마련이다. 동물이라면 충동에 이끌리겠지만 인간은 이성적 동물이고 자신의 의무와 책임에 따라 행동할 능력이 있다. 따라서 일부일처제 안에서도 둘 간의 돈독한 관계가 얼마든지 형성될 수 있다.

2) 선이의 입장

어떤 제도의 타당성을 그 역사적 길이만으로 판단하기는 힘들다. 인류는 오랫동안 인간을 짐승처럼 부리는 노예제도를 가지고 있었다. 노예제도의 역사가 길다고 해서 노예제도가 필연적이거나 정당한 것은 아니다. 그것은 아주 비인간적인 제도이다. 마찬가지로 일부일처제가 오래되었다고 해서 타당하다고 볼 수는 없다. 혼인형태는 그 사회가 이룩한 변화단계에 상응해 나타나는 상대적인 것에 불과하다. 엥겔스에 따르면 남성이 여성의 성을 통제하면서 상속자를 보호하고 재산상 이익을 확보하기 위해 일부일처제가 확립된 것이다. 일부일처제는 인간을 포함한 모든 생물의 지배적인 짝짓기 방식이 아니다. 일부일처제를 유일한 결혼제도로 강요하는 사회는 인간사회의 18.1%에 불과하다. 마거릿 미드에 따르면 인간의 모든 혼인제도 중 가장 어려운 것이 일부일처제이다. 인간의 본능적 구조로 볼 때 일부일처제는 적합한 제도가 아니다. 그것은 동물도 마찬가지이다. 한평생 짝으로 살아간다는 원앙새도 외도를 한다는 것이 과학적으로 입증되었다. 오히려 편형동물 같은 하등동물이 한평생 붙어 사는 철저한 일부일처제 동물이다. 한 부부의 자녀들 가운데 10%는 친부의 자식이 아니라는 통계도 있다.

인간의 감정으로 볼 때도 그렇다. 인간의 정열과 사랑의 수명은 기껏해야 2-3년이라고 한다. 한평생 짝을 이루고 살아간다는 것은 아무런 정열도 없이 습관적으로 함께 있다는 것을 의미한다. 이것은 불행이며 비참하기까지 하다. 단순한 의무감에서 그리고 계약 때문에 함께 살아가야 한다면 인생이 얼마나 지루하고 무의미한가? 자녀의 양육도 사회복지제도만 뒷받침된다면 얼마든지 혼자서도 해낼 수 있다. 그리고 부부 간의 불화와 갈등은 자녀에게 오히려 악영향을 줄 수도 있다. 즉 부모가 함께 사는 것이 언제나 자녀양육에 좋다고는 말할 수 없다.

결혼제도는 인간의 행복과 편의를 위해서 생긴 제도이며 마치 교통질서와 같은 것이다. 대개의 나라가 좌측통행이지만 나라에 따라서는 우측통행을 규칙으로 삼을 수 있다. 결혼제도 역시 인간의 의지에 따라서 얼마든지 다른 것으로 바뀔 수 있다. 현재의 일부일처제보다 더 나은 제도가 있다면 그것이 당장에는 실현 불가능하더라도 얼마든지 그것을 도입하기 위해서 노력할 수 있다. 좌측통행이라는 교통질서가 전 인류의 행위의 선악을 가르는 기준이 될 수 없듯이 일부일처제를 따르느냐의 여부에 따라서 인간행위의 선악이 결정되지는 않는다. 일부일처제를 신의 계명으로 보고 인간을 단죄하려는 기독교의 입장은 부당하다.

3) 다른 친구들의 생각

1. 일부일처제는 일부 이슬람 국가를 제외하고 대부분의 국가에서 유지하고 있는 제도이다. 일부일처제가 좋은 것인가, 다부일처, 다부다처, 일부다처제가 좋은 것인가에는 여러 가지 견해 차이가 있을 수 있다. 하지만 나는 일부일처제가 다른 제도보다 결혼생활이 유지되기 좋은 제도라고 생각한다. 일부다처제를 보면 남존여비의 사상이 기반이 되었다고 생각한다. 조선시대의 실질적인 일부다처제는 남성에 대한 여성의 무조건적인 희생을 미덕으로 삼는 남성중심주의적 사회상황에서 이행된 제도였다. 또한 일부다처제에는 남성이 여러 배우자를 가짐으로써 배우자에 대한 존중과 사랑이 부족할 수 있다는 난점 또한 존재한다. 여성 또한 남성과 같은 하나의 인격체로서 대우받아야 마땅함을 생각해 볼 때 일부다처제는 부당한 제도라고 생각한다. 일처다부 제도 같은 맥락에서 설명할 수 있다. 하지만 일부일처제에도 문제점이 존재한다. 외도라는 범죄를 무시할 수는 없다. 특히 현재 한국의 현실은 일부일처제하에서 낳은 자식 10명 중 1명이 외도에 의한 자식이라는 말이 나올 정도로 결혼 후 외도가 빈번하게 일어난다. 이런 빈번한 외도는 일부일처제라는 결혼제도에 대한 경직된 관념의 전환으로 포용해야 한다고 생각한다. (정보통신공학과 서민교)

2. 사람들은 보통 20-30대 사이에 결혼을 하게 되고 검은 머리 파뿌리 될 때까지 상대방만을 사랑할 것을 약속하지만 약 50년 이상을 한 사람만 사랑한다는 것은 솔직히 새빨간 거짓말이라고 생각한다. 그보다는 그렇게 하려고 노력하겠다는 의미인 것 같다. 사랑은 생물학적으로도 짧은 유효기간을 가지고 있고, 성적인 측면에서도 한 파트너와의

오래된 관계는 지겨워지게 마련이며 종족번식의 측면에서도 그리 유리하지 못하다. 하지만 인간이 본능에만 충실한 존재는 아니기에 결혼이라는 제도가 지금까지 이어져 온 것 같다. 비록 호르몬에 의한 사랑의 감정은 끝났더라도 상대에게 익숙해져 가며 느끼는 평온함과 안정감 같은 감정들이 생기게 된다. 또 성적인 측면에서도 자칫하면 무료해질 수 있는 관계를 벗어나기 위해 새로운 시도도 해보고 서로 대화도 하면서 서로를 배려해 주는 과정에서의 부부 간의 행복이 새로운 사람과의 성관계보다 더 좋을 수도 있을 것이다. 종족번식의 측면에서 좋은 유전자를 갖는 자식을 낳는 것도 좋겠지만 좋은 환경에서 자식을 키우는 것도 중요하다. 일부일처제는 유전적으로 분명 불리한 제도지만 자식을 키우는 데 있어서는 다른 제도보다 훨씬 좋다고 생각한다. 특히 양육기간이 긴 인간에게는 환경의 중요성이 더 크다고 생각한다. 결혼이라는 제도는 인간의 동물적 본능에는 분명 위배되는 제도이지만 '인간만의 특별함'을 추구하는 데는 적합한 제도라 생각한다.

(식품생명학과 유민영)

3. 일부일처제에 관한 발표와 질문들을 들으면서 상당히 놀란 기억이 있다. 많은 학우들이 일부일처제는 인간의 본성에 반하는 제도라고 생각하는 것이었다. 그리고 인간의 행복을 위해서는 차라리 일부일처제가 없는 게 더 낫지 않겠느냐고 생각하는 것 또한 놀랄 만한 일이었다. 사실 자연계에서 일부일처제는 그리 흔하지 않다. 수많은 동물이나 곤충 같은 자연계의 많은 성생활을 보면서 인간도 저런 성생활을 해야 하지만 법과 제도라는 틀이 인간의 본성을 억압하고 있고 이것이 인간의 진정한 행복을 찾는 데 방해가 된다는 생각을 하는 사람들이 많다. 하지만 과연 그럴까? 일부일처제라는 현행제도를 없애버린다고 해도

또다시 일부일처제로 돌아가지 않을까? 내 생각에는 일부일처제야말로 인간의 본능에 가장 충실한 성생활이라고 생각한다. 이유는 간단하다. 매력적인 이성을 보면 마음이 끌리고 한 명의 이성으로는 성에 차지 않는 것이 인간의 본성이지만 자신의 이성, 배우자를 잃어버리고 싶어 하지 않는 것도 인간의 본성이기 때문이다. 일부일처제가 없어진다면 과연 누가 많은 이성을 소유하게 되겠는가? 그것은 생각해 볼 것도 없이 '힘'이다. 그것이 물리적인 힘이든 금전적 힘이든 간에 말이다. 그런 물리적인 힘이나 금전적인 힘을 가진 이들이 매력적인 이성들을 독차지하게 된다면 (당연한 얘기지만 힘이 없고 상대적으로 박탈당하는 사람이 당연히 다수가 된다) 자기 짝을 박탈당한 많은 이들이 불만을 품게 될 것이고 그에 항거하게 될 것이며 그 결과 다시 일부일처제로의 회귀가 일어날 것이다. (정보통신공학과 이영진)

4. 일부일처제라는 제도 아래 매춘이 늘고, 외도가 어느새 부부들의 숨겨진 욕망이 되어 버렸다. 꼭 이 제도가 그렇게 만든 것은 아니지만 인간의 본능을 제한하는 제도이기 때문에 사람들을 더 유혹하고 있을 수 있다고 생각한다. 늘고 있는 이혼율이라든지, 불륜을 다루는 아침드라마가 흥행을 한다든지, 적령기의 결혼율이 떨어지고 있는 모습들도 어쩌면 이러한 일부일처제가 낳은 사회의 모습이 아닐까? 이러한 아이러니를 지니고도 당연스럽게 일부일처제가 받아들여지고 있는 이유를 나는 일부일처제를 통해 형성되는 가족이 사람에게는 꼭 필요하기 때문이라고 생각한다. 나와 나의 피가 섞인 아들과 딸들과의 특정 공간에서의 그들만의 특정한 애정이 나와 타인을 가르고 사회라는 공동체 속에서 나라는 자아를 형성하는 것이라고 생각한다. 가족 구성원 중 나의 피가 섞인 사람들이 아닌 옆집의 아이와 같은 사람들이 많다면 가족이

라는 것이 무슨 의미가 있겠는가? 지금 우리의 사회가 본능에 충실하기보다는 다른 사람과 어울려 사는 것을 원칙으로 여기는 이상 일부일처제라는 제도가 나는 당연하다고 생각한다. (생명과학 이슬기)

5. 일부일처제는 개인의 재산을 자신의 피를 물려받은 자식에게 물려주기 위한 방편이다. 또한 한 부모와 그들의 자식이라는 전형적인 가족집단을 만들어서 집단적으로 통제 및 관리하기 쉽게 만드는 과정에서 나타난 것으로 보인다. 자연스러움에 역행하는 일부일처제는 '외도'라는 어찌 보면 당연스러운 인간관계를 매우 큰 잘못으로 매도하고 있다. 일부일처제를 대체할 결혼제도가 무엇인지 확답할 수는 없다. 단지 자신 있게 말할 수 있는 것은 결코 일부일처제가 이상적이거나 절대적인 결혼제도는 아니라는 것이다. (화학과 임수진)

6. 나는 일부일처제에 대해 비판적이다. 최초로 일부일처제를 발전시킨 고대 그리스에서조차도 사랑이 아닌 자식을 낳는 것이 일부일처제의 유일한 목적이었다. 이것은 그리스의 웅변가인 데모스테네스의 "우리(남자)에게는 육체적 쾌락을 위해 매춘부가 있고 일상적인 봉사를 위해 첩이 있으며 아이를 출산하고 집안을 충실히 관리하기 위해 아내가 있다"라는 말로 입증된다. 일부일처제에서는 결혼으로 결합한 두 남녀 사이에서만 성적 관계가 이루어질 것을 요구하는데, 그것은 일부일처제가 도달한 자체 논리의 궁극적인 결론이었다. 그러나 이 원칙은 일부일처제를 유지하기 위한 기본정신이었음에도 불구하고, 데모스테네스의 말에서 드러나 있듯이, 남성들에게는 거의 적용되지 않고 언제나 여성들에게만 완강하게 요구되었던 것이다. 이처럼 일부일처제는 처음부터 모순을 가지고 있었다. 또한, 일부일처제로 인해 나타나는 여러

문제점이 있다. 매춘과 간통이 줄기는커녕 조직화, 산업화되고 하나의 유행처럼 되고 있고 결과적으로 끊임없이 사회 안에 여러 가지 부정적인 현상을 양산하게 되었다. 그 외에도 그와 같은 맥락에서 강간, 인신매매, 원조교제, 미혼모 등 사회와 가정과 개인을 파괴하는 온갖 부정적 사건들이 나타나게 되었다. 또한 이러한 상황에서는 사람들이 끊임없이 죄책감에 시달리게 된다. 일부일처제를 하자고 해놓고 기회만 주어지면 일부일처제를 파괴하고 있으니 그 이중성 가운데에서 사람들은 불안과 고통을 겪지 않을 수 없는 것이다. 그러나 우리나라에서는 일부일처제를 대체할 가족제를 아직까지 적극적으로 제시하지 못하고 있기 때문에 어쩔 수 없이 지속되고 있다고 생각한다.

(시스템경영공학과 김진혁)

7. 바람을 피우는 것은 사람의 당연한 본능이라고 주장하는 사람들이 있다. 본능을 이유로 간통, 일부일처제 폐지를 주장하고 자유로운 연애를 옹호한다. 과연 일부일처제를 폐지한다면 모두가 행복해질까? 오히려 모두가 불행해지는 결과가 초래되지 않을까? 일부다처제가 되었든 일처다부제가 되었든 간에 많은 다툼이 있을 것이다. 우리 사회가 상속과 세대주과 같은 것에서 자유롭지 않은 한 재산과 권위에 대한 싸움이 그치지 않을 것이다. 일부일처제는 부모와 자식을 확실하게 보증함으로써 분쟁을 막는다. 상속, 세대주, 일부일처제가 유교의 잔재이고 사람의 자유로운 본능을 막는 장애물이라고 주장하기도 한다. 그러나 우리 사회가 이와 같이 구성되고 다져졌기 때문에 우리는 받아들여야 할 것이다. 법 역시 우리의 자유를 억제한다. 그러나 법을 만들고 지킴으로써 더 큰 혼란을 막는 것처럼 일부일처제 역시 사람의 본능과 자유를 억제할지라도 이를 따를 수밖에 없는 것이다. 완전하고 단점이 없는 다

른 결혼형태가 나타나지 않는다면 말이다. (기계공학과 김현준)

8. 일부일처제는 왜 나타났을까? 데이비드 P. 버래쉬의 『일부일처제의 신화』라는 책은 일부일처제의 생물학적 기원과 더불어 인간 자체의 특징에서 비롯하는 인간적인 기원을 찾고 있다. (1) 생물학적으로 보았을 때 일부일처제가 가지는 특징은 다음과 같다. 일부일처제는 선택할 수 있는 상대가 많지 않거나 누군가에게 다가가기가 어려울 때 서로에게 충실할 가능성이 더 높다. 또한 암컷 대 암컷 경계 태세는 수컷이 하나 이상의 암컷과 관계를 맺는 것을 어렵게 함으로써 일부일처제를 부양하기 쉽게 한다. 육아는 일부일처제 유지의 핵심역할을 하는데 일부일처제는 수컷이 암컷과 그 자손에게 헌신하도록 한다. 일부일처제의 가장 매력적인 측면은 평등주의다. (2) 엥겔스는 『가족, 사유재산, 국가의 기원』이라는 그의 저서에서 모든 사람이 모든 사람과 성교하는 난혼제에서 누가 누구의 아이인지 어떻게 알며 사유재산을 자손에게 어떻게 물려줄까라는 남성들의 고민에서 일부일처제가 시작되었다고 보고 있다. 베블런은 『유한계급론』에서 남성이 한 여성, 그리고 형편이 더 나으면 많은 여성을 '소유한다'는 것이 힘이 있고 성공했다는 명확한 표시라고 말한다. 또한 육아적 측면에서 보았을 때 인간의 아기는 태어날 때부터 무기력하며 아주 오랜 기간 동안 아버지와 어머니의 많은 도움을 받아야 하기에 일부일처제가 생겼을 것이라는 설이 있다.

(화학과 임수진)

▣ 코멘트: 버래쉬에 의하면 동물이나 사람에게 있어서 일부일처적인 속성은 선천적인 천성이나 본능이 아님을 과학적으로 입증하는 부분입니다. 일부일처제를 거역하는 것은 신의 명령에 대한 거역일 뿐만 아니라 인간의 천성에도 거

슬리는 것이라는 주장이 있습니다. 그러나 일부일처적인 속성은 인간의 본능에도 없는 것이며 인간의 이성 속에 선천적으로 타고나는 것도 아닙니다. 일부일처가 옳다는 관념은 단지 교육과 양육 문화에 의해 주입된 것일 뿐입니다. 세상의 남녀가 1:1인 한 일부일처제가 합리적인 측면은 있지만 그것이 인간의 동물적 본성에도 그리고 이성적 본성에도 들어 있지 않은 것이라면 그것을 사회적으로 실행하는 데 있어서 어느 정도 유연성과 포용력을 발휘해야 할 것입니다.

◾ 일부일처제에 대한 나의 생각 쓰기:

2. 자위

1) 진이의 입장

혼자만의 쾌락에 빠지는 것은 상대방을 도외시하는 것이고 상대방에 대한 배려가 없는 것이다. 상대방을 진정으로 사랑한다면 성행위의 즐거움을 함께 나누는 것이 바람직하다. 성욕을 이겨내고 참는 노력이 없다면 상대방을 진정으로 사랑하지 않는 것이다. 그리고 혼자서 하는 성행위는 부자연스러운 것이다. 이상적인 성행위는 사랑하는 이성과 함께 나누는 것이다. 즉 성은 사랑의 표현일 때에 가장 아름다운 것이다. 자위는 성행위를 대소변과 같은 배설행위로 취급하는 것이다. 즉 자위로서 성행위의 가치를 은연중에 저급한 것으로 보는 것이다.

2) 선이의 입장

아무리 사랑하는 사람이라고 하더라도 성행위에서 충분한 만족감을 주는 것은 아니다. 특히 여성들의 경우 성행위를 통해서 오르가슴을 느끼기는 매우 어렵다. 불만족인 채로 지내는 것보다 자위로서 만족감을 가지는 것이 더 낫고 상대방에 대한 불만도 적어진다. 자신의 몸은 누구보다도 자신이 가장 잘 알고 어떤 식으로 즐거움을 느끼는지도 가장 잘 안다. 자신의 만족감을 위해서 상대방에게 이렇게 저렇게 해달라고 끊임없이 요구하고 부담을 줄 수는 없다. 그러므로 나 스스로 해결하는 편이 낫다. 자위를 하더라도 상대방에 대한 사랑하는 마음에는 변함이 없다. 오히려 미안한 마음에 상대방을 더 많이 배려하게 된다. 자위행위는 다른 사람에게 전혀 피해를 주지 않으며 따라서 비난할 여지가 없다. 혼자서 하는 성행위가 결코 부자연스러운 것은 아니다. 많은 동물들에게서 자위행위가 발견된다. 세 끼의 식사로 배부른 사람은 간식을 먹을 필요가 없지만 사람에 따라서는 세 끼 식사로 부족함을 느끼는 사람도 있다. 그가 간식을 먹는 것은 자유이며 당연한 것이다. 자위는 자연스러운 생리적 행위이다.

3) 다른 친구들의 생각

1. 자위행위는 본인이 성적 욕구를 해소하기 위하여 필요하다고 생각하는 경우에는 본인의 의사에 따라 얼마든지 할 수 있으며 죄책감을 가질 일은 아니라고 생각한다. 하지만 그것은 많은 피로와 졸음을 동반하기 때문에 너무 과도하게 하는 경우에는 엄청난 피로와 졸음이 누적되어 체력이 급속도로 약화될 가능성이 있으므로 주의해야 한다. 문제는

자위의 옳고 그름보다는 적절한 횟수를 유지하는가의 여부라고 생각된다. 누구나 언제든지 섹스를 할 수 있는 것이 아님에도 불구하고 인간의 가장 큰 욕망인 성욕으로 인해서 누구든지 섹스를 하고 싶어 한다. 모든 사람에게 섹스가 허용된다면 사회는 아주 큰 혼란에 빠질 것이다. 그래서 인간은 자위를 하는 것이고 자위행위 자체는 당연한 것이라고 생각한다. 섹스를 해보지 않은 중학생들도 자위라는 것을 스스로 터득하게 되고 사춘기에 접어들면서 그들의 성욕은 대단히 커진다. 이러한 욕망을 자위라는 행위로 풀어내지 못한다면 그들은 어려움에 빠질 것이다. 결론적으로 자위는 당연한 것이며 자위에 관한 문제가 있다면 자신의 생활에 영향을 끼치지 않는 자위의 정도 문제인 것 같다.(수학과 홍의찬)

2. 어떤 이유로 해서 어깨가 뻐근하다고 해보자. 누군가 곁에 있다면 어깨를 주물러 달라고 부탁할 것이다. 그러나 주위에 아무도 없다면 당연히 혼자서 어깨를 마사지하게 될 것이다. 어깨의 통증 이것은 나 개인적인 문제이며 아무도 도와줄 수 없다. 그리고 마사지는 아무에게도 방해가 되지 않는다. 마찬가지로 독신인 내가 강한 성충동을 느꼈다면 나 스스로 해결함이 당연하다. 파트너가 있더라도 마찬가지다. 파트너가 나의 성충동 해소에 백퍼센트 책임을 질 수는 없다. 때에 따라서는 나 스스로 해결하는 편이 나을 때도 있는 법이다. 아무튼 나의 신체에 관한 문제는 타인에게 거부감과 해를 주지 않는 한 거의 나의 자유와 선택의 문제이다. (?)

3. 자위에 대한 생각은 일단 찬성이다. 어렸을 때부터 성교육을 받으면서 자위는 정상적이고 건전한 행위라고 알고 있다. 많은 사람들이 자위를 하면 정신적으로 피폐해진다고 생각하는데 나는 오히려 자위가

정신적인 황폐화를 막아줄 수 있다고 생각한다. 어떤 연구에 따르면 자위를 함으로써 정신적인 문제가 생기는 이유는 자위에 대한 부정적인 생각 때문이라고 한다. 즉, 자위를 하면 안 된다든지, 자위는 부끄러운 행위라는 생각들이 자신에게 부정적으로 다가온다고 한다. 자위를 하면서 떳떳하게 건전한 행동이라는 생각을 하면 자신의 욕구를 충족시킬 수도 있고, 건전한 성관계를 하는 데 도움이 될 수 있을 거라 생각한다. 결론적으로 자위를 할 때 자위에 대한 부정적인 생각을 버리고 긍정적인 마음을 가져야 하겠다. (신소재공학과 이승훈)

4. 생물학적으로 '2차 성징'이라 불리는 시기가 되면 남자들은 남성 발달 호르몬의 왕성한 분비로 인해서 성적 욕구에 눈을 뜨게 된다. 이때, 성적 호기심이 원인이 되어 대부분의 남자들은 여성의 나체사진이나, 혹은 남성과 여성의 성관계를 담은 영상물들을 찾게 된다. 그리고 그런 각종 매체들을 통해 자위를 하여 성적 욕구를 해결한다. 자위를 하는 것은 자연스러운 현상이니 절대 죄책감을 느낄 필요는 없다고 생각한다. 하지만 비위생적이고 폭력적인 자위는 하지 않아야 한다. 실제로 성상담 사례를 보면, 좀 더 자극적이고 특별한 자위방법을 찾기 위해 희한한 방법으로 자위를 하는 어린 남학생들이 많다. 자신의 성기를 바닥이나 벽에 문지르거나 까칠까칠한 것으로 감싸서 자극을 주는 등의 자위는 신체를 해치는 행위로 성병이나 성적 장애를 유발할 수 있으므로 지양해야 한다. 그리고 자위는 짧은 시간 상당한 에너지를 소모하게 하므로 잦은 자위행위는 자신의 생활을 처지게 만들고 항상 피곤한 몸 상태를 유지하게 한다. 자위를 할 때는 위생적으로 하고 건강에 해를 주지 않도록 하며 최대한의 성적 쾌감을 얻도록 해야 한다. 자신의 생활에 지장을 주지 않도록 자제력이 필요하다고 생각한다. (수학과 최철헌)

5. 자위행위의 사전적 의미는 손이나 다른 물건으로 자기의 성기를 자극하여 성적(性的) 쾌감을 얻는 행위이다. 이런 행위는 어릴 때부터 누가 가르쳐주지 않아도 스스로 하게 되고 그래서 어린아이를 둔 부모들이 소아정신과나 비뇨기과에 문의를 하는 경우가 많다고 한다. 심지어는 엄마의 뱃속에 있는 태아 시절부터 자신의 성기를 만지는 행위를 하는 경우도 있다고 한다. 이런 소아기의 자위행위는 지극히 정상적인 경우로 쾌감을 목적으로 하기보다는 불안하거나 초조한 마음을 달래는 의미로 행하는 것이라고 한다.

먼저 생각해 보아야 할 것은 자위행위가 나쁜 것인가 하는 점이다. 현대 성의학자들의 공통적인 입장은 남성이든 여성이든 생리적, 심리적으로 전혀 해롭지 않으며 오히려 건전하고 건강한 행위로 보아야 한다는 것이다. 주 1회, 월 1회 등의 기준은 없다. 일반적으로 건강한 남자가 허약한 남자보다 자위행위를 더 많이 해도 건강상 해는 적을 것이다. 문제가 되는 것은 정신적 상태로 모든 성적 갈등이나 고민, 끊임없이 일어나는 성적 충동을 오로지 자위행위로만 풀어야 되는 지나친 자위에의 탐닉이다. 또 다른 문제점은 대부분의 자위행위를 행하는 사람들이 자위행위 후에는 후회를 하고 자위행위가 잘못된 행위라고 인식한다는 데 있다. 자위행위 시 떠올리게 되는 성적 상상과 옳지 못한 행위를 한다는 막연한 죄책감이 그 이유일 것이다. 또한 자위행위는 좋지 않은 행위라는 잘못된 사회적 인식이 너무 널리 퍼져 있다. 나의 생각으로 가장 문제가 되는 점은 이런 자위행위에 대한 사회의 좋지 않은 인식과 죄책감에 있다고 생각한다.

적당한 자위행위는 정신적, 신체적으로 해가 되기보다 도움이 된다. 결국 자위행위 그 자체로는 전혀 나쁠 것이 없으며, 다만 몰래 하는 데서 오는 불필요한 죄책감이 문제가 될 수 있다고 생각한다. 그러므로 자위행위는 청소년을 비롯하여 성인들의 성발달을 돕는 건전한 행동으로 인식하는 사회적 분위기가 형성되는 것이 시급한 과제라고 생각한다. (정보통신공학과 서민교)

■ 코멘트: 성기는 몸의 귀중한 한 부분인데 사회 속에서 유독히 가려지고 터부시되며 그 존재만으로도 죄책감을 느끼게 하는 부분입니다. 물론 생명탄생과 결부되어 있으므로 소중히 다루어야겠지만 음부에 대한 히스테리에 가까운 은폐와 금기는 성기에 대한 부당한 대접이라고 봅니다. 자위도 마찬가지입니다. 자위는 생명체로서의 자기 몸을 알아가는 한 과정이며 경험일 수 있습니다.

■ 자위에 대한 나의 생각 쓰기:

3. 성희롱

1) 진이의 입장

같은 직장 내에서 진한 외설적 농담은 웃음을 자아내어 분위기를 부드럽게 해준다. 그러므로 여성들도 직장생활을 하려면 그런 농담 정도는 자연스럽게 받아들이도록 노력해야 한다. 이성의 머리를 쓰다듬는 행위도 그렇게 문제될 것이 없다. 직장 내에서 여성들에게 커피나 차를 타도록 요구하는 것은 당연하다. 전통적으로 요리는 남성이 아니라 여성의 몫이기 때문이다. 술자리 같은 데서는 친밀한 분위기를 위해서 남성들 사이에 여성들을 앉히고 여성들이 술을 따르게 한다면 직장상사들의 마음도 부드러워지고 서로에게 이득이 될 것이다. 자신이 여자임을 지나치게 의식하는 데서 거기에 대한 거부감이 드는 것이다.

2) 선이의 입장

가부장적인 남성우월주의 사회에서 대개 여성은 낮은 지위에 있다. 높은 지위에 있는 남성들은 직위를 이용하여 여성 직원들의 몸을 만지거나 외설적인 농담을 하는 경우가 있다. 심한 경우에는 성적 봉사를 요구하기도 하고 이를 거부할 경우 직장을 잃게 될 것이라고 협박하기도 한다. 이런 것을 통틀어서 성희롱이라고 부른다.

성희롱에는 언어뿐만 아니라 만지기, 눈짓하기, 쏘아보기, 성기 노출, 성기 만지기 등도 있다. 성희롱의 기준은 성희롱을 행한 당사자의 기준이나 입장이 아니라 성희롱의 피해자의 주관적 관점에 있다. 즉 성희롱을 한 사람은 아무 의미 없이 말을 한 것이고 어쩌다가 몸을 만진 것이라고 말할 수 있다. 그러나 당한 사람의 입장에서 불쾌하고 성희롱을 당했다고 생각된다면 그것은 성희롱이다. 법적인 입장에서는 그렇다. 음담패설이 직장 내 분위기를 좋게 한다고 마구 하는 것은 금물이다. 보통 때 여성에게 커피를 타게 하는 것은 물론이고 술자리에서 여직원에게 술을 따르게 하거나 억지로 남성의 옆자리에 앉히는 것도 성희롱이다.

3) 다른 친구들의 생각

1. 내가 남자인 관계로 남자의 입장에서 생각해 보았다. 나는 대다수 남자들이 여성들의 과잉반응으로 인해 피해를 당하고 있다고 생각한다. 쫙 달라붙은 옷에 가슴선까지 훤히 보이는 옷들… 마치 자신을 봐달라는 식으로 입어놓고 쳐다보면 성희롱이라고 한다. 또한 "오~ 섹시한데!" 이래도 성희롱…. 일부 변태들이 하는 노골적인 성희롱은 극히 일부분이라고 생각된다. 그런데 그 외 대다수 남성들의 사소한 언행에

도 성희롱이라고 하여 크게 문제화시키는 것이 문제라고 생각된다.

　(정보통신공학과 이종환)

　2. 성희롱이 용납될 수 없는 가장 큰 이유는 강자가 약자를 함부로 하는 행위이기 때문이며, 이는 정의를 필두로 하는 민주사회에 있어서 형식적으로도, 실질적으로도 결코 허용되지 않는다. 또한 성희롱은 그 강도는 다를지언정 피해자에게 육체적으로도, 정신적으로도 씻을 수 없는 상처를 남기게 되고, 이는 궁극적으로 피해자의 인생을 가로막는 큰 장애로 남게 된다. 성희롱으로 인한 상처는 단순한 상해와 달리, 치유와 완쾌에 오랜 시간을 필요로 한다. 성희롱은 사회적으로 철저히 근절되어야 한다. 하지만 우리나라의 현행 성범죄 관련 처벌은 그 강도가 다소 약하다는 생각을 떨쳐버릴 수가 없다. 특히 아동 및 노약자 등 사회적인 약자에게 행해지는 성범죄는 인륜적으로도 용서받을 수 없는 범죄임에도 불구하고 그 처벌강도가 적절치 않은데다가 성범죄자의 재범률이 높은 것을 감안한다면, 현행법의 수정이 요구된다고 할 수 있다. (사회과학계 김성연)

　3. 성희롱의 대표적인 피해사례를 보면, 직장에서 남자 상사의 여직원에 대한 성희롱과 학교에서 남자 교수의 여학생에 대한 성희롱 등이 있다. 성희롱을 당했을 경우 강경하고 단호하게 대응하여 불쾌감을 표시하여야 반복적인 피해를 막을 수 있다. 혼자의 힘으로 해결하기 힘들 때는 여러 단체들의 도움을 받는 것도 좋은 방법이라 생각한다. 무심코 던진 돌멩이에 개구리는 맞아 죽을 수도 있다는 말이 있듯이, 자신의 인격을 드러내는 말 한마디에도 신중하여 상대방에 대한 최소한의 예의는 지켜야 한다. (수학과 최철헌)

4. 표출되지 못하고 묵과되었던 성차별적 성희롱 문제가 우리 사회에서 더 널리 이해되고 성희롱 예방의 중요성이 인식된 점은 무엇보다도 남녀가 서로 존중하는 평등한 사회의 실현을 위한 큰 발걸음이라고 생각한다. 그러나 그럼에도 불구하고 우리 사회에서는 다양한 문화영역에서 뿌리 깊은 남녀차별 의식이 잔존하고 있을 뿐 아니라 사회 일반의 모범이 되어야 할 공직사회에서조차 간헐적으로 성희롱 사건이 발생하여 사회적 물의를 야기하는 현실에 비추어볼 때 성희롱에 대한 정확한 인식과 그 피해에 대한 이해의 정도가 미흡한 것으로 보인다. 성희롱에 대해 진지하게 생각해야 하는 이유는 성희롱이 인권에 대한 중대한 침해이며, 직장에서는 근무환경을 악화시킴으로써 노동생산성을 저하시키게 되는 결과를 초래하기 때문이다. 더군다나 성희롱은 본질적으로 권력관계의 우열에 따른 약자에 대한 강자의 인격적 침해행위라는 점에 문제의 심각성이 있다.

성희롱을 근절하기 위해서는 첫째, 남녀차별 의식의 타파와 사고의 전환이 필요하다. 고정적인 남녀역할 분업의식을 줄여나가는 것이 성희롱이 발생하지 않는 데 중요한 기초가 될 것이다. 또한 여성을 성적으로만 바라보며 약자로만 보는 남성우월주의적 사고 역시 바뀌어야 할 것이다. 둘째, 피해자 자신의 적극적 자세의 필요성이다. 성희롱은 결코 개인문제가 아니라 사회적인 문제이며, 이에 적극적으로 대처하는 자세가 필요하다. 소극적으로 참고 가만히 있기보다는 직장동료들과 의견을 나누고 가해자에게 의사를 표시하는 게 중요하다. 셋째, 신고가 있을 때마다 조사하여 시정하는 것도 중요하지만 미리 예방을 하는 것이 더욱 바람직하고 효과적이다. 공공기관 또는 학교, 직장 전 영역에서 성희롱 방지를 위하여 연 1회 이상 교육을 실시하는 등 필요한 조치를 강구하여야만 한다. 특히, 공공기관이 성희롱을 방지하고 예방하는 일에 모범을 보인다면 사회의 제반 분야에 대한 파급효과는 매우 클 것이기 때문이다. 성희롱은 상대의 기본적인 인권을 침해하는 범죄적 행동이다. 사회의 모든 영역에서 양성이 평등하고 조화를 이루는 건강한 사회를 지향하는 노력이 필요하다. 남성과 여성 모두를 평등하게 생각하고 마음에서 우러나오는 인격적인 대우가 이루어질 때 건전한 직장문화가 형성되고, 진정한 의미의 성희롱 근절이 이루어질 수 있다고 생각한다. (식품생명학과 원종원)

5. 성희롱의 종류는 다음과 같다.

(1) 육체적 행위: 입맞춤, 포옹, 뒤에서 껴안기 등의 신체적 접촉이나 엉덩이 등 특정 신체 부위를 만지는 행위, 안마나 애무를 강요하는 행위 등

(2) 언어적 행위: 음란한 농담이나 음담패설, 외모에 대한 성적인 평가나 비유, 성적 사실관계를 묻거나 성적인 내용의 정보를 의도적으로 유포하는 행위, 성적 관계를 강요하거나 회유하는 행위, 음란한 내용의 전화 통화, 회식자리 등에서 무리하게 옆에 앉혀 술을 따르도록 강요하는 행위 등

(3) 시각적 행위: 외설적인 사진·그림·낙서·음란 출판물 등을 보여주는 행위, 직접 또는 팩스나 컴퓨터 등을 통해 음란한 편지·사진·그림을 보내는 행위, 성과 관련된 자신의 특정 신체 부위를 고의적으로 노출하거나 만지는 행위 등 (정보통신공학과 이종환)

▣ 코멘트: 흔히 직장 내에서 커피나 차를 대접하는 것이 여성의 몫으로 당연시되고 여성에게 차심부름을 시키는 일이 종종 있습니다. 이것도 해당 여성이 비서가 아닌 한 성차별이며 성희롱이 될 수도 있습니다. 그리고 회식자리에서

여성을 남성들 사이에 끼어서 앉히거나 여성에게 술을 따를 것을 강요하는 것도 성희롱에 해당됩니다. 그냥 전체 분위기를 부드럽게 한다는 명목으로 그렇게들 하는데 저도 여성의 입장으로서 느끼기에 별로 기분이 좋지 않을 것 같습니다. 각별한 주의와 배려가 필요합니다. 몸매에 대한 언급도 가급적 삼가는 것이 좋습니다. 예뻐졌다는 말을 상대가 들으면 기분 좋아질 수 있는 칭찬이라고 가볍게 생각하는 경우가 많은데 사실 당혹스럽고 당장 그 자리를 떠나고 싶을 때가 많습니다. 여자라면 당연히 외모가 아름다워야 하고 외모를 가꾸어 직장 분위기를 환하게 해주는 꽃 같은 역할을 해야 한다는 생각은 잘못된 것입니다.

참고사항 성희롱(sexual harassment)은 원치 않는 성적 괴롭힘으로 응시에서 강간에 이르는 성행위와 여자임을 빌미로 한 비웃음과 비하, 위협, 학대 등의 성별 기반 행위가 있다. 불쾌한 응시, 음란한 시선, 노출 등의 성적 제스처, 외설적 농담, 신체 건드리기, 접촉, 애무, 포옹, 폭행, 강간, 술자리 서비스 요구, 여성 비하적 발언, 차 대접이나 청소 요구, 여자란 그래야 한다는 식의 성차별적 발언 모두가 성희롱에 속한다.[1]

■ 성희롱에 대한 나의 생각 쓰기:

---

1) 장윤필화, 『여성 몸 성』, 199−201쪽.

4. 성폭행

1) 진이의 입장

성폭행은 갑작스럽게 발생한 과대한 성욕을 잘 참지 못한 데에서 비롯된다. 배꼽티처럼 여성들의 과대한 노출이 강간을 불러일으키는 원인이다. 잘 아는 사람들에게는 피해를 주지 않으려는 것이 인간의 심리이므로 성폭행은 주로 낯선 사람을 상대로 하리라고 짐작된다. 강간을 방지하기 위해서는 남자들은 성욕을 잘 절제해야 하고 여자들은 노출을 자제하고 낯선 남자들을 조심해야 한다.

2) 선이의 입장

성폭행이 성욕에서 비롯된다는 것은 오해이다. 성폭행은 성욕보다는 콤플렉스 같은 다른 심리적인 요인에서 비롯된다. "강간은 이성적인 힘보다 성적인 힘이나 물리적인 힘을 과시하고자 하는 욕구가 더 큰 사람에 의해 행해진다는 속설이 있다. 이것은 잘못이다. 강간은 힘이 있는 자보다는 오히려 힘이 약한 자가 자기를 표현하는 한 방식이다. 역량부족과 열등감에 빠져 있던 남성이 주로 여성을 상대로 보이는 노골적인 적대감의 표현이다."[2] 그리고 성폭행은 낯선 사람이 아니라 잘 알거나 친숙한 사람을 상대로 이루어지는 것이 보통이다. 그러므로 잘 아는 사람이라고 해서 안심할 수 없다. 그리고 아동이나 노인도 예외가 아니므로 조심해야 한다. 성폭행은 우발적인 것이 아니라 주도면밀한 계획 아래 이루어진다. 여자들이 은근히 강간을 기다리거나 즐긴다는 잘못된 신화가 있어 왔다. 그래서 오히려 강간 피해자가 죄의식을 가져야 했다. 강간은 여자의 일생에서 치명적인 정신적, 심리적 상처를 입힌다. 강간이 여자의 삶을 파멸로 이끈다고도 할 수 있다. 어떤 상황에서이든지 간에 강간은 반윤리적이고 비인간적인 범죄이므로 일어나서는 안 된다.

3) 다른 친구들의 생각

1. 범죄에도 여러 종류가 있겠지만 성범죄만큼 끔찍한 범죄는 존재하지 않는다고 생각한다. 범죄로 인한 금전적 피해나 육체적 피해는 어떻게든지 회복이 가능할 것이다. 하지만 정신적 피해는 회복 자체가 힘들고 그 후유증은 평생 갈 수도 있다. 또한 대다수 성범죄의 피해자는 여성이고 여성 중에서도 나이가 어리거나 사회적으로 약자에 속하는 계층이라 한다. 정부에서는 이런 사회적 약자들을 보호하기 위해, 그리고 가장 재범률이 높다는 성범죄를 방지하기 위해 성범죄에 대한 처벌 강도를 높이고 성교육을 통해 청소년 시기에 성에 대한 올바른 인식을 심어줘 성범죄를 미연에 방지해야 할 것이다. (건축학과 박진규)

2) 나일즈 엘드리지, 『우리는 왜 섹스를 하는가』, 김원호 역, 193쪽.

2. 성폭력에서 빚어지는 피해자의 심리적 피해는 물론이고 아직은 우리 사회에서 성폭력을 당한 사람이 오히려 숨겨야 하는 상황이다. 성폭력의 피해자는 자신이지만 그로 인해 남들의 수군거림을 참아야 하고 더 나아가서는 직장도 잃고 가정도 잃고, 자신의 몸과 마음도 다 버려지는 상황까지 떠안아야 하는데 누가 드러내놓고 말할 것인가? 가장 시급한 문제는 성폭력에 대한 해결보다는 예방이다. 사회 분위기를 바꾸어야 하고, 올바른 성교육으로 여성들을 존중하도록 남자들의 의식을 길러줘야 할 것이다. (생명과학과 이슬기)

3. 성폭행범의 신상공개에 대해 의견이 첨예하게 대립하고 있다. 나는 성폭행범의 신상공개에 찬성한다. 신상공개도 아무도 보지 않는 게 시판에 하는 것 말고 좀 더 확실한 공개가 필요하다고 생각한다. 누구나 알아보고 주의할 수 있도록 말이다. 어떤 사람들은 성폭행범의 인권은 위해서라도 이러한 주장에 반대할 것이다. 그렇다면 피해자의 인권은 어떻게 하라는 것인가? 어느 범죄보다 재범률이 높은 것이 성폭행이다. 얼마 전 제주도의 한 초등학생이 성폭행을 당한 후 살해당했는데 범인은 성폭행 전과가 있는 같은 동네 주민이었다. 동네 주민 누구도 그의 과거를 몰랐다고 한다. 만약 그의 신상과 과거를 알고 있었다면 그와 같은 끔찍한 일이 벌어지지 않았을 것이다. 나라에서 그들에 대한 관리가 철저하지 못하다면 국민 스스로가 주의하고 방어할 수 있도록 해야 한다. 물론 처음에는 적극적인 신상공개로 인하여 사회에 적응하지 못하는 문제가 생길 것이다. 그러나 시간이 지나서 성폭행범들이 사회적으로 큰 불이익을 당한다는 것을 알게 된다면 함부로 일을 저지르지 않을 것이다. 성폭행은 한 사람을 정신적으로 죽이는 것이기 때문에 더욱 강력한 제재가 필요하다. (기계공학과 김현준)

4. 성폭력을 초래하는 남녀 간의 연애와 성관계에 대한 그릇된 인식에는 다음과 같은 것들이 있다.

(1) 가벼운 신체접촉을 허락한 것은 성관계를 묵시적으로 허락하는 것이다: 요즘 대학생들은 캠퍼스에서 스킨십을 비교적 자유롭게 한다. 문제는 스킨십으로 끝나는 것이 아니라, 다음 단계인 성관계로 이어지는 경우가 많고, 남성은 여성이 스킨십을 허락하면 성관계를 허락하는 것으로 생각하기도 한다. 그러나 여성의 입장에서는 스킨십은 좋지만, 성관계까지 가지고 싶지는 않은 경우가 많다. 남성은 이러한 여성의 입장을 존중하고, 여성은 자신의 의사를 분명히 밝히는 것이 좋다.

(2) 남녀 간의 깊은 사이는 성관계를 의미한다: 일반적으로 남녀가 깊은 관계를 가졌다고 하면 성관계를 의미하는 경우가 많다. 그러나 성관계 없이도 얼마든지 남녀가 깊은 관계를 가질 수 있다. 즉 서로의 삶을 나누고 서로를 지지해 줄 때 남녀는 깊은 관계를 가지는 것이다

(3) 성관계(임신)를 맺었기 때문에 싫더라도 이 사람과 결혼해야 한다: 1970년대만 해도 남성이 여성과 결혼하고 싶으면 성관계를 가지거나 임신시키면 가능하다고 믿었다. 즉 남성의 입장에서는 "네가 임신하면 남에게 못 가겠지" 하는 생각을 가졌다. 또한 여성도 "내가 임신했으니까, 당신이 나 책임져!" 하면서 임신을 상대방과 거래하는 것으로 생각했다. 그러나 이러한 성관계나 인위적인 임신에 의한 결혼은 오래 가지 못한다. 서로가 불행을 초래할 따름이다. 결혼은 서로 자유로운 분위기에서 자유롭게 결단한 것에 의해서 이루어져야 한다.

(4) 내 여자로 만들기 위해서는 성관계를 가지면 된다: 특히 남성들 사이에는 여성의 정조 관념을 악이용해서 여성을 소유하기 위해서는 성관계를 가지면 된다는 사고방식이 있다. 이것은 강간의 심리나 다름이 없다. 성관계는 서로 사랑을 이루어 가는 것이 아니다. 사랑은 서로

를 잘 알고 상대방을 있는 그대로 수용하는 마음의 표현인 것이다. 상
대방은 나의 성적인 욕구를 충족할 수 있는 수단이나 대상이 아니다.

　(5) 한 번 성관계를 허락했으니 다음번 성관계는 문제될 것이 없다:
한 번 성관계를 가지고 나면 이제 나는 버린 몸이야 하면서 그 남성과
또는 여러 남성과 성관계를 무분별하게 가진다. 순결이란 사랑하는 사
람에 대한 신의와 믿음이다. 실패하면 다시 시작할 수 있고, 또한 다시
시작해야 하는 것이다. 여성들은 일회성 순결의 삶을 살아서는 안 된
다. (화학과 김지엽, 곽소연, 신지호)

　▣ 코멘트: 성폭력 또는 강간이 주로 낯선 사람에 의해 당한다는 의식을 바
로잡아 항상 주의하는 것이 중요할 것 같습니다.

> **참고사항**　실패한 경쟁자 이론
> 성폭력은 주로 남성들이 여성들에게 성적 접근의 대가를 최소지불하
> 려는 전략으로 이해된다. 강간은 밑들이 벌레에서도 나타나는데 암
> 컷에게 혼인선물을 줄 능력이 없는 밑들이 벌레 수컷이 집게를 사용
> 하여 강간한다. 인간도 역시 경쟁에서 패배하여 돈과 권력이 없는 남
> 자가 강간을 한다는 해석이 있다.[3]

　▣ 성폭행에 대한 나의 생각 쓰기:

---

3) 이인식, 『성과학탐사』, 40-46쪽.

5. 낙태(낙태피임약)

1) 진이의 입장

성인인 산모의 가치는 형체를 잘 알아볼 수 없는 핏덩이인 미완성 인간, 불완전 인격체인 태아보다 훨씬 더 높다. 따라서 산모가 중태에 빠져 산모냐 태아냐를 결정하는 기로에 서 있다면 당연히 산모를 살려야 한다. 그리고 건강한 산모라도 자기 신체에 대한 결정권을 가지고 있다. 태아는 산모의 자궁에 자리 잡고서 자라나므로 산모의 신체의 일부라고 볼 수 있다. 물론 태아는 미래의 인간이므로 산모의 손등 위에 있는 작은 세포와는 비교가 안 될 정도로 귀중한 존재이기는 하다. 태아가 자궁 안에서 성장하기 위해서 산모는 자신의 양분을 나누어 주어야 하며 아플 때 먹어야 하는 약도 복용하지 못하는 위험과 불편을 감수해야 한다. 만일 산모가 그런 불편과 위험을 감수할 의지가 없다면 낙태를 선택할 수밖에 없고 선택을 허용해야 한다. 산모는 자신의 행복을 추구할 권리가 있다. 임신과 출산과 육아는 산모에게 경제적인 부담뿐만 아니라 온몸을 다 바쳐야 할 정도로 막중한 부담을 준다. 현 한국사회의 사회복지제도를 보면 산모 특히 미혼모에 대한 별다른 배려가 없다. 그리고 태아가 미래에 행복할 것인가를 고려해서 불행할 것이라면 차라리 낙태하는 것이 낫다. 예를 들면 산모의 경제적 능력이 없다거나 가족을 이루고 살지 못할 것이라면, 그리고 친부와 함께하지 못할 것이라면 아이가 태어나서 불행할 것으로 짐작된다.

낙태피임약은 성관계 후 72시간 이내에 복용하여 수태를 막는 것이다. 이것은 수정란을 죽이는 효과도 있지만 수정란에 대한 직접적 공격 의도를 가진 행위는 아니다. 사후피임약의 복용은 임신한 뒤 어느 정도 성장한 수정란을 제거하는 낙태행위보다는 훨씬 더 간편하고 덜 꺼림칙하다. 여성의 행복을 위해서라면 낙태는 물론 낙태피임약도 허용되어야 한다. 낙태를 절대적으로 금기시하는 가톨릭의 입장은 때에 따라서는 오히려 상황을 고려하지 않는 차가운 관점이 될 수도 있다.

2) 선이의 입장

한국은 1년에 신생아 60만 명이 출생하는 반면에 150만 명의 태아가 낙태되어 낙태천국이라는 오명을 쓰고 있다. 과거에는 산아제한정책으로 낙태가 국가에 의해서 권장되었다. 얼마 전부터 인구감소를 우려하여 출산이 장려되고 있다. 모자보건법에 따르면 본인이나 배우자의 심각한 심신장애나 질환, 강간 임신 등의 경우에 한하여 낙태를 허용하고 있다. 그러나 우리나라에서 행해지는 대개의 낙태는 건강한 부부에 의해 생겨난 태아에 대한 낙태이며 터울조절, 남아선호사상 등에 의한 낙태이다. 이것은 불법이며 비윤리적이고 비인간적인 행위이다.

인간은 누구나 태아기를 거친다. 태아는 가능적인 인간인 것이다. 그리고 태아는 아직 성장하지 못한 불완전한 인간이기는 하지만 역시 쾌·불쾌 감정과 고통을 느낄 수 있는 존재이다. 다만 의식적으로 자각하지 못할 따름이다. 태아가 몇 개월이 되었든지 간에 낙태는 악이다. 산모의 행복을 위해서 낙태를 한다는 것도 부당하다. 나의 행복을 위해서 타인의 물건을 훔치는 것이 악이듯이 나의 행복을 위해서 태아를 죽이는 것도 분명한 악이다. 아이가 태어나서 불행할 것이므로 낙태는 정당하다는 말도 잘못이다. 앞으로 불행할 것으로 예상되는 노인이나 중환자를 죽여도 좋은가? 결코 그렇지 않다. 그리고 인간의 행·불행은 주관적인 것이므로 본인 이외의 다른 사람이 속단할 수 없을 뿐더러 더군다나 미리 예측할 수 없다.

낙태피임약은 수태를 방지할 뿐만 아니라 이미 자궁에 착상된 태아에게 피해를 줄 수 있다. 이 점을 생각할 때 사후피임약의 복용은 극도로 자제되어야 한다. 어떤 경우에라도 미래에 가능적으로 인간이 될 수 있는 존재를 위험에 빠뜨리거나 제거함은 악한 행위이다. 낙태 또는 사후낙태는 산모의 극단적인 위험의 경우 예외적으로만 허용되어야 한다.

3) 다른 친구들의 생각

1. 낙태는 범죄라고 생각한다. 그리고 책임지지 못할 2세를 사회에 던져놓는 행위 또한 범죄라고 생각한다. 아직 세상의 빛을 보지 못한 아기를 죽이는 것과 험난한 현대사회에 무책임하게 아기를 방치하는 것, 무엇이 더 나쁜 범죄일까? 아마 절대적으로 옳은 정답은 존재하지 않을 것이다. 무분별하게 낙태를 하는 것도 문제지만 원치 않는 출산으로 인해 새로운 인생과 부모의 인생이 불행해지는 것 또한 문제이기 때문이다. 그런 점에서 낙태를 법적으로 옳다, 그르다 할 수는 없다고 생각한다. 그래서 정부 및 시민단체는 남녀 모두의 성교육을 통해 성관계에 따르는 책임을 사람들에게 인식시켜야 하며 한 순간의 실수로 인해 정말로 원치 않는 임신이 이루어졌다면 정상적인 의료기관에서 안전한 낙태수술이 시행될 수 있도록 조치해 주어야 할 것이다. 그리고 낙태수

술을 받은 여자에게 그녀의 잘못을 인식시켜 반성하도록 유도해야 하겠지만 사회적으로 그녀를 매장시켜서는 절대 안 된다고 생각한다.

(건축학과 박진규)

2. 낙태는 생명의 불꽃을 꺼버리는 행위이며 그것은 어떠한 구실로도 정당화될 수 없다. 따라서 무엇보다도 중요한 것은 욕망에 따라서 움직이기 전에 자신의 행동에 대한 책임을 미리 고려할 줄 아는 이성적인 인간이 되는 것이다. 하지만 세상의 모든 인간에게 이러한 가치관을 심는 것은 불가능하며, 따라서 사회적 차원에서도 낙태와 사후피임을 감소시킴으로써 생명을 존중하는 태도를 보여야 한다고 생각한다. 즉, 미혼모 및 임신에 대한 경제적 지원책을 마련하고 사후피임과 낙태가 생명에게 있어서 얼마나 불경한지를 교육적인 차원에서 사람들에게 각인시킬 필요가 있다고 본다. 실제로 중고등학교 때 성교육을 꽤 많이 받아보았지만 현실적으로 도움이 될 만한 교육은 거의 없었다고 봐도 무방하다. 이는 성을 수치로 바라보고 은폐하는 사회적인 관습에 기인하므로, 성에 대해서 열린 마음이 사회에 확산되는 것이 무척 중요하다고 생각한다. 즉, 성을 아름답고 신성한 것으로 인식함과 동시에 성관계에 대해서도 어릴 적부터 실용적인 교육을 통해 올바른 성과 문화가 정착되도록 하는 것이 급선무이다. (사회학과계 김성연)

3. 낙태에 대한 찬반논란은 끊임없이 계속되고 있다. 그 논란의 중심에는, 태아의 어느 정도의 발달단계까지를 '생명체'라고 정의하는지가 분명치 않은 문제가 있다. 개인적으로, 인체의 형상을 갖기 전, 즉 수정란 단계에서의 낙태는 찬성하는 입장이다. 낙태를 백 퍼센트 금지할 경우, 미혼모, 고아, 신생아 사망 등 낙태보다 더 잔혹하고 괴로운 결과가

초래될 것이다. 현대의 성개방으로 이성 간의 혼전 성관계가 빈번해지면서 원치 않는 임신을 하는 여성이 늘고 있기 때문에 이에 대한 대비가 필요하다. 성관계를 할 때 확실한 피임을 하여 낙태까지 이르지 않도록 하는 것이 최선이라고 생각한다. 남녀 간의 성적 쾌락 추구 자체를 전적으로 금지할 수는 없으므로 스스로가 자신의 몸을 아낄 줄 아는 노력이 필요하다. 낙태나 사후피임 등은 여성의 신체에 굉장히 좋지 않은 영향을 끼치기 때문이다. 원치 않는 임신을 통해 낳은 아이의 인생과 주변사람들의 평생 동안 안고 가야 할 짐을 생각한다면 낙태, 사후피임을 통해서라도 대책 없는 출산은 막아야 한다. 개방된 사고방식만큼 그에 따른 피임방법들도 많이 발전하였다. 무책임한 행동만 할 것이 아니라, 항상 준비된 성인이 되어야 하는 것이 우선적인 과제라고 생각한다. (수학과 최철헌)

4. 생물학도의 입장에서 낙태의 문제에 접근을 해보겠다. 흔히들 낙태를 논할 때 "어디서부터 생명으로 볼 것인가?"에 대한 논의를 하게된다. 생물학을 공부한 입장에서 보면 수정이 된 직후라고 보는 것이 맞다고 생각한다. 왜냐하면 아무리 하나의 세포일지라도 우리가 알기힘든 엄청난 생명현상이 존재하기 때문이다. 그리고 그 수정란이 착상이 되어 엄마 뱃속에서 태아와 태아 주변의 환경과의 정교하고 복잡한 상호작용에 의해서 무사히 열 달을 살고 나면 분만에 의해 실제 우리가 볼 수 있는 '아기'가 세상에 나오게 된다. 생명의 신비함을 누구보다 많이 알고 있는 나로서는 새로운 생명이 태어난다는 것은 정말 '신의 축복'이라고 생각한다. 왜냐하면 새로운 생명이 태어난다는 것은 워낙 정교하고 복잡한 현상이기 때문에 어느 한 부분이라도 잘못되면 그르치기(유산, 사산) 일쑤이기 때문이다. 낙태가 문제가 되는 것은 '신의 축

복'을 인간이 인위적으로 거부한다는 데에 있는 것 같다. 아무런 준비도 되지 않은 상태에서 임신이 된다면, 제 몸 하나 가누기 힘든 그 시기에 덜컥 임신이 되어 버린다면 아무래도 낙태밖엔 대안이 없을 것이다. 낙태는 인간에게 주어진 행복을 거스르는 행위이다. 우리 사회가 희망 차고 건강한 사회가 되기 위해서는 원치 않는 임신을 방지하여 (의학적으로 반드시 낙태를 해야 하는 경우는 제외) 낙태시술을 최대한으로 줄여야 한다. (생명과학과 정아름)

5. 미성년자가 아기를 가졌다는 것이 기쁨이 아니라 재앙이라 표현해야 할 상황이다. 물론 그들의 행동은 비판받아야 마땅하지만, 그렇다고 해서 그들에게 감당할 수 없는 것을 감당하게 해서는 안 될 것이다. 비록 한 아이의 생명도 소중하지만(나는 잉태된 조그마한 아이도 하나의 생명체라고 본다) 결정의 주체는 아이보다는 지금 현재 세상을 살고 있는 여성이 되어야 한다고 생각한다. 나는 한 아이의 생명보다도 여성의 삶(행복)에 조금 더 무게를 두고 싶다. 그리고 낙태를 한 여성에게는 그러한 경험과 아픔으로써 낙태라는 행위에 대한 충분한 벌이 될 것이라고 생각한다. 여기서 또 다른 문제는 남성들의 안일한 사고가 아닐까 생각한다. 생명을 만든 것은 여성 혼자일 리가 없다. 그러나 낙태로 인해서 상처받는 것은 여성이 훨씬 크며 거의 전적인 책임을 강요당한다. 그러한 것에 있어서 충분한 성교육(남성과 여성 모두에게)과 자신의 몸을 더욱 아끼는 여성의 마음가짐 또한 필수적이라고 생각한다.
 (시스템공학과 김동락)

6. 나는 낙태에 대해 찬성하는 입장이다. 낙태의 경우 산모의 신체의 자유와 행복추구권이 태아의 생존권과 정면으로 충돌하고 있는 상황이

다. 하지만 과연 살고 죽는 것만이 가치의 최상위에 있어야 하는지에 대해서는 생각해 보아야 할 문제이다. 원하지 않는 가정에서 태어난 아기는 불행한 환경에서 자라게 될 것이다. 장애아로 태어나거나 불치병을 안고 태어난 아기도 행복하지 않을 것이다. 성폭행과 같이 원하지 않는 임신으로 인한 문제도 있다. 우리 사회에는 미혼모를 위한 시설이 턱없이 부족하다. 이런 상황에서 태아의 생존권만을 고집하는 것은 현실적으로도 맞지 않다. 물론 낙태라는 것이 산모의 건강도 해칠 가능성이 높고 태아의 인권문제도 야기되기 때문에 권장될 만한 일은 절대 아니다. 그렇기 때문에 피임이 잘 이뤄져야 하고, 여러 가지 미혼모 구제대책도 이뤄져야 한다. (시스템공학과 허정민)

7. 한 해에 150만 명의 생명이 죽어가고 있는데 대부분의 사람들이 이 사실을 모를 뿐 아니라 그들을 위해 싸우지 않는다. 태중의 아기들은 자신의 의사와는 전혀 상관없이 목숨을 잃는다. 낙태장면을 촬영한 비디오를 보면 낙태시술 기구가 태반 안으로 들어와 태아의 몸체를 집어내려 할 때 태아가 이를 피하는 모습을 볼 수 있다. 자신의 생명을 빼앗으려는 인간들의 합법화된 폭력 앞에 한번도 저항해 보지 못하고 침묵의 절규를 외치며 목숨을 잃는 이들이 바로 태아이다. 성경에서 하나님께서 고아와 과부의 편에 서신다고 한 것은 그들이 스스로를 보호할 수 없고 아무도 그들을 돌보지 않는다면 하나님께서 직접 그들 편에 서시겠다는 말이다. 우리가 이렇게 죽어가는 태아를 살려내지 않는다면 하나님의 심판을 받을 것이다. 낙태는 단순히 낙태 그 자체에서 끝나는 일이 아니다. 성도덕 문제, 미혼모 문제, 입양 문제 등 많은 사회문제와 연결되어 있다. (스포츠과학부 이환희)

8. 낙태는 반인륜적인 행위이며 보이지 않는 살인이라고 생각한다. 내가 낙태를 반대하는 첫 번째 이유는 존엄한 생명을 해치는 일이기 때문이다. 태아는 잠재적인 인간이다. 그런 생명을 타인이 좌지우지한다는 것은 옳지 않다고 생각한다. 수정된 태아는 1개의 세포가 2개, 4개로 자라면서 수정된 지 23일째 되면 이미 심장이 형성되어 뛰기 시작하고, 45일 쯤 되면 뇌가 구성되어 뇌파가 감지된다. 12주 정도 되면 이미 몸의 모든 형체가 생길 뿐 아니라 손톱도 생기고 지문도 발견되며 성구별이 가능해진다. 우리나라의 경우 임신한 날로부터 28주 내에는 낙태할 수 있도록 명시(개정안에는 24주)되어 있으나 28주면 아기는 이미 잠을 자다 깨기도 하고 딸꾹질도 하는 완전한 인간이다. 이런 사실에도 불구하고 현실적으로 낙태는 너무나 공공연한 것으로 자행되고 있다. 마치 간단한 수술로 몸의 귀찮은 부분을 떼어내는 듯이 쉽게 행해지고 있다. 두 번째 이유는 책임감 없이 사회적 분위기와 개인적 편리 때문에 낙태를 하는 경우가 많기 때문이다. 현재 대부분의 낙태는 의학상의 문제라기보다는 사회적 혹은 개인적 이유 때문에 행해진다. 보건법이나 곧 개정될 형법에서 낙태가 허용되는 경우는 의학상 태아나 모체에 문제가 있는 경우이다. 그러나 실제 건강의 문제 때문에 낙태하는 경우는 거의 없다. 계획에 없던 임신이나 기형아, 남아선호사상의 영향 등으로 낙태를 하는 경우가 많다는 사실이다. 기형아의 경우는 산모가 흡연, 약물복용, 음주 등 잘못된 습관으로 인해서 생기는 경우가 많다. 그런 산모가 아이의 인생을 위해서 낙태를 선택한다는 것은 모순이라고 생각한다. (화학과 신지호)

9. 한 생명을 낳는다는 것은 정말 성스러운 일이다. 인류는 지금까지 자신의 자손을 낳고 이 사회를 유지해 왔다. 성관계를 가진 후 한 생명

을 임신해서 낳는 것은 정말 큰 축복이자 행복이다. 그러므로 이렇게 가진 생명을 없애는 행위인 낙태는 인간에게 있어서 살인과도 같은 죄이다. 비록 세상에 나오지는 않았지만 엄연하게 생명으로 인정받고 인정받을 수 있는 생명인데 그 생명을 세상에 나오기도 전에 죽인다는 것은 큰 죄인 것이다. 비록 엄마 뱃속에 있는 아이지만 하나의 생명체이다. 하나의 생명체는 세상에 나와서 활동하는 어른, 아이, 노인과 같은 사람이라는 존재이다. 사람을 죽이는 살인행위인 낙태는 없어져야 한다. (화학과 손현영)

10. 우리나라는 매년 70-80만 명의 신생아가 태어나는 데 비해 매년 낙태 건수는 200만 건에 이르는 세계 제1의 낙태 천국이다. 이 중 60% 정도가 10대와 20대 초반의 청소년들이며, 50만 건 정도가 19세 미만의 미혼모로 추정된다. 하루 평균 5,560여 명, 매 시간 230명의 태아가 강제로 살해되고 있다는 것이다. 미국의 경우 2억 5천여 만 명의 인구에 매년 170여 만 명의 낙태가 일어나는 것에 비하면 대단히 높은 수치이다. 이는 우리 사회의 성개방 풍조로 음란퇴폐문화가 만연한데다 순결 가치관이 희박하기 때문이다. 근래에 와서는 여학생들이 윤락가를 직접 찾아가 돈을 버는 일이 다반사이며, 낙태계를 조직하여 낙태수술을 자체적으로 해결해 나가고 있는 실정이다. 실제로 1997년 9월부터 1998년 8월까지 검찰에서 청소년 유해업소를 단속한 결과 10대 청소년 접대부 5,048명을 적발한 바 있다. 그런데 이들 중 86%인 4,345명이 윤락행위까지 하고 있었으며, 44%가 중학생(초등학생 3명 포함)인 것으로 드러났다. 1996년 대한가족계획협회에서 성상담을 한 결과 미혼 여성의 18.5%가 낙태 경험을 했고, 이 중에서 16-20세의 여성이 25.6%(전체 미혼 여성의 4.9%)나 된다. 또 성경험이 있는 여학생의

64.3%가 낙태 경험이 있으며, 학교 화장실이나 공부방, 심지어는 등교 길에 출산하는가 하면 지하철 화장실에서 아기를 낳아 죽이기까지 하는 일이 심심치 않게 언론에 보도되고 있다. 서울 모 산부인과의 경우 하루에도 수십 명의 10대 소녀들이 생명을 잃을지도 모를 낙태수술을 위해 줄을 서고 있다고 한다.

사후피임법은 피임이 준비되지 않은 상태에서 갑자기 성관계를 가지게 되었을 때나 콘돔 사용상 부주의로 원치 않는 임신이 우려될 때 임신을 방지하기 위해 할 수 있는 피임법이며, 작용 기전은 체내 여성호르몬 농도를 높여줌으로써 착상을 방해하는 원리를 이용한 것이다. 사후피임법의 가장 큰 장점이라면 관계를 가진 후 응급용으로 사용할 수 있다는 점일 것이다. 하지만 자주 사용할 경우 몸에 미치는 해가 생각보다 심각할 수 있다. 피임 실패율은 15-25% 정도이며, 자궁내 장치를 삽입하는 방법으로 응급피임을 했을 경우에는 실패율을 2% 정도까지 낮출 수 있다. 사후피임법을 처음 알게 되면 마음껏 성관계를 가지고 약 두 번만 먹어주면 임신이 안 되니 그보다 더 좋은 피임법이 어디 있을까 하고 생각할 수도 있다. 하지만 이런 달콤하고 솔깃한 유혹 속에는 우리 몸을 서서히 망쳐가는 검은 그림자가 포함되어 있다는 것을 알아야 한다. 사후피임약처럼 과량의 호르몬이 일시에 투여되면 신체기능 이상을 부르기 쉽다. 이런 과량복용이 반복되면 부정 자궁출혈과 배란장애가 빈발하고 난소기능에까지 나쁜 영향을 미칠 수 있다. 그리고 피임약의 일반적인 부작용인 메스꺼움과 구토 증상, 어지럼증, 생리주기의 변화 등이 나타난다. 복용 후에는 3일에서 7일 사이에 출혈이 생기게 되며 일시적으로 생리주기가 불규칙해질 수 있다.

(유전공학과 송영호, 임대현)

■ 코멘트: 과거에는 정부의 산아제한정책으로 낙태가 권장되었습니다. 그로 인한 인명상실과 생명경시풍조는 아직도 막대한 사회적 후유증으로 남아 있습니다. 이제야 인구 감소와 노동력 감소를 우려한 정부의 새로운 정책이 시도되고 있습니다. 아이가 없는 삶이 얼마나 황폐된 것인가라는 광고가 여기저기 나붙고 있지요. 도대체 인간존재가 필요하면 생산량을 증가시키고 넘치면 없애버려도 좋은 도구인가요? 인간생명이 귀중하다는 확고한 관념은 언제 어느 상황에서도 흔들림이 없어야 하겠습니다.

참고사항 낙태피임약이란?

응급피임약, 사후피임약(morning-after-pill)이란 피임 없이 섹스를 했거나 콘돔이 찢어지는 등의 사고가 났을 때 사용하는 피임약이다. 이것은 난자의 배란을 연기시키거나 수정된 난자가 자궁에 착상하지 못하도록 해서 임신을 막는다. 응급피임약을 72시간 안에 복용하면 임신을 75-89% 막아준다. 최근 연구에 따르면 섹스 뒤 5일 뒤에 먹어도 임신을 막을 수 있는 것으로 나타났다. 응급피임약의 성분은 여성호르몬의 일종인 프로게스테론이나 에스테로겐으로 12시간마다 한두 개씩 복용한다. 기존 피임약의 용량보다 3-4배 정도 많다. 이 약은 현재 12개국 이상의 국가에서 의사의 처방이 필요 없는 일반의약품으로 판매되고 있다. 프랑스는 학교에서 이 약을 12세 정도의 소녀들에게 무료로 제공하고 있다.

(『동아일보』, 2003. 6. 9. 이진한 기자)

■ 낙태에 대한 나의 생각 쓰기:

6. 포르노

1) 진이의 입장

포르노는 많은 부정적인 측면을 내포하고 있다. 포르노에서는 서로 잘 모르는 남녀가 한두 번 마주치면 곧바로 섹스로 돌입한다. 여성이 성의 노리개 취급을 받으며 여성에 대해 강제로 행해지는 강간이 너무나 많다. 이것은 여성비하적이며 성을 천박화시킨다. 포르노는 비정상적인 성이나 폭력적인 성을 정당화하는 듯이 보인다. 포르노를 본 뒤성범죄를 저지른 예가 매스컴에도 가끔 나온다. 포르노가 사람들의 성욕과 성충동을 자극하기 때문이다. 포르노가 보여주는 가벼운 성은 성을 문란하게 만들 수 있으며 청소년까지 오염시킬 수 있다. 장점보다단점이 많은 포르노는 차라리 없애는 편이 더 낫다.

2) 선이의 입장

지금까지 유포된 포르노는 여성을 성의 도구로 보며 여성천시적이고 성폭력적인 장면이 많았다. 그러나 지금까지의 포르노가 포르노의 전부가 아니다. 포르노의 질적 수준은 얼마든지 개선할 수 있다. 좀 더 예술적이고 아름다우며 구성도 탄탄한 것으로 만들 수 있다. 포르노는 단순히 사람들의 성충동을 부추겨서 성범죄자로 만드는 악한 것이 아니라 사랑하는 남녀나 부부가 성생활을 더 원활하게 하기 위해서 선용할 수도 있다. 그리고 외로운 독신자도 섹스 대용으로 사용하여 외로움을 달랠 수 있다. 양질의 포르노 그리고 교육적인 효과까지 가질 수 있는 포르노의 생산을 위해서는 정책적인 지원이 필요하다.

청소년 성교육 문제는 별도의 문제다. 영화 〈래리 플린트〉는 청소년의 음주 위험 때문에 맥주공장을 폐쇄할 것인가라고 묻는다. 미숙한 청소년이 포르노에 무방비로 노출되면 섹스에 대해 오해할 여지가 많으며 섹스가 굉장한 쾌락을 준다는 식의 과대한 환상을 품을 수도 있다. 이런 오해는 성교육으로써 얼마든지 방지할 수 있다. 그리고 포르노 생산과 판매를 지나치게 규제하는 것보다 청소년이 포르노를 접하지 않도록 관리 시스템을 만드는 것이 더 합리적이다.

3) 다른 친구들의 생각

1. 포르노는 인간의 성을 상품화된 물건으로 취급하는 것이다. 음식과 물을 섭취하는 것이 생존을 위한 본능이라면 인간의 성욕 또한 생존의 또 다른 본능이다. 이러한 성욕을 자극하여 상품화한 것이 포르노물인데 이것은 음식과 음료가 아닌 인간 자체를 상품화했다는 것에서 마

땅히 제지받아야 하는 것이다. 포르노가 미치는 영향은 크다. 포르노는 상품화된 성으로 아직 성을 체험하지 못한 사람들에게 왜곡된 지식을 전달해 준다. 올바른 판단능력이 없는 청소년뿐만 아니라 성인에게까지도 성에 대한 잘못된 지식을 제공할 수 있다. 성은 인간의 본능이다. 그래서 그것은 자연스럽다고 할 수 있지만 그것이 상품화될 때는 다르다. 상품화되기 위해서는 본능을 최대한 자극하고 요란스럽게 하기 위해서 소설처럼 현실과 다른 왜곡된 것을 가미하는 경우가 많다. 그리고 그것을 현실과 구분하지 못하는 수준 낮은 시청자들로 인해서 더욱 인기를 모을 수 있다. (정보통신공학과 이영섭)

2. 정확한 포르노의 범위는 어디서부터 어디까지일까? 성관계를 보여주면 모두 포르노일까? 각본과 연출이 있는 예술영화에 성관계를 집어넣으면 정상이고 성관계만을 보여주면 비정상일까? 흔히들 스토리가 없고 오로지 성관계만을 보여주기 위해 자극적 영상만을 담은 것을 포르노라 칭한다. 하지만 성관계는 인간에게 있어 가장 강렬한 욕망을 해소하는 것임과 동시에 2세를 생산하는 숭고한 행위라 생각한다. 그래서 성관계는 항상 비밀스러운 것, 조심스러운 것으로 취급되어 왔으며 적나라하게 성관계 자체를 보여주는 포르노는 부정적으로 인식되어 왔다. 물론 개인적으로 포르노 자체는 부정적이라 생각하지만 그것이 사회적으로 완전히 제거되어야 한다고 생각하지는 않는다. 사람들 모두가 사랑하는 배우자와의 성관계를 통해 성적 욕구를 해결할 수는 없으며 때론 정상적인 성관계 이상을 꿈꾸는 사람들도 있기 때문이다. 물은 막아놓으면 터지게 마련이다. 그런 사람들의 성적 욕망 해결을 위해 가상적 성적 판타지를 열어놓아야 하지 않을까? 물론 아직 정신적으로 성숙하지 못한 청소년에게 포르노가 부정적인 영향을 미칠 수 있지만

청소년들에게 더 효과적인 성교육이 이루어진다면 포르노로 인한 청소년 성범죄 및 탈선은 예방될 수 있으리라 본다. (건축학과 박진규)

3. 나는 중학교 시절 포르노를 처음 접했다. 하지만 포르노에 빠져 지내지는 않았다. 포르노는 '성'에 대해 백지상태였던 나에겐 엄청난 충격이었고 성교육의 효과를 주었다. 성교를 통해 내가 태어나게 되었다는 것을 처음 알게 된 것이다. 그 전까진 아무도 말해 준 적이 없었다. 이렇듯 나와 비슷한 사람들도 많을 것이라 생각한다. 한국사회의 보수적인 성교육과 음성적인 성문화가 문제라고 생각된다. 나의 경우엔 그 전엔 남자와 여자가 결혼해서 잠만 자면 아기가 태어나는것인 줄 알았는데 포르노를 통해 진실을 알게 되었다. 물론 포르노에 중독되어 이상한 사상에 빠지면 곤란하겠지만 적당히 사용한다면 포르노도 긍정적인 효과를 줄 수 있다. (정보통신공학과 이종환)

4. 포르노는 인간의 성행위를 극단적으로 표현하며 일반적인 사람들의 성생활과는 조금 동떨어진 것이다. 일상적인 생활에서 성행위를 하려면 여러 과정들이 있지만 포르노는 결과적인 성행위 위주로 보여주기 때문이다. 포르노는 선사시대 때 벽화의 그림에서도 발견된다. 현재 우리가 생각하는 포르노는 1960년쯤에 영상물로 활발하게 발전하기 시작했는데 그에 따른 여러 분야에서의 찬반의견이 많다. 필자의 의견은 찬성이다. 인간의 본성 때문이다. 특별한 이유 없이 본능적으로 성행위가 하고 싶을 때가 있다. 그때 성행위를 직접적으로 하지 못할 경우에는 포르노를 통해서 대리만족을 할 수 있다. 또 다른 이유로는 일반적인 생각으로는 생각하지 못할 기교의 성행위도 나오기 때문에 대리만족을 할 수 있고 실제의 성행위에서도 일반적 체위의 행위에 지겨

워졌을 때에 포르노를 통해서 색다른 체위도 모색할 수 있기 때문에 긍정적 역할을 할 수 있다고 생각한다. 물론 사회적으로 청소년, 노약자, 임산부 등이 이것을 보았을 때는 징그럽고 특히 청소년들에게는 잘못된 성의식도 심어줄 수 있기 때문에 부작용이 있다. 하지만 청소년들에게 온전한 성에 대한 의식을 심어주고 부작용 해소를 노력한다면, 본래의 취지의 포르노의 장점을 살릴 수 있다고 생각한다. (화학과 이한진)

5. 포르노는 음란이나 외설이라는 관점에서 그리고 윤리적인 관점 등 여러 측면에서 문제가 제기될 수 있다. 예를 들면 포르노는 여성비하적이며 성차별적이다. 그리고 성에 대한 가치관이 서 있지 않은 어린 나이에 접하게 되었을 때 정신적인 충격을 주며 잘못된 여성관을 심어줄 수 있다. 포르노의 초기 형태는 매춘 여성의 생활을 묘사하여 여성을 성적 만족의 도구로서 표현한 것이라 한다. 현재의 포르노는 그 대상의 다양화로 형태는 많이 바뀌었지만 여전히 여성을 대상으로 삼고 남성이 주체가 된다는 점에서 그 맥락을 같이한다. 하지만 여성의 수동성과 남성의 적극성은 본능이지 않을까 생각한다. 성욕이 전혀 없는 도인 같은 남자를 좋아하는 여자가 과연 몇 명이나 있을지 궁금하다. 인류와 같이한 포르노 문화 역시 여러 많은 부작용과 잘못된 가치관의 정립으로 인하여 많은 문제점을 갖고 왔지만 이를 없앤다고 해서 그러한 문제점이 뿌리 뽑히지 않을 것이라 생각된다. 단지 성에 대한 잘못된 묘사가 방지되고 아직 정신적으로 미성숙한 나이에 접하지만 않는다면 (물론 현대사회는 여러 다양한 루트를 통해 너무나 손쉽게 포르노를 구할 수 있다), 그리고 너무 빠져들지 않는다면 크게 문제될 것이 없으리라 생각된다. (기계공학과 최정현)

6. 포르노는 성인이라면 누구나 하게 되는 그러한 성관계를 그대로 표현했을 뿐이다. (물론 어느 정도 과장된 것이 있지만 성행위 자체는 성인이라면 거의 대부분 하고 있을 것이라고 생각한다.) 포르노를 통해서 오히려 올바른 성관계에 대해 알아나갈 수도 있을 것이다. 하지만 모든 선택에 있어서 긍정적인 부분이 있다면 부정적인 부분도 있을 것이다. 가장 중요한 것은 부정적인 부분을 어떻게 해소하느냐이다. 포르노를 청소년이 보게 될 경우 정서적인 면에서 큰 영향을 끼친다고 생각한다. 어른들은 이미 청소년들이 포르노를 보고 있다고 가정하고 그에 따른 충분한 이야기를 통해 올바른 성에 대한 가치관을 심어줘야 할 것이다. 또한 포르노에는 과장된 행위가 등장하므로 포르노는 확실한 가치관 정립 후에 봐야 할 것이라고 생각한다. 영화를 현실이라 생각하지 않듯이 포르노 또한 현실 자체가 아니라 단지 현실을 약간 반영할 뿐이라는 것을 망각하지 말아야 한다. (시스템경영공학과 김동락)

7. 나는 포르노에 대해 찬성하는 쪽이다. 포르노를 단속하기 위해서는 그것이 반사회적 행동을 유발하므로 유해하다는 것을 증명하여야 한다. 하지만 미국, 덴마크, 스웨덴, 이스라엘, 영국 등에서 연구 결과 "성에 대한 흥미는 극히 당연한 것으로 건강에도 이롭다. 그리고 포르노 문제의 대부분은 사람들이 성에 대하여 좀 더 솔직하고 대범한 태도를 취하지 않은 데 그 원인이 있다"는 결론을 얻었고 성인에 대한 포르노의 판매, 진열, 배부의 금지에 관한 법률을 모두 폐기할 것을 건의하였다. 최근 포르노의 심리적 영향을 과학적으로 조사한 바에 의하면, 포르노를 보는 사람 모두가 흥분하는 것은 아니며 그 자극도 단 몇 시간밖에는 지속되지 않는다는 결과가 나왔다. 그 반응 또한 억제할 수 있으며 성영화의 성적 자극효과는 48시간 이내에 급속히 약해지며 성

생활에 영향을 주지 않는다. 포르노를 매일 보여주면, 흥미는 점차 떨어져 1주일 후에는 '싫증'이 나고, 3주일 후에는 '이제 더 이상 보고 싶지 않다'라는 포화현상을 나타낸다. 덴마크에서는 포르노가 널리 퍼지면서 성범죄가 줄어들기 시작했고 해금 후에는 3분의 1로 줄었다. 미국의 성범죄자는 10대 때 포르노그래피에 접할 기회가 없었던 사람들 중에 많다고 한다. 강간하는 사람은 대개 성을 금기시하는 가정에서 자랐으며, 그 중 18%는 에로틱한 물건을 소지하여 부모의 꾸지람을 들은 경험이 있는 사람들이었다고 한다. (시스템경영공학과 김진혁)

8. 포르노의 배포나 판매 또는 감상에 대해 반대하는 사람들의 대부분은 그 선전성이 미칠 수 있는 부정적인 영향, 예를 들자면 성폭행이나 강간과 같은 성범죄율의 증가라든지, 잘못된 성의식 형성과 같은 것에 대한 이유를 들며 포르노를 부정한다. 하지만 미국, 영국, 덴마크 등 나라에서 실시한 연구결과에 따르면 포르노의 판매나 배포 등을 금지하는 법률을 없애고 난 후에 성범죄율이 오히려 이전보다 훨씬 감소한 것을 알 수 있었고 또한 포르노에 대한 심리 연구 결과에서도 포르노는 단지 인간이 갖고 있는 성에 대한 당연한 관심에서 비롯되는 것으로써 그것이 이상 성취향이나 성적 행동 등의 정신이상으로 발전시키지는 않는다는 결론을 얻었다. 오히려 많은 성범죄자들이 어렸을 때 성적으로 금욕적이고 억압적인 환경에서 자란 경우가 많다고 한다. 그런 의미로 나는 포르노에 관해 찬성하는 입장이다. (신소재공학과 이혁종)

9. 포르노는 음란물로 민망한 성행위 장면을 여과 없이 보여준다. 포르노는 성적 정체성이 확립되지 않은 청소년에게는 정말 해로운 것이다. 정신적인 건강에 도움이 하나도 되지 않는 음란물인 것이며 청소년

들의 모방범죄를 일으키게 하는 주범인 것이다. 청소년이 아닌 성인에게도 포르노는 정신건강에 좋지 못하다. 성인들이 포르노를 보면서 성적 쾌락을 느낀다고 하지만 관음증이나 본인의 정신적인 만족감으로 끝날 뿐이지 자신의 육체에 대한 쾌락도 해결해 주는 것은 아니다. 단순히 순간적인 쾌락을 위한 것이지 일상생활이나 본인의 성생활에 도움을 주는 것은 아니다. 또한 포르노는 성을 상품화시키는 것이다. 사랑을 통해서 성스럽게 가져야 할 성행위를 영상물로 만들어서 상품화시키는 것은 성의 가치를 바닥에 떨어뜨리는 일이다. 아름답고 건전하게 가져야 할 성을 상품화시켜서 가치를 떨어뜨린다면 이 사회에서의 성은 길거리에 차이는 돌처럼 여겨질 것이다. 모방범죄가 넘쳐나고 정신적으로 타락한 성희롱, 성폭행이 쉽게 일어날 것이다. 아름답게 즐겨야 할 성을 너무나 경박하게 생각하는 경향이 생기지 않도록 해야 한다. 성은 고귀한 행위이고 사랑하는 사람과의 성행위는 육체적인 만족뿐만 아니라 정신적인 만족 역시 제공한다. 성의 가치를 지키기 위해서 포르노는 없어져야 한다. (화학과 손현영)

10. 포르노 영화에는 다음의 특징들이 있다.

(1) 폭력이나 학대가 성적인 만족의 수단이며 그 희생자는 주로 여성이다.

(2) 여성의 성기, 유방, 엉덩이를 극단적으로 노출하여 여성이란 하나의 육신에 불과한 성적인 대상물이며, 음란하고 위험한 존재라는 개념을 일반인에게 인식시키고 있다.

(3) 고통, 고문을 주고받으면서 변태적으로 성적인 쾌감을 얻는다.

(4) 아동이나 미성년자를 이용하는 경우가 있다.

(5) 강간을 비롯한 여러 가지 성범죄 내용을 담는 경우가 있다.

이 외에도 포르노 영화에 출연하는 여성배우들은 일반적으로 관능적인 행위를 나타내고 관능적인 신체적 특성을 갖는 것이 일반적이다. 남성배우들의 경우는 초인적인 성적 수행능력을 갖는 것으로 묘사되어 관람하는 사람에게 실제의 성적 기능과는 다른 오해를 불러일으키게 한다. 요구되는 남성상은, 힘들이지 않고 정복하는 모습으로 다른 남성들에게 성기 크기에 대한 열등감과 성적 수행능력에 대한 불안감을 조장하고 있어 변강쇠 콤플렉스를 심어주고 있다. 한편 요구되는 여성상은 젊고 아름다우며, 남으로부터 예찬의 대상이 되고, 순종을 잘하며, 남성의 힘이나 진취성 등에 곧잘 감탄하는 여성상이다. 포르노에서 여성은 한갓 관능적 육체만을 지닌 열등한 존재이며, 음란하고 위험한 존재이므로 남자들이 마음대로 권력을 행사할 수 있을 뿐만 아니라 그 권력은 반드시 행사되어야 한다고 묘사된다.

포르노의 내용들은 사랑하는 남녀 간의 성행동이라기보다는 표정도 없고 감정교류도 없이 동물적인 무표정한 몸짓으로 괴성을 지르는 모습들이다. 특히 여성이 강간당하기를 원하며 또한 즐기는 것으로 묘사되고 있고, 반면에 남성은 여성에게 성적 쾌락을 제공하는 구세주처럼 묘사되고 있다. 따라서 이런 포르노를 많이 접한 청소년들일수록 과장되고 부풀려진 성적 환상들로부터 벗어나기 어렵다

우리나라 청소년 5명 중 4명 꼴로 컴퓨터를 통해 음란물을 접한 경험이 있는 것으로 조사됐다. 서울지역 고등학교 2학년생 523명을 상대로 한 설문조사 결과 조사대상 중 78%가 컴퓨터를 통해 음란물을 본 적이 있는 것으로 나타났다. '컴퓨터를 통한 음란물을 언제 처음으로 접했느냐'는 질문에 6.7%는 초등학교 시절, 12.3%는 중 1, 20.7%는 중 2, 30.6%는 중 3, 21.7%는 고 1, 6.7%는 고 2라고 답했다. 또한 조사대상의 90.1%(중복대답 허용)가 성인용 만화를, 84.3%는 포르노 비디오를,

63.1%는 포르노 잡지를, 51.2%는 포르노 사진첩을, 86%는 성인용 비디오 영화를 접한 경험이 있다고 답했다. 음란물을 처음 접하게 된 경로로는 컴퓨터를 통한 음란물의 경우 76.2%가, 포르노 비디오는 85.8%가, 포르노 사진첩은 86.8%가, 성인용 만화는 58.7%가 친구를 통해 접하게 됐다고 답해 청소년들 사이에 음란물이 광범위하게 확산되고 있는 것으로 파악됐다. 이 같은 음란물 확산으로 청소년 성비행도 크게 늘고 있는 것으로 조사됐는데 조사대상의 10.1%는 '여자친구와 성관계를 가진 적이 있다', 10.9%는 '혼숙 경험이 있다', 3.4%는 '사창가에 간 적이 있다', 2.2%는 '부녀자를 강간한 적이 있다', 1.8%는 '퇴폐 이발소를 출입한 적이 있다'고 응답했다.

과거에는 나도 포르노에 찬성이었으나 이 발표 준비과정에서 반대 의견으로 바뀌게 되었다. 반대하는 이유 중 가장 큰 것은 청소년에게 미치는 악영향이다. 예전엔 청소년들이 지금보다 포르노에 적게 접했음에도 불구하고 청소년 비행문제가 많았다. 더군다나 포르노를 많이 접한 요즘 아이들이 성인이 되면 어떻게 될지 우려가 된다. 요즘에는 청소년들이 포르노를 너무 일찍 알게 되며 포르노로 인해 잘못된 성관념을 가지게 된다. 포르노의 유포를 규제해도 포르노가 없어지지는 않는다. 따라서 가정과 학교에서의 올바른 성교육이 가장 중요하다. 성인 역시 성에 대한 올바른 가치관을 가져야 하며 청소년들이 이기적인 성상품화의 희생양이 되지 않도록 해야 한다. (화학과 송영광, 장석인, 손현영)

▣ 코멘트: 포르노만 나오면 언제나 청소년 문제가 결부되어 논의되곤 합니다. 그러나 청소년 문제가 아무런 배경 없이 오로지 포르노를 시청한 것으로부터 발생하는 것은 아닙니다. 청소년이 입시지옥으로부터 벗어나 쉴 수 있는 기회와 시설이 너무나도 부족하며 더 높은 문화를 접하고 소화하여 내면을 풍부

하게 채울 수 있는 기회 역시 희귀한 편입니다. 영혼의 빈곤화, 황폐화, 게다가 부패된 사회적 분위기가 청소년들을 타락하게 만드는 주원인입니다. 포르노와 청소년 문제는 일단 따로 떼어 생각하는 것이 좋을 것 같습니다. 포르노가 어떤 청소년을 타락하게 만들었다면 그것은 포르노가 전적인 책임이 있는 것이 아니라 이미 폭발의 준비가 완료된 폭탄 위에 떨어진 작은 불꽃과 같다고 하겠습니다. 만일 쇳덩이 위에 불꽃을 던졌다면 아무런 폭발도 없을 것입니다.

참고사항 래리 플린트

포르노 잡지 『허슬러』를 창간한 래리 플린트의 실화를 그린 영화 〈래리 플린트〉(밀로스 포먼 감독, 1996)에서 래리는 말한다. "불법적인 전쟁을 찍은 사진은 퓰리처상 받고 합법적인 성에 대한 묘사인 포르노 사진은 철창행인가? 나치가 유해한가, 포르노가 유해한가? … 어떤 의견이든 우리는 표현할 자유와 권리가 있다. 물론 그 의견을 받아들이라고 강요할 수는 없다. 그러나 싫으면 한쪽 귀로 흘려들으면 그만이다. 성에 대한 표현도 마찬가지다. … 성은 동물로서의 자연스런 본능이며 그 자체가 죄악은 아니다. … 성행위나 성기, 성기를 찍은 포르노를 욕하지 말고 욕하려거든 성과 성기를 만든 창조주를 욕하라."

■ 포르노에 대한 나의 생각 쓰기:

7. 성매매

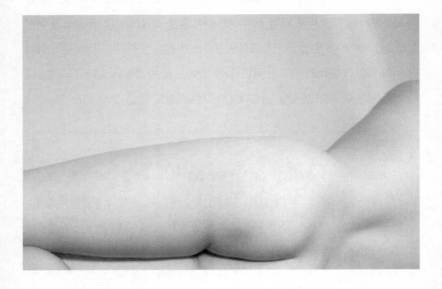

1) 진이의 입장

"결혼과 매춘은 동전의 앞뒷면과 같다. 남자들은 결혼생활의 불만족을 매춘으로 보충한다."[4] 성매매는 성욕을 충족시키지 못한 사람들에게 충족의 기회를 줌으로써 성폭력 같은 범죄를 예방해 준다. 매춘은 필요악이며 평범한 가정의 여성을 지켜준다. 또한 성매매는 출산과다를 방지해 주는 것이므로 국가가 나서서 성매매를 보호해야 한다. 매춘은 인간본성에 기인한 것으로 시민사회에 불가피한 사회제도이다. 역사적으로 성매매가 근절된 적은 단 한 번도 없었다. 성매매를 금지시킨다고 해도 음성적인 성매매가 이루어질 것이 분명하다. 앞으로 지구상

4) 베벨, 『여성론』, 197쪽.

에서 매춘이 사라질 날은 없을 것이다. 음성적인 성매매는 노동착취와 인권착취로 이어질 위험이 있다. 차라리 성매매를 합법화시키고 양성화시켜 국가의 관리하에 두는 편이 더 낫다.

2) 선이의 입장

성매매의 결과 성범죄가 예방된다고 해도 성매매는 여전히 윤리적으로 부정적인 가치를 가진다. 왜냐하면 성매매는 인격적 존재인 인간을 감각적 쾌락의 도구로 사용하는 것이기 때문이다. 행위나 제도의 결과가 좋다고 해서 다 좋은 것은 아니다. 그리고 성매매가 허용된 결과 성범죄가 감소되었다는 증거는 없다. 역대의 통계를 보면 오히려 역효과이다. 성매매의 허용과 더불어 오히려 성범죄가 증가했던 것이다. 성매매가 부정적 가치를 갖는다는 것을 이념적 기반으로 삼아서 사회제도나 정책을 만들어야 할 것이다. 예를 들면 성매매의 부도덕성과 비인간성에 대해서 널리 홍보하고 남성들에 대한 대대적인 계몽을 해야 할 것이다. 대개의 매춘부가 포주에게 빚을 지고 살고 학대받고 산다. 우리나라에서도 집창촌의 화재로 감금되어 살던 여러 명의 여성들이 사망한 일이 있다. 매춘이 필요하다고 주장하는 사람도 자신의 누이나 딸이 매춘부로 나서는 것을 찬성하는 사람은 없을 것이다.

3) 다른 친구들의 생각

1. 성매매에 대한 찬반론은 항상 팽팽하게 대립되고 있다. 인류의 가장 오래된 직업 중 하나인 성매매는 어쩌면 인간의 성적 욕망이 사라지기 이전에는 해결될 수 없는 문제인지도 모르겠다. 우선 전반적으로 나

는 성매매에 대해서 반대의 입장이다. 성매매가 언더그라운드 경제를 창출해서 부의 재분배에 도움을 준다거나, 성범죄를 예방할 수 있다거나 없앨 수 없다면 차라리 양지로 끌고 나와서 안전하게 즐기자는 등의 찬성의 의견 등이 설득력 있지만 성매매를 찬성할 수 없는 이유는 바로 인간의 존엄성의 문제가 걸려 있기 때문이다. 이 세상에 인간의 존엄성을 뒤로 하면 쉬워지는 문제들이 많다. 낙태, 안락사, 인간복제 등등. 인간의 존엄성을 제쳐두고 생각하면 너무나 쉽고 우리에게 혜택을 주는 일들이다. 우리 사회가 성매매를 인정하게 되면 성매매는 괜찮다고 생각하는 사고방식들이 사람들의 머릿속에 생겨나게 되고 지금보다 훨씬 쉽게 성매매를 접하게 될 것이다. 그 결과 성매매에 종사하는 여성이 증가되고 우리 사회문화가 저질적으로 될 것이다. 성적 욕망을 돈으로 해결할 수 있도록 실현시켜 준다면 인간의 도덕성에 크게 균열이 가지 않을까 생각된다. (화학과 장경우)

2. 많은 사람들이 매춘은 필요악이라고 한다. 필요악이라니…. 개인적인 생각으로는 '악'은 맞는데 '필요'는 아닌 것 같다. 남성들이 그들의 성욕을 채우기 위해서 돈으로 여성을 사는 것이 어떻게 '필요'라는 말로 정당화될 수 있는지 이해할 수 없다. 성매매에서는 성행위 그 자체가 가지는 신성한 의미는 모두 제외되고 오직 성적 쾌락만이 존재할 따름이다. 매춘이 인간의 본성에 기인하며 강간 그리고 출산과다로부터 사회를 지켜준다거나 시민사회에 불가피한 또는 필수적인 사회제도라는 입장이 있는데, 매춘을 용인한다고 강간과 출산과다로부터 사회를 지킬 수 있을까? 강간범들은 단순히 성적 쾌락을 느끼기 위해 범죄를 저지르는 것이 아니다. 그들은 심리적으로 압박감이나 열등감을 갖고 있는 사람들이 대부분이며, 그런 상황에서 벗어나기 위한 욕구로 자

기보다 힘이 없는 여성을 강간하는 것이다. 또한 출산과다는 충분히 피임 등의 방법으로 막을 수 있는 문제이다. 성욕을 억제하는 것이 어렵다는 사실은 인정한다. 하지만 운동이나 다른 놀이를 통해 성욕을 줄일 수 있지 않을까? 또는 요즘은 자위기구도 많이 나오는 것으로 알고 있다. (화학과 임수진)

3. 벗어버리는 건 옷가지만이 아니다. 벗어서 개어놓은 치마, 블라우스 그리고 속옷 옆에 자존심, 인간으로서의 존귀함, 부끄러움도 살며시 같이 벗어놓는다. 어렸을 때 동전을 집어넣으면 삐걱거리면서 동네 아이들을 태우는 말 모양의 놀이기구를 생각해 본다. 나는 놀이기구다. 초록색 지폐 몇 장에 삐걱거리면서 움직이는 놀이기구. 나는 놀이기구다. 나를 사세요. 나를 팝니다. 나는 장사꾼이다. 몸뚱이는 3만 원, 수치감은 2만 원, 슬픔은 만 원에 파는 장사꾼이다. 자존심이 살덩이보다 싸게 팔리는 게 슬픈 나는 장사꾼이다. 삐걱 삐걱 차가울 정도로 규칙적인 소리, 삐걱 삐걱 삐걱 삐걱. 마음속으로 숫자를 세어본다. 하나 둘 셋. 사랑 속에서 생명으로, 행복으로 커갈 수 있는 정은 구더기가 되어 몸을 타고 흘러내린다. 나도 흘러내린다. 남자가 함부로 흘리지 말아야 할 건 눈물만이 아니라는 걸 정작 남자들 자신은 모르는 것일까? 단순히 역사적으로 오래된 직업이라는 이유로, 필요악이라는 이유로 어찌 매춘이 정당화될 수 있단 말인가. 과거에 미국에서 노예제도가 성행할 때 많은 사람들이 노예는 필요한 것이라고 주장했다고 한다. 현대판 노예제도인 매춘이 아무리 오래되었더라도 잘못이라면 바로잡아야 하는 것이고, 필요악이라도 결국 악은 악인 것이다. 사람은 누군가가 돈이나 물질로서 살 수 있는 것도 아니고, 이 부위 저 부위 나눠서 팔 수 있는 고깃덩어리는 더더욱 아니다. 매춘 자체를 직시해 보자. 하나의 인격체

로서, 사람 대 사람으로서 과연 정당한지를 스스로에게 자문하는 게 가장 좋은 방법이 될 것 같다. (화학과 김인균)

4. 나는 매춘을 금지해야 한다는 입장이다. 우선 매춘은 성병 문제를 가져오기 때문이다. 우리나라에 성문화에 대한 인식이 개방되면서부터 에이즈 발생률이 늘어난 것이 사실이다. 특히 성병은 매춘을 통해서 감염될 확률이 높다고 한다. 요즘에는 매춘을 하는 여성들에게 의무적으로 에이즈 검사를 받는 등의 조치를 취하고 있지만 잘 이뤄지고 있지 않은 실정이다. 그로 인해 매춘을 통해 에이즈 발생률이 높아질 수 있다. 또한 매춘 속에서 인간의 권리가 무시되고 있기 때문이다. 사창가에서 일하고 있는 대부분의 여성들은 수당을 받지 못하거나 억지로 빚을 지게 되어 그 빚을 갚기 전까지는 나가지 못한다. 매춘을 통해 성을 상품화시키고 인간의 존엄성과 인권을 무시하는 행위들이 빈번하게 발생하고 있다. 사창가 지하 숙소에서 불이 난 사건이 있었다. 작은 방에서 많은 여성들이 생활하고 있었고 그 중에는 지체장애를 가진 여성도 있었다. 매춘을 법적으로 허용하는 것보다는 매춘업에 종사하고 있는 사람들이 다른 직업을 가질 수 있도록 직업교육을 실시하거나 직업 알선을 해주는 것이 좋을 것이라 생각한다. (시스템공학과 허정민)

5. 자신의 몸을 파는 행위는 여성이 자신의 가치를 스스로 비하시키는 것이다. 여성이 자신을 소중히 여기고, 자신의 몸을 단순히 돈을 버는 수단으로 만들지 않는다면 매춘이란 것이 자연스럽게 없어질 것이라고 생각한다. 만약 자신의 성적 만족을 위해서 매춘의 길을 택한다면 이를 말리고 싶다. 결혼하지 않은 여성도 자신의 애인과 혹은 우연히 만난 사람과의 성행위로도 충분히 성적 만족감을 가질 수 있기 때문이

다. 요즘은 성을 억압하는 보수적인 사회 분위기가 아니기 때문에 성적 만족감을 위해서 굳이 매춘의 길로 들어설 필요는 없다. 돈을 주고 성적 만족감을 사는 것은 성을 도구로 전락시키는 것이다. 마음이 통하는 사람 간의 성관계만이 건전한 것이다. 성생활을 좀 더 아름답게 누린다면 우리 생활은 더 즐거워질 것이다. 매춘같이 성을 비하하는 행위는 없어져야 한다. (화학과 손현영)

■ 코멘트: 성매매는 성매매 여성의 자기 인격에 대한 잘못된 취급이며 성매매 남성의 타인의 인격에 대한 잘못된 취급이기 때문에 악이라고 말할 수 있습니다. 그러나 성매매가 많은 문제를 불러일으키는 것은 성매매 자체보다도 그것이 폭력과 감금 등 인권침해와 병행되기 때문입니다. 만일 성매매가 자판기에 동전을 넣고 커피를 사먹듯이 여성에게 돈을 주고 그 대가로 쾌락을 받는 것이라면 그토록 심각한 사회문제는 되지 않았을 것입니다. 사랑의 표현으로서 두 영혼의 합일로서 이루어져야 할 아름다운 성이 극도로 빗나간 형태가 바로 성매매입니다. 그렇게 해서라도 쾌락을 얻겠다는 사람들이 우리 사회에 그토록 많은 현실이 안타깝습니다.

> **참고사항** 성매매방지법
>
> 여성부는 새로운 성매매 온상으로 부상하고 있는 휴게텔, 마사지 업소 등 변종 성매매 업소에 대처하기 위해 성매매 알선업자 및 알선업소 건물주를 처벌할 방침이다. 성매매방지법 시행 후 2년 동안 피해자 지원시설 입소자 3507명 가운데 503명이 취업, 대학진학, 창업 등 자활에 성공했으며 성매매 사범의 검거건수도 크게 늘었다고 한다.
>
> (『동아일보』, 2006. 9. 21.)

■ 성매매에 대한 나의 생각 쓰기:

8. 혼전 성

1) 진이의 입장

진정으로 사랑한다면 일평생 변함없이 사랑해야 한다. 결혼 전에 성관계를 가짐으로써 상대방이 혹시 성적으로 경솔한 사람은 아닌가 불신하게 되고 관계의 절정인 성관계를 겪은 뒤 허탈감과 더불어서 감정이 갑자기 식을 위험도 있다. 성풍속은 변하기 힘들다. 로마에서는 로마인처럼 행위하라는 말도 있다. 우리 사회에서 혼전순결을 중요  하게 생각하는 사람들이 상당수 존재하는 한 우리도 그에 맞추어 행동해야 한다.

2) 선이의 입장

혼전 성에 대한 세계적 추세를 보면 서양인 대다수가 혼전순결을 지켜야 한다고 생각하지 않으며 동양에서도 특히 중국인의 대다수가 혼전순결의 덕목을 부정적으로 생각한다. 유독 한국사회에만 혼전순결의 지지자가 많은 편이다. 성에 관한 윤리는 대개 남성들에게는 적용되지 않았다. 예로부터 남자들은 가부장제 아래 성의 자유를 누려왔다. 성윤리는 남성들에게 거의 있으나마나 한 것이었다. 조선시대의 엄격한 유교윤리 아래서도 남자들은 첩을 거느리고 매춘도 자유로웠다. 반면에 여자들은 혼전순결을 지켜야 했고 결혼 후에는 정숙해야 했다.

순결은 만인 보편적인 도덕과 가치관이 아니라 여성만이 지켜야 하는 의무이다. 그러므로 순결이라는 덕목은 성차별적인 가치이며 따라서 진정한 도덕적 덕목일 수 없다. 순결한가, 아닌가는 이제 더 이상 도덕적 가치를 나타내는 용어가 되어서는 안 된다. 그 말이 굳이 쓰임새가 있다면 '성경험의 유무'를 나타내는 사실에 대한 서술 용도일 뿐이다. 순결이라는 덕목이 우리 사회를 지배하는 한 결혼 첫날밤에 처녀가 아니라는 이유로 바로 헤어진다거나 혼전 성경험을 감추기 위해서 처녀막 수술을 하는 엄청난 부작용이 끊이지 않을 것이다.

5천 년 역사 속에서 여성들이 성적으로 억압당한 것만 해도 억울한 일인데 아직까지 춘향이가 숭배되고 대학에 순결학과가 새로 설치된다는 것은 정말로 시대착오적인 해괴한 일이다. 순결이란 이제 지키지 않으면 비난받아야 하는 도덕적 의무가 아니라 자기 몸과 자아와 인생의 지배권리 아래 종속시켜야 한다. 혼전 성관계를 가질 것인가, 말 것인가는 이제 개인의 인생설계와 실존적인 결단에 맡겨야 한다. 물론 맘내키는 대로 함부로 행위해도 된다는 말은 아니다. 인생설계에서 우리는 인간보편적인 가치관을 염두에 두어야 한다. 예를 들면 자기 행위에 대한 책임감은 망각하지 말아야 한다. 여자친구가 임신하자 도망가는 경우도 종종 있다.

3) 다른 친구들의 생각

1. 순결에는 정신적인 순결과 육체적인 순결 두 가지가 존재한다고 생각한다. 나는 정신적인 순결에 더 무게를 두어야 한다고 생각한다. (그렇다고 육체적인 순결이 무게가 없다는 것은 결코 아니다.) 몸만 있고 정신이 없다면 그것은 존재하는 것이 아니다. 진실로 순결하다는 것은 상대방을 배려한 나의 깨끗한 육체인 것이 아니라 상대방을 온전히 사랑할 수 있는 진실한 마음이라고 생각한다. 그리고 그 사랑을 더 아름답게 발전시키는 것이 '순결함'의 최종 종착지라고 생각한다.

(생명과학과 정아름)

2. 혼전순결에 대한 많은 이야기들을 보면 우리 사회는 대개 여성들만의 혼전순결을 강조하는 것을 볼 수 있다. 만약 혼전순결을 중요시한다면 여성만이 아니라 남녀 모두의 순결이 강조되어야 한다고 생각한다. 그러나 나는 혼전순결을 지키자는 것에 대해 반대하는 입장이다. 혼전순결을 지켜야 한다는 것은 유교사회에서 특히 강조되었던 하나의 문화일 뿐이라고 생각한다. 사랑하는 사람과의 관계는 자연스러운 하나의 사랑표현이라고 생각한다. 많은 사람들이 순결을 지키지 않아서 불결하다고 하는데 그럼 키스도 불결한 것이 아닐까? 과연 키스와 섹스는 무슨 차이가 있을까? 그러나 단지 사랑이 아닌 쾌락을 위해서 무분별하게 행해지는 것은 문제가 있다고 생각한다. 사랑이 없는 그런 관계는 비록 쾌락을 충족시켜 줄 수는 있겠지만 관계 후에 밀려오는 후회와 공허함은 분명 그것이 바람직하지 못하다는 것을 나타내주는 것이 아닐까. 사랑하는 사람과의 관계야말로 진정한 행복을 느끼게 해줄 수 있다고 생각한다. (신소재공학과 정규식)

3. 혼전순결이나 결혼 후 순결이나 순결은 배우자에 대한 예의라고 생각한다. 어쩔 수 없이 순결을 잃었다면(예를 들어 성폭행) 할 수 없지만 문란한 혼전 성생활은 나만이 알고 있는 밝힐 수 없는 비밀로 남을 수밖에 없다. 남녀 사이에 가장 중요한 것은 믿음이라고 생각한다. 어떠한 말 못할 비밀이라는 것이 존재하면 안 될 것이다. 이러한 이유로 순결은 가능한 한 지키는 것이 중요하다. (기계공학과 김현준)

4. 나는 남성이든 여성이든 혼전순결보다는 결혼 후 순결이 더 중요하지 않을까 하는 생각을 한다. 결혼 전 여러 사람들을 만나면서 정말 원해서 성관계를 가졌다 해도 그것이 현재 상대방에 대한 나의 감정에 어떤 영향을 줄 거라고는 생각하지 않는다. 하지만 결혼이 유지되는 동안에는 상대방에게 최선을 다해야 하는 의무가 있고 외도는 받아들일 수 없는 일이라 생각한다. 현재의 순결이라는 단어의 의미는 분명 잘못되었다고 생각한다. 특정 성에 대한 일방적 강요나 개인의 신념과는 상관없는 사회적 강압은 사라져야 할 것이라고 본다. (식품생명공학과 유민영)

5. 혼전순결은 누구나 살아가면서 지켜야 할 절대적인 가치관이 아니다. 혼전순결을 단순히 결혼하는 배우자에 대한 배려라고 생각하는 것은, 전통사회나 이슬람 사회에서 벌어지는 순결에 대한 극단적인 강요와 다르지 않다고 생각한다. 혼전순결을 꼭 지켜야 한다는 사회적 운동들은 지양되어야 하며, 이러한 운동으로 인해 많은 사람들이 가지게 되는 수동적이고 획일적인 혼전순결에 대한 가치관은 무의미하다고 생각한다. 나는 혼전순결을 지킬 필요가 없다는 단호한 주장이 아니라 사랑이 전제되고 자신이 하는 행위에 대한 확신이 있다면 결혼 전 성행위는 충분히 용납될 수 있다는 주장을 하고 싶다. 혼전순결에 반대하는

이유는 첫째, 혼전순결은 여성에게만 강요되고 있는 사회적인 움직임이기 때문이다. 한국사회의 순결 강박증은 남성 위주의 가부장적 사회를 유지하려는 과정에서 남성에 의해 형성된 이데올로기에 지나지 않는다. 남성이 자신의 혈통을 확실히 하고 사유재산을 유지하기 위해 재가 금지나 여성의 순결을 가부장제 유지의 주요 논리로 사용해 왔던 것이다. 이러한 구시대적 가치관이 남녀평등의 현시대에까지 논의되고 있는 것이다. 둘째, 유교의 산물인 혼전순결을 찬성하는 사람들은 혼전순결이 현 한국사회의 문화이기 때문에 지켜야 한다는 주장을 펼치곤 한다. 하지만 혼전순결은 획일적으로 지켜야 할 절대적인 문화가 아니라, 여러 가치관 가운데 하나일 뿐인 상대적인 것으로 이해해야 한다.

  (조경학과 오정권)

6. 자신의 몸을 아끼고 사랑하는 사람과 나누어야 할 소중한 성으로서의 순결은 마땅히 지켜져야 할 것임에 틀림이 없다. 하지만 순결을 지킬 것인가, 그렇지 않을 것인가는 어디까지나 개인의 신념과 주관에 맡겨져야 하는 것이다. 진실로 사랑하고 소중한 감정을 함께하는 사람과의 혼전관계를 비난할 수는 없다. 물론 자신의 신념에 따라 성관계를 결혼 후로 미뤄두는 것 또한 마찬가지다. 개인의 신념에 따른 행동이 단지 사회적 잣대에 맞지 않는다는 이유로 도마 위에서 난도질당하는 경우를 우리는 수도 없이 봐왔다. 절대적 정답은 없다. 단지 각자의 가치관과 신념에 따라 행동하고 타인의 행동 또한 열린 마음으로 이해하는 자세가 필요하다고 본다. (화학과 김나영)

7. 나는 혼전순결은 지극히 개인적인 문제라고 생각한다. 혼전순결은 의무가 아니라 선택이다. 혼전순결을 의무로써 지키지 않아도 된다

고 생각하는 이유는 다음과 같다. 먼저, 혼전순결은 현재 성차별적 관념으로서 여성을 억압하고 있다. 우리 사회에서 사실상 혼전순결은 여성에게 더 중요하게 생각되고, 또한 강요되고 있다. 이는 여성의 몸이 임신과 출산 등 생명과 직접적으로 관련 있기 때문에 여성의 성적 선택권이 남성과 동등하게 자유로울 수 없다는, 남성중심주의를 전제로 한 것이다. 그로 인해 결혼을 앞둔 예비신부가 처녀막 재생수술까지 받는 웃지 못할 상황이 생긴다. 이러한 행동은 시대에 맞지 않는 것이다. 우리에겐 시대의 흐름에 맞는 성에 대한 가치관의 정립이 필요하다. 둘째, 혼전순결에 찬성하는 사람들은 낙태나 성병과 같은 사회적인 문제를 이유로 든다. 하지만 피임하는 방법만 제대로 알고 있다면 성병이나 임신으로부터 자유로울 수 있다고 생각한다. 셋째, 현재의 젊은 사람들은 성적으로 점점 개방적이 되어 가는데, 무조건적으로 혼전순결을 지켜야 한다고 강요하는 것은 효과가 없다고 본다. 혼전순결은 개인이 선택하는 것이다. 혼전순결을 지키는 것도 나쁘진 않지만 혼전순결이 강요되어서는 안 된다고 생각한다. (화학과 신지호)

■ 코멘트: 인종차별을 하는 법이 비인간적인 것이듯이 남녀에게 차등적으로 적용되는 윤리는 남녀차별이라는 이유만으로도 이미 비윤리적입니다. 그렇다고 아무 때나 무분별하게 성관계를 해도 좋다는 말은 아니고 성은 어디까지나 사랑을 바탕으로 한 아름다운 것이 되어야 합니다. 성행위에 관해서도 인간보편적인 덕목이 있고 그것을 지켜야 하며 뒤따르는 책임 또한 잊지 말아야 할 것입니다.

어느 산부인과의 임상일지

"1992년 ○월 ○일

신혼부부의 방문을 받았다. 부인의 처녀성 여부를 진단해 달라는 것이다. 우리 같은 전문가 입장에서도 10회 이내의 성경험이 있는 경우에 실제 경험 여부를 정확히 식별할 수 없다. 그럼에도 불구하고 가끔씩 이런 딱한 환자들이 찾아온다. 결혼을 결심한다는 것은 상대방의 현재 정신적, 신체적 상황 그대로를 인정하고 배우자로 받아들인다는 결단이라고 생각한다. 그런데도 신체적 순결을 요구하며 과거에 집착하는 남성들이 의외로 많다. 이런 경우 여성 환자에 대한 의학적 소견을 떠나 진단서에는 언제나 처녀라고 쓴다. 새출발하는 부부의 과거를 깨끗이 청산해 주고 미래 그들의 결혼생활을 축복해 주기 위해서이다."[5]

■ 혼전 성에 대한 나의 생각 쓰기:

---

[5] 여성한국사회연구회 편, 『여성과 한국사회』(개정판), 사회문화연구소, 100쪽.

9. 혼외 성

1) 진이의 입장

한 사람과 평생 함께 사랑하기로 약속했다면 어떤 상황에서도 그 약속을 지키도록 노력해야 한다. 외도는 자기 감정을 제대로 절제하지 못한 데서 비롯하며 의무감을 망각한 데서 비롯한다. 그러므로 외도는 윤리적으로 부정적 가치를 가진다. 혼외관계는 자신과 상대 그리고 배우자 세 사람의 마음을 손상시키므로 악이다. 그것은 일시적 쾌락추구에 불과하며 무책임한 행위이다. 결혼은 죽을 때까지의 책임을 전제로 한다. 타인의 불행을 발판으로 하는 행복은 부당하다. 성 그 자체는 좋은 것이지만 잘못 사용하면 악이 된다. 혼전 혼외 관계는 성의 잘못된 사용이므로 악이다. 그것은 통용되는 도덕규칙에 위배되므로 악이다.

2) 선이의 입장

여자들이 정숙해야 하는 이유는 진화론적으로 볼 때 자기 자식이 정말로 친자식인지 확인할 길이 없는 남자들이 다른 남자의 자식을 돌보거나 재산상속을 하는 일을 미연에 방지하기 위한 것이다. 중세 때 여성들이 정욕의 화신이고 마녀였다면, 근현대에는 오히려 성욕 없는 존재로 뒤바뀌었다. 성욕 없는 존재라면 과연 정숙 이데올로기로 억압할 필요가 있을까 의문이 간다. 남성과 여성의 신체적인 특성을 보면 오히려 여성이 남성보다 더 많은 외도를 할 능력이 있다. 여성은 성행위를 위해서 발기를 필요로 하지 않으며 아무리 많은 남성과 관계를 가져도 1년에 한 명의 아이밖에 생산할 수 없다. 그러나 오히려 남성들의 경우 여러 가지 문화적, 사회적 관념 등으로 인해 실질적인 성의 자유를 누리고 있다. 생식의 책임은 여성에게 모두 전가되고 남성은 향락만 누릴 뿐 어떤 책임을 지지 않아도 된다. 이것이 남성의 성적 방종을 더욱 부채질한다. 남성의 성욕이 여성에 비해 다소 강한 것이 사실이지만 남성의 성욕이 아주 강하다고 해도 그것이 이성적으로 절대로 절제 불가능하다고 볼 수는 없다. 성적 욕구의 다스림은 개인의 자기관리의 의무이다. 남자라고 해서 비윤리적인 성행위가 용납될 수 없다. 그리고 남자라는 이유로 남자의 비윤리적 성행위를 관용하는 제도 역시 비윤리적이다. 성관계는 남녀를 떠나서 모든 개개 인격의 자기선택권에 속한 문제이다. 남녀 모두 동등한 성적 자유를 누리며 어떤 성관계든 인격에 대한 전인간적인 아가페를 토대로 할 때, 비난받지 않는 자유를 누릴 수 있을 것이다.

아무리 굳은 약속을 했더라도 살다 보면 감정이 변하고 식을 수도 있다. 그리고 나이가 들고 경험의 달라지면서 이성상도 변할 수 있다. 즉 함께 사는 사람이 나의 이상형이 아님을 확인할 수도 있다. 때에 따라서는 다른 사람에게서 그때까지 느껴보지 못한 진정한 열정을 느낄 수도 있다. 보통 정열은 2-3년간 유지된다고 한다. 그럼에도 불구하고 부부 간의 성관계만 옳다고 고집한다면 정열과 사랑 없는 성관계를 고집하는 것과 같다. 인생은 짧다. 그리고 누구나 행복을 추구한다. 사랑 없는 성은 불행하다. 우리는 일생 동안 불행을 방치할 수 없다. 외도 때문에 굳이 이혼할 필요는 없지만 자식을 위해서 결혼관계를 유지하되 다른 이성과의 관계 역시 넓게 용서하고 이해해야 한다. 원칙적으로 약속은 지켜야 하지만 이런 경우에는 무조건 비난할 것이 아니라 예외적인 경우로서 유연하고 폭넓게 이해해야 한다. 바람을 피우고 난 뒤 오히려 부부 사이가 좋아졌다는 말도 있다. 바람 피운 데 대한 미안한 마음도 있겠지만 다른 이성과의 관계를 통해서 부부관계가 신선함을 획득하게 되는 것이다. 보수적인 입장에서는 결혼한 부부 간의 성만을 도덕적이고 이상적이라고 보면서 그 외의 모든 성관계를 비난한다. 혼전 혼외 관계를 성적 쾌락만을 목적으로 하는 성관계라고 간주하며 그것은 정신적 조화를 상실한 인간소외이며 성의 비인간화라고 말하곤 한다.[6] 그러나 이 세상에 순수하게 쾌락만을 추구하는 부부는 없단 말인가? 결혼계약서 하나가 있다고 해서 두 인간의 정신적 조화가 생기며 성이 인간화되는가? 서로의 마음을 손상시키는 부부는 없단 말인가? 서로에게 무책임한 부부는 없단 말인가? 이 세상에 진정한 사랑이 없는 부부가 얼마나 많은가? 자연에는 무수한 종들이 있으며 인간들의 개성도 제각각이다. 각자가 자신의 실존과 삶을 만들어야 하지 않을까? 음식의 요

6) 마다이스, 『성과 사랑의 조화』.

리법도 가지가지이듯이 성의 교통법도 제각각일 수 있다. 이 세상에는 결혼한 자들이 그렇게도 많은데 행복한 성과 사랑은 왜 그렇게 희귀한 걸까? 그것은 지금의 결혼제도가 불완전하다는 증거이다.

3) 다른 친구들의 생각

1. 결혼은 남녀가 상대방을 완벽하게 신뢰하였을 때 하는 것이고 결혼한 부부는 어떠한 순간에도 상대방에 대한 신뢰를 저버려서는 안 되며 약속을 어기는 행동을 해서도 안 된다고 생각한다. 자신의 배우자가 아닌 사람과 성관계를 갖는 것이 정말 죄악인지는 모르겠지만 이는 분명히 상대방을 속이는 행위이다. '상대방에 대한 신뢰 = 사랑'이라고는 할 수 없다는 것은 인정한다. 기혼자가 정말 사랑하는 다른 이성을 만났다면 자신의 배우자를 위해 사랑을 포기해야 하는 것일까? 아니면 당장 배우자와 이혼을 하고 새로운 이성과 결혼을 해야 하는 것일까? 그것도 아니면 결혼생활은 유지하면서 비밀스러운 또 다른 사랑을 만들어야 하는 것일까? 정답은 모르겠지만 시간의 흐름에 따라, 주변 환경의 변화에 따라 기복이 심한 사랑보다는 신뢰를 바탕으로 한 결혼생활에 비중을 두는 것이 옳다고 생각하며 따라서 혼외 성은 옳지 않은 것이다. (건축학과 박진규)

2. 정숙이란 여자로서 행실이 곧고 마음씨가 맑고 고움을 뜻한다. 이는 조선시대의 이상적인 여인상을 대변해 준다. 남녀평등을 주장하고 있는 오늘날, 정숙을 주장한다는 것은 시대착오적인 것이 아닌가 싶다. 현대사회는 여성의 사회참여가 증가했고 여성이 아니면 힘든 일도 있다. 그러므로 현대에는 적극적이고 능동적인 모습의 여성상이 필요하

다. 정숙은 능동성과는 거리가 멀다. 정숙은 과거사회에서는 필요했던 요소였을지 모르지만 지금 시대에는 부적합하다고 생각된다.

(컴퓨터공학과 이승훈)

3. 성개념이 개방되면서 대두되고 있는 문제는 파트너 간의 성적 불만족이다. 한국의 고전적 성관념하에서 성적인 불만족은 전혀 이혼의 사유가 될 수 없었다. 결혼생활은 서로에 대한 정신적인 사랑만으로 지속된다고는 생각할 수 없다. 이런 성적 불만족의 경우 현재의 결혼제도는 서로를 서로에게 옭아매는 쇠사슬밖에 되지 않는다. 결혼생활은 서로에게 고통과 의미 없음의 연속이 된다. 이런 문제점을 보완하기 위해 젊은 층에서 대두되고 있는 것이 동거이다. 하지만 동거는 아직까지 한국의 부모님의 허락을 얻을 만큼의 인식의 전환이 부족한 상황이다. 동거는 원치 않는 임신과 상호 불화를 야기할 수 있고, 시간이 지나더라도 사회 전반의 동의를 얻기는 힘든 부분이 될 것이다. 좀 더 현실적으로 성적 불만족 상황을 극복하기 위해서는 현재의 결혼제도를 좀 더 유연하게 다루는 것이 필요하다. 불만족을 해결하는 방법은 다른 상대를 찾는 것이지만 상호 합의가 전제되지 않은 상황에서의 혼외관계는 더 큰 불행을 낳을 수 있다. 그러므로 가장 좋은 방안으로는 상호 합의에 의한 성적인 자유를 인정해 주는 것이다. 이것은 점점 늘어가는 이혼율과 줄어가는 혼인율을 역전시켜 줄 수 있을 것이다. 주위의 시선보다는 자신의 행복을 귀중하게 생각하고 최선의 방법을 찾아 행복한 결혼생활을 유지해야 한다. (정보통신학과 서민교)

4. 생물학적인 관점에서 결혼은 확실히 미친 짓인 것 같다. 서로만을 영원히 사랑하자고 하는 약속이라는 것, 이게 사람 마음대로 되는 일이

던가? 하루에도 수십 번, 수백 번 바뀌는 게 사람의 마음인데 이를 두고 평생을 약속한다는 것이 말이 되는가? 또한 사람의 감정이라는 것은 사람이 생각으로서 조절할 수 있는 손이나 발의 근육과 같은 수의근이 아니다. 좋아하게 된다면 이유도 모르고 한없이 좋아할 수 있는 게 사람이고, 반대로 싫어지게 되면 아무 이유 없이 증오할 수 있는 것도 사람이다. 이러한 실정에서 아내가 아닌 다른 여자가 좋아졌다고 남편을 벌할 수 있는 것일까? 결혼제도는 몇몇 포유류를 제외하면 사람에게만 존재하는 제도 중 하나라고 한다. 앞서 언급했듯이 이러한 제도를 가지고 옳다 그르다 언급하는 것은 바람직하지 못하다고 생각한다. 하지만 사람의 마음이 가변적이라는 점, 그리고 사람의 감정을 다스리는 것은 능력 밖이라는 점을 감안한다면, 결혼은 미친 짓이다. (수학과 김인균)

5. 인간 역시 한 부류의 동물이라고 보았을 때 일부일처제라는 결혼제도는 상당히 부자연스러운 제도 중 하나라고 생각한다. 젊은 시절 부부의 연을 맺은 한 배우자와 40년 가까이 변함없는 관계를 유지하는 것 자체가 불가능하다고 생각하기 때문이다. 여러 상대를 원하는 성욕이 너무도 자연스러운 본능이기에 일부일처를 유지하는 힘은 부부 간의 사랑이 아니라 책임감일 뿐이다. 부부 사이에 신뢰와 책임감은 매우 중요한 요소이지만 사랑이 없는 결혼생활이 행복할 리 없다. 또한 일부일처제를 자부하는 사회에서도 각종 설문조사에 따르면 배우자(파트너) 이외의 상대와 외도를 해본 비율은 무려 78%(한국성과학연구소 조사)에 달했다. 또한 뇌과학자들의 말에 따르면, 사랑에 빠져들 때 마치 공중에 붕 떠 있는 듯한 황홀감을 느끼게 하는 페닐에틸아민이라는 호르몬의 지속성이 아무리 길어봤자 불과 2~3년밖에 되지 않기 때문에 사랑이 식는다고 한다. 이것은 또한 단지 사랑이라는 감정의 존속성에서

벗어나 생물학적 다양성이라는 진화의 측면에서 보았을 때도 마찬가지다. 모든 생물체는 생물학적으로 다양성을 추구해 오는 방향으로 진화해 왔다. 그리고 그것이 모든 생명체의 종족보존을 위한 핵심 방법이다. (화학과 임수진)

6. 인간은 남성(수컷)과 여성(암컷)으로 분류되어 자손번식을 하는 생명체 중, 일부일처제를 추구하는 소수의 종의 대표적인 경우라 하겠다. 그리하여 배우자가 있음에도 불구하고 다른 이성과 성관계를 갖는 것, 즉 외도는 비윤리적이라는 비판을 받는다. 가장의 외도가 화목한 가정을 불행으로 몰아넣는 사례는 드라마에서나 볼 수 있는 일이 아니라 주변에서도 어렵지 않게 볼 수 있는 모습이다. 남편의 외도는 부부 간의 이혼을 초래할 수 있고, 어린 자식에게는 살아가는 데 있어서 지울 수 없는 큰 짐이 될 수도 있다. 그렇기 때문에 남편의 외도는 남성의 기본적인 성적 욕구의 분출이라는 핑계로는 절대 정당화될 수 없다고 생각한다. 외도의 사례가 늘어나는 것은, 어린 나이 때부터 이성과의 만남을 가볍게 생각하는 데서 비롯된다. 쉽게 연애를 시작하고 헤어질 때도 크게 고민하지 않고 헤어지다 보면 그런 습관이 들어 성장한 후에도 이성과의 관계를 경솔하게 맺는 것이다. 외도는 원초적인 욕구를 절제할 줄 모르는 책임감 없는 남자의 만행일 뿐이다. 외도는 애초에 일어나서도 안 되고, 외도를 한 사람은 그에 상응하는 처벌을 통해 고통을 느끼게 해줘야 한다. (수학과 최철헌)

▣ 코멘트: 여기서 사르트르 등 실존주의자들이 말하는 실존적 선택이라는 것을 생각해 봅니다. 아무도 자기 인생에 대해 이래라 저래라 할 수 없습니다. 진정한 사랑의 감정인가? 약속을 지키는 성실인가? 아니면 전자도

후자도 아닌 이중적 삶인가? 자신의 본질과 상황에 따라서 실존적 선택을 해야 하겠지요. 부부 간의 관계는 열정적인 에로스가 식어가는 대신에 서로에 대한 친숙한 느낌과 서로를 배려하는 인간애로 변해 갑니다. 마치 형제나 부모자식의 관계처럼 무자극적인 느낌 또는 항상 비치되어 있는 가구나 벽지처럼 너무나 익숙해져서 아무런 흥분도 일으키지 않으며 그저 있어도 있다는 특별한 느낌이 들지 않는 거지요. 그러나 상대방이 아예 없어도 무방한 것은 아닙니다. 상대방이 없다면 대개 결핍을 느끼며 빈 자리가 의식될 것입니다. 부부관계는 그야말로 인생을 함께 가는 동반자이며 서로를 지지해 주는 받침대입니다.

그러나 인간은 정열적인 에로스를 갈구하게 마련이며 이런 에로스는 대개 결혼한 파트너가 채워줄 수 없는 부분입니다. 긴 인생에서 그리고 복잡한 인생의 여러 행로에서 언젠가는 열정이 불타오르게 만드는 누군가를 만나게 마련입니다. 결혼계약을 생각하고 회피할 수도 있지만 연애관계에 빠질 수도 있는 것입니다. 이것은 남자든 여자든 마찬가지지요. 가장 이상적인 성행위는 사랑과 정열의 표현으로서의 성입니다. 그런데 에로스적 사랑과 정열은 길어야 4년 정도 지속되는 반면에 부부는 수십 년 이상을 함께 살며 성관계를 맺습니다. 그러므로 부부는 오랜 기간 열정과 사랑 없는 성관계를 가질 수밖에 없습니다. 물론 쌓여가는 정과 친숙함이 둘 사이를 이어주는 중요한 끈이기는 하지만요. 생물학적으로 밝혀졌듯이 인간의 본능은 일부일처제에 적합하지 않다고 합니다. 그렇다면 파트너의 혼외관계를 인간적인 관점에서 우선 이해할 필요가 있습니다. 혼외관계가 좀 더 불타오르지 않도록 하는 방법도 바로 마치 동성친구처럼 파트너를 이해하고 혼외관계에 대해서까지 개방적인 대화를 나누는 것입니다.

결혼이란 긴밀한 관계를 주고 받으면서 자기실현을 계속할 수 있는 힘을 얻는 관계입니다. 그러면서 자기실현이 상대에게도 기쁨이 되는 것입니다. 결혼은 결코 상대방을 통제하고 지배하는 식의 소유권을 의미하지 않습니다. 인간은 인격적인 존재로서 신적인 존재에 맞닿아 있는 비밀스러운 그리고 끝까지 파헤칠 수 없는 부분입니다. 자식이든 부모든 부부든 하인이든 어떤 경우에도 인간을 소유할 수는 없습니다. 파트너의 몸을 성적으로 이용할 권리는 있지만 파트너가 다른 사람과 관계 맺는 것을 금지할 권리는 없습니다. 인격은 몸과 영혼, 정신의 통일체로서 자신의 신체에 대한 통제권과 사용권을 갖습니다. 파트너의 혼외관계는 나의 신체를 부당하게 유린하거나 외상을 주는 것이 아니지요. 그러므로 그런 경우 자신의 불만과 불행을 호소할 수는 있지만 상대방의 자유를 억압할 권리는 없는 것입니다. 누구나 자신의 신체를 자신의 행복을 위해서 운용할 권리가 있습니다. 자발적이며 서로의 동의에 의한 성숙한 인간끼리의 성관계는 보호받아야 마땅합니다. 소위 약속의 파기가 상대에게 정신적 고통을 준다면 반대로 열정적인 관계에 강압적으로 개입하며 억압하는 것은 그 이상의 고통을 줍니다. 신체적 접촉과 성적인 접촉을 금지시키고 억압할 수는 있다 할지라도 정신적인 사랑과 정열에 대한 금지는 불가능합니다. 영혼의 실체는 눈에 보이는 것이 아니기 때문입니다. 영혼의 정열은 본래 세속적인 경계선을 의식하지 못하며 어떤 경계선이든지 넘나들게 됩니다. 그물을 쳐놓으면 물고기는 걸릴지 몰라도 바람은 걸리지 않습니다. 영혼의 움직임은 바람처럼 보이지도 않고 잡거나 가둘 수 없는 것이기 때문입니다.

쿨리지 효과

발기불능이나 부부의 성에 대한 불만족에 대한 치료를 성치료라고 하는데 여기서는 다른 이성과 성관계를 맺게 하는 방법으로 진행된다. 이것은 쿨리지 효과에 근거한 것이다. 쿨리지 효과란 미국의 부통령이었던 쿨리지의 일화를 계기로 붙여진 이름이다. 어느 날 농장을 방문 중이던 쿨리지 부통령의 부인이 농장 마당의 수탉들이 교미하고 있는 것을 목격했다. 그녀가 농장 주인에게 저 수탉들은 하루 종일 교미하느냐고 물어보니 그렇다는 대답을 들었다. 부인은 보고 배우란 듯이 부통령을 쏘아보았다. 그러자 이번에는 쿨리지가 농장 주인에게 저 수탉이 하루 종일 같은 암탉하고 교미하느냐고 물었다. 그러자 농장 주인은 아니라고 대답했다.

▣ 혼외 성에 대한 나의 생각 쓰기:

10. 동성애

1) 진이의 입장

가장 자연스러운 성행위는 번식의 연속선상에서 이루어지는 남녀 간의 성행위이다. 동성끼리의 성행위는 해부학적으로 보아도 부자연스러울 수밖에 없다. 역사적으로 볼 때 인류의 대다수가 이성애를 선택했다. 여기에서 벗어난 동성끼리의 성행위는 비정상적이며 정신병적인 것이다. 탄생과정에서의 어떤 생물학적 오류라든지 성장과정에서 어떤 충격으로 인해 동성애의 길을 걷게 되는 것이다. 동성애는 치료나 교육을 통해서 바로잡아야 할 어떤 것이다.

2) 선이의 입장

동물들 간에도 동성애가 존재하는 것으로 보아 동성애가 자연적인 성행위에서 아주 빗나가 있다고는 말할 수 없다. 자연은 있을 수 있는 모든 예외적인 상황에 대한 대비책을 마련해 두었고 동성애도 자연의 한 전략일 수도 있다. 즉 전쟁의 경우와 같이 남성의 숫자가 절대적으로 부족한 경우 동성 간의 접촉을 통해서 성욕을 충족시킬 수 있는 것이다. 동성애자들도 이성애자 못지않게 서로 진지한 사랑의 감정을 가지며 열정적이다. 그들은 선택을 통해서 동성애자가 된 것이 아니라 어쩔 수 없이 빠져든 것이다. 그러므로 그들을 전적으로 비난할 수 없으며 오히려 넓게 이해해야 한다. 인간보편적인 성의 형태가 따로 존재하는 것이 아니라 성 역시 인위적이고 상대적인 제도와 문화에 종속되는 것이다. 예를 들면 소크라테스가 살았던 그리스 시대에서는 동성애가 유행이었고 보편적인 것이었다. 인간의 다수가 이성애를 한다고 해서 반드시 이성애만이 정상이라고는 말할 수 없다. 다수결에 의해서 올바른 성의 기준이 결정되는 것은 아니다.

3) 다른 친구들의 생각

1. 나의 경우엔 동성애를 혐오하지는 않지만 나 스스로가 이성애자라 여기고 있으므로 만약 나에게 동성애적인 접근이 시도된다면 무척이나 불쾌감을 느낄 것 같다. 물론 동성애도 일종의 관계이므로 성관계로 이어질 수 있다고 생각한다. 하지만 아직까지 납득하기 쉽지 않은 점이 없지 않아 있다. 동성 간의 성교는 이성과의 관계와 마찬가지로 서로의 애정을 확인하는 점에 있어서는 서로 공감되는 부분이 없지 않으나 경

험해 보지 못한 나로서는 단지 쾌락을 위한 행위가 아닐까 하는 생각이 먼저 든다. 결론적으로 말하자면 이율배반적인 사고일 수도 있으나 다른 사람의 동성애는 반대하지 않지만 내 주변에 그런 경우가 있다면 아직까지는 쉽게 포용하기 어려울 것 같다. (기계공학과 최정현)

2. 원래 사람은 다 태어날 때부터 양성인이지만 사회의 억압적인 분위기, 관습, 시선 때문에 뇌가 이성적으로 생각을 하게 되는 것 같다. 원래 사람들은 철저하게 다른 사람들과 비슷해지려고 노력하고 그 무리의 분위기에 맞추려고 노력한다. 혼자 튀면 왕따가 될 수 있기 때문에 자신의 욕망을 숨기는 것이다. 다른 사람과 좀 다르게 특이하게 생겼다든지 다른 사람과 사고방식이 다르면 우리들은 그 사람을 철저히 이상한 사람으로 색안경을 끼고 보듯이 동성애도 마찬가지인 것 같다. "나는 이성을 좋아하는데 저 사람은 동성을 좋아한다"라는 대다수의 생각이 소수를 이상한 사람으로 만드는 것이다. 무리집단의 사람들이 어떤 것을 안 좋게 보고 있다면 그런 생각은 사회 전체에 퍼지게 된다. 그러나 인간으로서의 가치와 존엄성은 누구에게나 있는 것이고 동성애자도 마찬가지다. (수학과 홍의찬)

3. 동성애는 이성 간이 아닌 남성과 남성, 여성과 여성 간의 애정을 말한다. 사랑은 사람들 간의 감정적 이끌림을 뜻한다. 즉 사람과 사람 사이에 자연스럽게 누구하고나 발생할 수 있는 감정이라는 말이다. 동성애는 단지 그 이끌림으로 인한 애정의 대상이 동성이라는 점이 다를 뿐이며 애정의 측면에서는 달라진 점이 없다. 나는 그 감정이 남성과 여성 사이에 생성되는 감정과 다를 것이라고 보지 않는다. 그런 의미에서 나는 동성애는 자연스럽게 발생할 수 있는 감정이라고 보고 동성애를

이상한 눈으로 보는 것은 잘못이라고 생각한다. (신소재공학과 이혁종)

4. 동성을 사랑한다는 것은 생물학적으로는 일종의 변종이고 수많은 인구 중에서 이성만을 사랑해야 한다는 고정된 법칙을 깨고 등장한 소수의 변종이다. 동성애가 사회적으로 문제가 되고 있는 것은 동성애자를 보고 배우는 아이들 때문이다. 분명히 동성애는 잘못된 것이다. 그들의 행위는 제대로 된 것이 아니다. 동성애자들이 아이를 낳아서 제대로 가정을 꾸밀 수 있는 것도 아니다. 동성애가 허용된다면 동성애라는 사회적 문화가 확산될 수 있다는 것이다. 정상적인 사회는 사랑으로 맺어진 이성이 꾸리는 가정으로 구성된다. 가정을 세포에 비유한다면 동성애로 이루어진 가정은 암세포이다. 암세포는 스스로 번식은 하지 못하고 정상세포에서 이루어진 가정에 침입해서 암세포로 물들인다. 물론 이것이 지나친 비유일 수 있다. 동성애가 사랑에 대해 잘 알지 못하는 어린아이에게 미치는 영향은 결코 무시할 수 없을 것이다. 잘못된 것을 보고 자라난 어린아이들이 성인이 되어 이성 간의 사랑에 느끼는 장애가 될 수 있을 것이다. 동성애자들은 비록 서로 사랑하는 사람이라고 하더라도 그것이 정상적이지 않은 관계이고 자신들이 정상적인 사람들에게 적지 않은 영향을 미칠 수 있음을 생각해야 한다. 자신들의 사랑도 엄연히 사랑이라고 한다면 그것은 암세포도 엄연한 세포라고 주장하는 것과 같다. 동성애로 사랑은 이룰 수 있지만 정상적인 가정은 이룰 수 없다. 동성애는 금지되어야 할 사랑인 것이다. (정보통신공학과 이영섭)

5. 동성애, 이해는 해줄 수 있지 않은가? 헬렌 피셔의 『왜 우리는 사랑에 빠지는가』에는 인간이 이루어놓은 예술적, 문화적인 측면을 비롯하여, 남녀의 질투심, 사랑함에 있어서 황홀경까지 모두가 건강한 2세

를 만들어내도록 진화해 온 하나의 결과물이라고 언급한다. 하지만 인간의 많은 행동과 사고 중에서 유독 이해가 안 가는 행위가 하나 있으니 이것이 바로 동성애이다. 사실 남자가 남자를 좋아하고, 여자가 여자와 사랑에 빠지는 동성애는 자연스러운 현상이 아니다. 유교적인 전통의 뿌리가 깊은 우리 사회는 보수적인 입장을 취하는 사람들이 대부분이다. 대부분의 사람들은, 에이즈나 성병을 옮기며, 정서적으로 안 좋은 영향을 미치며, 비정상적이라는 이유를 들어서 동성애를 반대한다. 하지만 조금만 열린 눈을 가진다면 동성애는 우리와 조금 '다른' 것뿐이지 완전히 '틀린' 것이라고는 생각하지 않는다. 물론 나 역시 동성애를 완전히 찬성해서 적극적인 지지를 주장하는 동성애 지지자나 예찬론자는 아니다. 하지만 흔히 동성애를 통해서 감염된다고 하는 에이즈나 성병은 올바른 성적인 지식을 가지면 방지할 수 있을 것이며, 그들이 우리에게 직접적인 피해를 입히는 것도 아닌데, 단순히 우리와 다르다는 이유 하나만으로 색안경을 낀 채 그들을 배척하고 무조건적인 반대를 하는 것은 현대판 마녀사냥이 아닐까 싶다. 단순히 나와 다르다고 해서, 대부분의 사람들이 참여하는 주류가 아니라는 이유가 그들이 탄압받고 무조건적인 비난을 받을 정당한 이유가 된다고 생각하지는 않는다. 나와는 달라도, 타인의 다른 면모를 인정해 줄 때 이 세상은 살 만한 세상이 되지 않을까 생각해 본다. (화학과 김인균)

6. "같은 성별을 가진 사람들끼리 어떻게 사랑할 수 있을까"라는 의문을 가지던 시절이 있었다. 그러나 나는 동성애 비슷한 경험을 한 적이 있다. 고등학교 시절 유난히 친했던 한 친구가 뽀얀 얼굴로 멀리서 반갑다고 손을 흔드는데 나도 모르게 빠져드는 것을 느낀 적이 있다. 하지만 사랑으로 발전하지는 않았다. "나는 이러면 안돼"라는 사회로

부터 물려받은 고정관념이 작용했을 수도 있고, 순간의 감흥이라고 여겼을 수도 있다. 아무튼 그 일이 있은 뒤로 나는 동성애라는 것을 인정하게 되었다. 내가 남자이고 다른 남자에게 사랑이 느껴지지 않는다고 해서 동성애를 하는 사람들을 색안경을 끼고 바라보는 사회적 풍조는 잘못된 것이라고 본다. 사람이 사람을 사랑하는데 그 성별이 무슨 상관이 있을까. 이제는 그들을 사회적으로 인정하는 풍조가 정착해야 하고, 음지에서 숨어 사랑하는 그들을 떳떳하게 양지에서 맘껏 사랑할 수 있도록 손을 내밀어 줘야 한다고 생각한다. (사회환경시스템공학과 유명덕)

7. 솔직한 입장을 얘기하면 여성들의 동성애는 큰 거부감이 없이 다가올 수 있지만, 남성들의 동성애는 왠지 큰 거부감이 느껴진다. 왜 이런 생각을 가지게 되었을까 생각해 보니 이때까지 내가 살아오면서 접해 온 포르노가 큰 영향을 끼치지 않았나 생각한다. 포르노는 전적으로 남성들을 위해 만들어진 상업용 매체이다. 그래서 대부분의 포르노는 남자들의 흥분을 유발하기 위해 제작된다. 그러한 포르노에는 한 명의 남자와 여럿의 여자, 또는 여자들끼리의 섹스 장면을 보여주는 경우가 다반사이다. 이런 포르노에서 상대적으로 남자들끼리의 섹스장면은 한 번도 본 적이 없다(「성과 문화」 수업시간에 본 〈이투마마〉를 제외함). 그렇기 때문에 여성들의 동성애는 별다른 무리 없이 받아들이는 반면에 남성들의 동성애는 큰 거부감이 느껴지는 듯하다. (시스템공학과 김동락)

8. 세상에 성은 두 가지가 있는데 여성과 남성이다. 여성, 남성이 생긴 이유는 아이를 낳기 위해서 라고 생각한다. 여자와 남자가 사랑을 해서 아이를 낳아야 인류가 유지될 수 있지 않나 생각한다. 동성 간의 사랑이 지금은 소수에 불과하여 큰 문제가 되지는 않지만, 동성 간의

사랑을 인정해 주는 성관념이 생기면 점점 더 동성애자가 많아질 것이고, 그에 따른 문제가 커질 것이라고 생각한다. 아직까지 우리 사회는 동성애를 선호하는 사회가 아니기 때문에 절대로 있어서는 안 된다고 생각한다. (신소재공학과 이승훈)

9. 사람은 누구에게 개인적인 기호가 있고, 그것을 주변에서 억압하고 통제하는 것은 옳지 않으며 인정해 줘야 한다고 생각은 한다. 하지만 인권, 자유를 운운하기에 앞서, 모든 생명체는 자연스럽게 흘러가는 대로 살아가는 것이 가장 바람직하다고 생각한다. 생물학적으로 남성과 여성으로 구분되어 태어나, 자신의 성 정체성을 확립하고 이성과 함께 합일하여 자손을 낳는 것이 인간으로서 가장 자연스러운 모습이라고 생각한다. 자연에 순응하지 않고 자신의 취향을 주장하는 것에 대해 사회로부터 불편한 시선을 받을지라도 그것을 비판할 권리는 없다고 본다. 대부분의 사람들이 살아가는 방식과 다른 방향으로 살아가는 사람이 좋든 싫든 특별한 관심을 받는 것은 당연하다. 개개인의 다양성은 인정되어야 하지만, 동성애는 자연의 순리를 거스르는 행위이다. 힘들겠지만 가능하다면 커밍아웃한 사람들이 대부분의 사람들이 그러한 것처럼 이성과 사랑에 빠질 수 있도록, 자신의 성 정체성을 바로잡을 수 있는 단체나 기관, 혹은 그와 유사한 모임들이 마련되었으면 좋겠다.

(수학과 최철헌)

10. 대개 사람들은 자신이 직접 처해 보지 않으면 상대방의 입장을 잘 이해하지 못하는 경우가 많다. 마찬가지로 나도 그들의 입장이 되어 보지 않아서인지 과연 어떠한 느낌인지, 왜 그래야만 하는지 솔직히 이해가 되지 않는 것은 사실이다. 그렇지만 동성애를 나쁘다고는 생각지

않는다. 만약 동성애가 절대로 나쁜 것이라면 어느 나라든 법정에서 이를 인정해 줄 수는 없을 것이다. 그런데 캐나다에서는 '동성애 상대도 배우자'라는 것을 인정한다고 하여 캐나다 대법원은 '배우자'라는 개념 속에 '동성 파트너'도 포함시켜야 한다는 온타리오 주법원의 1심과 2심의 판결을 확정했다고 한다. 이 판결은 지난 5년간 동거하다가 헤어지게 된 한 여성 동성애자가 위자료를 받기 위해 기존의 배우자 개념을 고쳐달라고 소송을 제기한 것이라고 한다. 동성애를 그냥 개인의 취향이라고 생각한다면 그렇게 혐오스럽게 보거나 하지는 않을 것이다. 보통사람들이 이성애를 추구하듯이, 소수의 사람들이 동성애를 추구하는 것이다. 성적 지향성이 이성이 아닌 동성으로 향하는 것이다.

나는 아직은 동성애에 반대하는 입장이다. 일단 동성애가 허용되면 우리 전통사회의 가족관계가 붕괴되어 버리고 기존의 가치관을 혼란시켜 특히나 어린아이들에게는 많은 혼란을 가져올 수 있다. 가장 큰 문제는 정상적인 출산에 방해가 된다는 것이다. 그리고 모두 알다시피 에이즈라는 것이 동성의 성관계로 인해 많이 퍼지고 있다. 그들의 동성을 향한 마음에 대해서는 이렇다 저렇다 말할 수는 없겠지만 동성연애는 분명히 문제의 소지가 많다고 생각한다. (사회환경시스템공학과 강한글)

▣ 코멘트: 암페타민, 엔도르핀 등 이성 간의 사랑에서 분비되는 호르몬들이 동성애에서도 똑같이 분비된다고 합니다. 마음속의 동요나 질투도 마찬가지일 것입니다. 심지어 쾌감에도 큰 차이가 없답니다. 자연 속 동물들 간에도 동성애가 있다고 하는데 그렇다면 동성애는 부자연스럽기보다는 자연의 예외적인 측면일 것입니다. 그런데 왜 조물주는 동성애라는 기제를 만들었을까 궁금합니다.

역사상의 동성애자들

인류역사에는 많은 동성애자들이 있었다. 성경에 나오는 요나단은 골리앗을 물리친 다윗과 사랑하는 사이였고 소크라테스는 남색을 지지했다. 시인 사포는 레즈비언이었고 아우구스티누스도 한때 동성애자였다. 미셸 푸코, 미켈란젤로, 레오나르도 다 빈치, 프랜시스 베이컨, 오스카 와일드, 랭보, 프루스트, 차이코프스키 등도 동성애자였다.[7]

▣ 동성애에 대한 나의 생각 쓰기:

7) 이인식, 『성과학탐사』, 31-33쪽.

5부
영화로 본 성과 사랑

1. 애딕티드 러브

[발표 1]

발표 주제

영화 〈애딕티드 러브〉에서 샘과 매기가 사랑에 빠지는 과정은 단순접촉의 효과라고 해석할 수 있다. 자주 부딪히면 사랑에 빠지기 쉽다는 단순접촉효과를 일상생활에 어떻게 응용할 것인가?

줄거리

뉴욕으로 간 후 이별의 편지를 보내온 여자친구의 마음을 돌리려는 샘. 변심한 남자친구를 파멸로 몰아넣으려는 매기. 이 둘은 옛 애인들이 동거하는 집 맞은편에 진지를 구축하고, 고성능 도청기와 영사기로 그들의 생활을 샅샅이 감시하여 온갖 방법을 동원해 두 사람을 떼어놓으려 한다. 하지만 어찌된 일인지 샘과 매기가 더욱더 가까워진다. 빼앗긴 애인을 되찾기 위해 의기투합한 남녀가 패자부활전을 벌이다 사랑에 빠진다는 내용이다. 이 발표에서는 샘과 매기가 함께 일을 벌이다가 사랑에 빠지는 과정을 초점으로 하여 남녀관계를 살펴보고자 한다.

인상 형성의 과정

사람을 처음 보는 순간 기존에 축적되어 있던 인간들에 대한 정보들을 무의식 속에서 순간적으로 조합하여 2초 만에 '좋다/나쁘다'를 판가름해 버린다. 첫인상과는 달리 시간이 흘러 서서히 형성되는 인상은 그 사람의 외모나 행동, 목소리 등을 바탕으로 추론하게 되는 과정을 거친다. 컴퓨터로 따지자면 램/하드웨어로 비유할 수 있는데 램은 속도가 빠르고 하드웨어는 느리다. 그리고 램은 용량이 작고 하드웨어는 엄청나게 크다. 컴퓨터는 평소에 자주 쓰는 정보를 램에 저장해 두고 수시로 이를 이용한다. 하드웨어는 대용량의 자료를 제공한다. 어떤 사람을 처음 마주쳤을 때는 내가 평소에 가지고 있던 편견에 비추어서 순간적으로 반응하고, 사람을 하나하나 뜯어서 인상을 형성할 때는 여러 정보를 종합추론한다.

호감

좋은 인상이 형성되면 호감으로 직결된다. 호감은 사람 사이에서 뿐만이 아니라 사물 그리고 동물에 대해서도 형성될 수 있다. 여기서 포인트는 이성 간의 호감에만 맞추도록 하겠다. 이성 간의 호감은 사랑의 시작이다. (내 생각에) 첫눈에 사랑에 빠진다는 것은 사랑이 아니고 호감이 생긴 것이다. 호감이 생기면 정신적으로 갈구하게 될 수도 있고, 육체적으로 욕구를 느낄 수 있게 된다. 즉 호감은 사랑으로 발전할 가능성의 씨앗이라고 말하고 싶다.

　내 생각에 사랑의 단계는 호감으로 시작하여 두 사람 간의 합의에 의해 연애 단계로 발전하는 것이다. 연애란? 한마디로 불타오르는 것(하루 종일 생각나는 것)이고 두 사람이 다른 이성을 동시에 만나지 않는다는 마음의 약속하에 서로 간에 교제하는 것이다(『연애교과서』 참고). 연애 단계에서 발전을 하면 애착(애정) 단계로 갈 수가 있는데 애착이란 마치 엄마가 자식을 사랑하는 것과 같은 것이다. 애착의 단계로 발전하지 못하면 두 사람의 관계는 끝이 나는 것이다. 왜냐하면 연애의 단계를 벗어나면 불타오르는 감정은 더 이상 생기지 않기 때문이다. 즉 애착이라는 새로운 감정이 생겨야만 관계가 지속될 수 있기 때문이다.

사랑의 시작인 호감은 어떻게 생기나?

　⑴ 근접성: 단순접촉효과란 낯선 자극을 반복적으로 접하면 호감이 증가하는 결과를 가져온다는 것이다. 단, 첫인상이 부정적이면 단순접촉효과는 나타나지 않는다고 한다. 친구에서 연인으로 발전하는 연애의 대부분이 바로 여기에 해당한다. 이 영화에서 샘과 매기의 관계가 그렇다.

　⑵ 개인적 취향: 보통 예쁘고 잘생긴 사람을 좋아하며 관계의 초기 단계에서 큰 영향력을 지닌다. 시간이 지날수록 다른 요인들이 더 중요하게 되는데 가장 큰 영향력을 지닌 것은 성격이다.

　⑶ 유사성: 태도, 가치관, 기호, 성격, 배경 등이 자신과 비슷한 사람을 좋아한다. 자신과 유사한 수준의 외모나 능력을 지닌 사람에게 끌린다. 걸맞추기 현상이란 외모나 기타 특성이 유사해서 자신과 걸맞은 상대를 선택하는 경향을 말한다.

(4) 상대의 호의: 자신을 좋아하고 긍정적으로 평가하는 사람을 좋아한다. 자신이 받은 호의에 대해 동일하게 보답해야 한다는 의무감 때문이다.

단순접촉의 효과

자주 보면 정이 드는 것처럼 단지 자주 접촉하는 것만으로도 사람들은 호감을 느낀다. 대상은 사람일 수도 있고 물체일 수도 있고 소리일 수도 있다. 가령, 슈퍼마켓에 부엌용 세제를 사러 갔다고 하자. 우리가 슈퍼마켓에서 선택한 상품에 대해 그 이유를 물으면, "이 상품이 좋을 것 같아서"라든지, "좋아하니까"라는 식으로 답할 것이다. 하지만 실제로는 "이 상품을 광고에서 자주 보았다"는 것이 진짜 이유였을 것이다. 어떤 상품의 로고나 패키지, 상품명 등을 단지 몇 번 봤거나 들었다는 것만으로 무의식중에 호감을 갖는 것을 알 수 있는데 이를 '단순접촉효과'라고 한다. 이와 같은 효과가 일어나는 이유는 처음 보는 것에 비해, 이전에 한 번이라도 본 적이 있는 것은 머릿속에 유연하게 주입되기 때문이다. '유연하게 주입되는 느낌'이 우리에게 있어 '좋은 느낌'이며, 이를 우리는 좋아한다고 생각한다는 것이다.

이것은 물건만이 아니라 사람에 대해서도 비슷하다. 처음 만난 사람이 아는 사람과 비슷한 얼굴이라고 가정해 보자. 그러면 자신은 깨닫지 못한다고 해도 단순접촉효과가 나타난다. 그 결과, 처음 보는데도 왠지 그리운 느낌이 드는 사람 같다는 호감으로 이어지는 것이다. 단순접촉효과에 대해선 많은 실험에서 그 효과가 입증이 되고 있다. 신문이나 잡지에서 상품광고를 자주 내는 것도 바로 이 효과를 노리는 것이다.

1889년 만국박람회를 위해 프랑스 파리에 312m 높이의 에펠탑이 세워진다는 계획이 발표되자 파리 시민들은 연일 반대 시위를 벌였다. 아름다운 파리 시가지에 흉칙한 철탑이 세워지는 것은 결코 어울리지 않을 것이라는 것이 그들의 주장이었다. 그러나 에펠탑이 세워지고 날마다 이를 보게 되자 점차 정이 들어갔다. 이제 그들은 이 탑을 파리의 명물로 자랑하고 있으며, 에펠탑은 파리의 상징이 되었다. 이렇듯 단지 자주 접촉하는 것만으로 사람들이 호감을 느끼게 되는 것을 '단순접촉의 효과'라고 한다.

이 이론을 대학 생활에 응용해 보자.

한 학기가 16주이고 만일 3학점짜리 수업이라면 매주 주 2회 그녀/그와 만나게 된다. 만남의 총 횟수는 약 30회이다.

(1) 강의실에서 마음에 드는 이성 앞자리에 앉는다. 거리는 최대한 가깝고 각도는 이성의 시각에 맞추어서.

(2) 학기 초에는 분위기가 어수선하여 누가 누군지를 모르므로 최소 4주 이상 얼굴을 인식시킨다.

(3) 자연스럽게 접근하여 연락처를 받아낸다.

(4) 공통의 관심사를 이끌어내어 자주 만난다.

(5) 용기 내어 대시한 후 연애에 들어간다.

결론

행복해지기 위해 나는 사랑을 하라고 추천한다. 사랑을 하기 위해서는 이성의 호감을 사야 하는데 호감을 형성하는 데에는 여러 요인들이 있고 또 복합적으로 작용한다. 같이 살펴본 봐와 같이 유사성의 원리, 칭찬의 효과 등도 호감 형성에 큰 역할을 하며, 개인의 특징에 따라 아무리 노력해도 호감을 사는 데 실패하는 케이스도 있을 수 있다.

사람의 심리 중 단순접촉효과를 노리라는 것은 그만큼 다른 것들에 비해 특별한 기술이 필요하지 않기 때문이다. 단순히 만나는 것만으로도 호감이 생겨 사랑으로 발전할 가능성이 있기 때문에, 밑져야 본전이라는 자세로 한 번 시도해 볼 만한 가치가 있다. 사랑을 쟁취해 보자.

(바이오메카트로닉스 김지훈)

[발표 2]

영화 속의 사랑 관계도

샘과 매기는 극 초반에는 약간 견제하다가 옛날 애인들 둘 사이를 떼어놓으려고 하는 서로 간의 공감대를 가지고 친해진다. 그러다 마지막에는 서로 사랑에 빠지게 된다. 린다와 안톤은 처음 만났을 때 서로를 열렬히 사랑한다. 그러나 샘과 매기의 방해공작으로 인해 사랑의 위기를 맞게 되고 결별을 하게 된다. 그러나 마지막에 샘의 도움으로 오해를 풀고 다시 재결합하게 된다. 샘과 린다의 관계는 극 초반에는 사랑하는 사이로 나오지만 린다가 도시로 떠나고 나서 린다의 배신으로 이별을 하게 된다. 그러나 샘은 매기와의 방해공작으로 다시 사랑을 찾게 된다. 그러나 그 이후에 샘은 자신이 정말 사랑하는 사람은 매기임을 알게 되고 헤어지게 된다. 매기와 안톤은 영화상에서는 나오지 않았지만 과거 애인 사이이다. 안톤은 극중 대사를 통해 매기를 사랑한 것이 아니고 이용한 것이라고 나온다. 매기는 그런 안톤에게 복수를 하는 것으로 봐서 안톤에 대한 애증이 남아 있는 것을 알 수 있다. 매기는 많은 방해공작을 통해 모든 것이 망한 안톤을 영화의 마지막에는 용서하게 된다.

사랑의 상처 달래는 법

(1) 상대를 마음껏 미워하라. 단 열흘만

내가 무엇을 잘못했을까, 난 어디가 잘못된 걸까, 난 왜 사랑하는 사람 하나 편하게 해주지 못했을까. 누구나 헤어지고 나면 이런 자책을 하게 된다. 하지만 이런 자책은 아무런 도움이 되지 않는다. 그것은 오히려 자신을 갉아먹는 일이다. 이별의 원인은 자기 자신에 있는 것이 아니다. 어느 한 쪽에 있지도 않다. 그저 길이가 맞지 않는 의자였다고 생각하라. "그 사람을 미워하면 안 되겠지. 내가 잘못한 거지." 그것도 아니다. 미워하라. 오죽 나빴으면 헤어지게 되었겠는가? 직접적인 원인 같은 것은 문제가 아니다. 연인이 헤어지는 데는 직접적인 원인 같은 것은 없다. 떠났거나 보냈거나 간에 미운 것은 미운 것이다. 그래도 그래서는 안 되겠지 같은 생각은 버리고 마음껏 미워하라. 그 사람의 싫었던 점, 마음에 들지 않았던 점, 그런 것들을 마구 생각하라. 그렇게 마구 미워한 뒤에는 마음의 정리가 된다. 새로운 사람을 찾을 준비가 된다.

(2) 슬플 땐 마구 슬퍼하라.

내 친구는 실연을 당하고도 억지로 기운을 내서 더 명랑한 척, 더 활발한 척한다. 그래서 친구들을 불러 더 웃고 떠들며 논다. 하지만 결국 한밤중이 되어서는 눈물을 터뜨리고 만다. 억지로 명랑한 척, 억지로 바쁜 척, 그것은 도움이 되지 않는다. 아니, 사랑을 잃었는데, 바쁘게 일한다고 일이 될까? 차라리 마음껏 슬픔에 빠져라. 슬픈 음악을 듣고, 슬픈 영화를 보고, 종일 펑펑 울어보라. 아무도 비난하지 않는다. 실연 한 번 당했다고 청승이라고 말할 사람 없다. 누가 한 번도 실연 당해 보지 않았겠는가? 쌓아두고 혼자 남았을 때 슬퍼하며 그 슬픔이 오래가는 것보다 마음껏 슬퍼하는 것이 훨씬 좋다. 유행가 가사가 다 내 노래 같다고 피하지 말아라. 그 유행가를 들으면서 한 번 크게 울어보아라.

(3) 마음을 다 털어놓아라.

평가하거나 이리저리 토를 달지 않고 자신의 이야기를 잘 들어줄 친구가 있다면 그 친구에게 모든 이야기를 다 털어놓아라. 혼자 가슴앓이를 하는 것보다 그렇게 심중을 다 털어놓고 나면 한결 마음이 가벼워진다. 친구에게 그렇게 하기가 싫다면, 일기장에 적어보아라. 지금의 심정을 마음 가는 대로 그냥 솔직하게 다 적으면 된다. 누군가에게 이야기하는 사이 혹은 글로 적는 사이, 자신의 모습이 객관화되면서 가슴의 응어리가 풀어지는 것을 느낄 수 있다. 처음 한 번에 다 될 것이라고는 생각하지 말아라. 며칠 혹은 몇 주에 걸쳐 계속 적어나갈 수도 있다. 그러다 보면 조금씩 평온해지는 자신을 느낄 수 있을 것이다.

(4) 섣불리 다른 사람을 찾지 말아라.

이성 때문에 생긴 상처는 이성으로 치료해야 한다고 흔히들 말한다. 헤어졌다고 슬퍼하고 있으면, 친구들은 새로운 사람을 만나보라고 말하기도 한다. 하지만 완전히 마음의 준비가 되기 전에 섣불리 다른 사람을 만나는 것은 좋은 해결책이 아니다. 자신에게 맞지 않는 상대에게 갑작스레 빠져들 수도 있으며, 혹은 결국 새로운 상대에게 마음의 상처를 주게 되는 일도 생길 수 있다. 예전의 상처 하나로도 아직 벅찬데 새로운 관계로 인해 마음의 부담을 안는다면 이것도 저것도 아니게 된다. 정말 가벼운 기분으로 이성과도 농담을 나눌 수 있게 되었을 때 그때 새로운 상대를 찾아도 늦지 않다. (신소재공학과 정규식)

▣ 코멘트: 사랑은 빠지는 본인조차도 알 수 없습니다. 왜 그를 사랑하는지, 어떻게 그를 사랑하게 되었는지…. 사랑의 논리가 있습니다. 그러나 사랑의 논리는 이렇게 말로 풀 수 있는 것이 아니랍니다. 세상엔 말로 할 수 없는 것들이 있기에 그리고 말로 할 수 없기 때문에 화가는 물감을 칠하고 음악가는 악기를 연주합니다. 못생긴 얼굴도 자주 보게 되면 익숙해지고 무감각해지고 나쁜 성격도 자주 접하다 보면 조금씩 이해하게 되겠지요. 그리고 사랑에 빠질지도 모릅니다. 그러나 자주 접촉한 것이 반드시 사랑의 원인이라고는 말할 수 없지요. 사랑은 말할 수 없는 것이기에….

사귀다가 버림받은 사람들은 마치 빚쟁이처럼 잃어버린 사랑을 다시 찾으려고 안간힘을 다합니다. "너는 나를 사랑해야 돼. 그것이 정상이야. 넌 지금 잘못 나가구 있다구. 그리고 나에 대한 부당한 대접을 하고 있어. 제발 그러지 마." 샘은 옆 건물에다 천체 망원경을 설치해 놓고 린다의 입가의 미소가 어떻게 변하는지 관찰하고 종이 위에 그래프를 그립니다. 매기는 복수심에 불타서 아무 거리낌 없이 오토바이로 사람을 공격합니다. 인간의 안타까운 열정들입니다. 그들이 받은 상처가 고스란히 느껴집니다. 그러나 진실은 어쩔 수 없습니다. 사랑할 수 없는 사람은 더 이상 사랑할 수 없는 것입니다. 마법의 힘이 사라져 왕자가 도로 개구리가 되어 버렸습니다. 개구리를 보면서 저건 왕자야! 하고 아무리 외쳐 보아도 눈앞에는 개구리가 앉아 있습니다. 그러기에 사랑을 믿지 마세요. 사랑에 너무 많이 기대지 마세요.

▣ 이 영화를 보고 난 뒤 느낌과 더불어 성, 사랑, 여성에 대해 새롭게 깨달은 점을 써보자.

2. 브리짓 존스의 일기 2

-대화와 믿음의 중요성-

줄거리

서른 두 살의 노처녀 브리짓 존스는 칼로리와의 전쟁에 몰두하면서 완벽한 남자를 만나겠다는 희망을 간직하고 있다. 어김없이 새해가 다가오고 그녀는 엄마의 성화로 부모님 댁에서 수다스럽고 참견하기 좋아하는 이웃들과 함께 명절을 보내게 된다.

브리짓은 파티에서 어릴 적 친구였던 잘 나가는 인권 변호사 마크 다시를 소개받는데, 두 사람은 서로에게 아무런 매력도 느끼지 못한다. 마크는 브리짓을 가리켜 골초에 알코올 중독자라고 수군대는 사람들의 얘기를 듣게 된다. 모욕감을 느낀 브리짓은 일기를 쓰면서 새해 결심을 굳게 다진다. 그 중 한 가지는 최고의 남자를 만나 멋진 데이트를 즐기겠다는 것. 다시 일상으로 돌아와 심기일전을 다짐하는 그녀 앞에 나타난 사람은 같은 출판사에 근무하는 상사 다니엘 클리버였다. 둘은 서로 장난스럽고 은밀한 메일을 주고받으면서 둘의 관계는 점점 깊어진다. 하지만 브리짓과 다니엘은 마크와 자주 마주치게 되고, 곧 이상한 삼각관계가 만들어진다.

다니엘은 브리짓과 데이트를 즐기면서 다른 여자와 말썽을 일으킨다. 화가 난 그녀는 회사를 그만두고 리포터로 취직을 하지만 취재하러 간 소방서에서 망신만 당하는 등 힘든 상황에 처하게 된다. 그런 그녀에게 변호사였던 마크는 중요한 재판의 인터뷰를 독점 취재하도록 도와주고 이를 계기로 브리짓은 자신감을 회복함과 동시에 마크에게 호감을 갖게 된다.

마크도 열심히 살려는 그녀에게 매력을 느끼게 되어 다니엘을 잊으려는 브리짓에게 자신의 감정을 고백하게 되고 브리짓도 그에게 끌리게 된다. 그녀의 생일날 마크와 그녀들의 친구들은 조촐하지만 정감 있는 파티를 한다. 그런데 때아닌 불청객 다니엘이 등장하고 마크와 다니엘은 결국 격렬하게 싸우고 만다. 이때 브리짓은 마크에게 실언을 하는 바람에 둘 사이는 멀어진다. 시간이 지나고 새해… 브리짓은 마크에게 오해가 있었던 것을 솔직히 고백하고 쓸쓸히 돌아간다.

마크는 곧 미국으로 떠났다가 낙심하고 있는 브리짓에게 다시 돌아오고 서로 사랑을 확인한다. 브리짓은 마크와의 연애에 골인하여 행복한 나날을 보낸다. 하지만 상류층의 마크와 자유분방한 브리짓은 분위기나 생각이 잘 맞지 않아 자주 싸우게 된다. 결국 둘은 헤어지고 그때 브리짓 앞에 다니엘이 다시 나타난다. 브리짓은 다니엘과 함께 세계의 관광지를 소개하는 프로를 맡으면서 다시 이어지는 듯했지만 다니엘이 전과 변함없음을 깨닫게 되고 멀어진다. 그 후 태국에서의 촬영을 마치고 영국으로 가려고 공항에서 가방검사를 하던 중 대신 들어준 친구의 물건 안에 마약이 들어 있었던 탓에 태국에 있는 형무소에 갇히게 된다. 마크가 브리짓을 꺼내주게 되지만 브리짓은 마크가 자신을 위해 해준 일을 알지 못한다. 친구들을 통해서 마크의 사랑과 자신의 마음을 깨닫게 된 브리짓은 그대로 마크에게 찾아가 화해하게 되고 마크의 청혼을 받게 된다.

만일 브리짓이 자신의 불만에 대해 마크와 대화한다면?
(이 발표는 부록의 연인대화법을 기초로 한 것이다.)

1. 상황

(1) 브리짓과 마크가 임신 테스트를 하며 아이 양육방식에 대한 의견 차이로 작은 갈등이 생긴다.

(2) 부모님과 만난 자리에서 마크가 브리짓과의 결혼에 대해 생각해 본 적이 없다는 말에 브리짓은 실망하게 된다.

(3) 집에 돌아와 마크가 자리를 비운 사이, 레베카가 전화를 걸어 술 한 잔 같이 하고 싶다는 음성을 남겨 브리짓은 충격에 빠진다.

(4) 오해한 브리짓은 마크에게 심한 말을 일방적으로 해버리고 돌아 서버린다.
  - 난 당신에게 부족해요.
  - 당신은 사람을 우습게 보고, 따뜻한 마음이 없어요.
  - 당신에게 맞는 사람은 따로 있어요.
  - 당신은 날 원하는 마음이 절실하지 않아요.

2. 자각의 수레바퀴 주체는 자기 자신이 되어야 한다.

(1) 감각정보: 전 오늘 낮에 당신이 부모님들께 우리의 결혼에 대해

생각해 본 적이 없다고 말하는 것을 들었어요. 그리고 방금 레베카가 전화로 음성을 남기면서, 당신과 함께 술 한 잔 하고 싶다는 걸 우연히 듣게 되었어요.

(2) 사고

신념: 저는 진심으로 사랑하는 사람이 있다면 결혼 생각도 한 번쯤 자연스럽게 해볼 수 있고, 그리고 당연히 외도는 절대 하지 말아야 한다고 믿어요.

해석: 그런데 당신이 결혼 생각을 해본 적이 없다고 말한 것과 레베카의 전화는 그런 제 신념에 어긋나는 모습이에요. 그로 미루어 전 당신이 따뜻한 마음이 없고, 절 원하는 마음이 절실하지 않다는 생각이 들었어요.

예상: 전 우리가 이 문제를 해결하지 못한다면, 우리 사이의 관계는 더 이상 발전할 수 없을 거라 생각해요.

(3) 감정: 전 제가 당신에게 부족한 사람이 아닌가, 당신에게 딱 맞는 사람이 따로 있을지도 모른다는 불안감에 사로잡혀 있어요. 오늘 겪은 그 일들에 대해 아주 불쾌함을 느끼구요. 지금의 이런 제 감정을 어떻게 다스려야 할지 모를 정도로 무척 혼란스러워요.

(4) 소망

브리짓 자신을 위한 소망: 전 이 문제를 빨리 해결해서 원래 제 모습으로 돌아가 당신을 더욱 사랑할 수 있는 사람이 되었으면 좋겠어요. 전 당신이 앞으로 절대로 다른 여자를 만나지 말았으면 좋겠어요. 그래서 전 이번 일에 대해 당신이 제게 충분한 설명을 해주어 레베카와의 관계를 확실히 해주었으면 해요.

브리짓과 마크 둘 다를 위한 소망: 서로 오해를 풀고, 이 일을 계기로 우리의 사랑을 더욱 돈독히 할 수 있었으면 좋겠어요. 그리고 앞으로 제가 오해할 만한 일이 다시는 일어나지 않았으면 해요. 언젠가 시간이 된다면, 결혼이나 아이에 대해 함께 생각해 보는 시간을 가져보았으면 해요.

(5) 행동

과거: 전 당신을 만난 이후로 한 번도 당신을 의심해 본 적 없었고, 항상 사랑해 왔어요.

현재: 오늘 일로 당신을 의심하는 이런 제 자신이 싫어서, 참다 못해 지금은 외도일지도 모른다고 생각되는 이 일에 대해 당신에게 설명을 요구하고 있구요.

미래: 부디 오해가 풀려, 제가 당신을 전보다 더욱 사랑할 수 있는 그런 여자가 될 수 있도록 최선을 다하겠어요.

믿음의 중요성

도쿠가와 이에야스는 적을 물리칠 때도 오히려 철저히 신의를 다하여 대함으로써 물리쳤다. 자신에게 반기를 들려고 하는 기미가 보이는 사람에게는 오히려 더 많은 땅과 더 많은 권력을 쥐게 해주었다. 그리하면 반기를 들려고 마음먹은 자는 쉽게 마음을 움직이게 된다. 자신에게 그럴 만한 힘이 생겼으니까 말이다. 하지만 내게 그럴 만한 힘이 있다고 생각하여 움직였을 때는 이미 파멸의 길에 들어선 것이다. 그가 힘이라고 믿고 있던 것이 실상은 도쿠가와 이에야스가 던져준 것에 지나지 않는 것이었으므로…. 반면 반기를 들려고 하지 않고 성실히 자기 위치를 지키던 사람은 그에게 주어진 더 많은 땅과 더 큰 권력을 결코 남용하지 않고 잘 다스림으로써 안으로는 자기 백성의 안위를 도모했고, 밖으로는 자신의 위상을 더욱 높였다. 이렇게 상대방의 성실성과 신뢰성을 확인하기 위해 오히려 더욱 믿어주는 행위, 이것을 '신뢰의 짐'이라고 부른다. 신뢰의 짐이란, 성실한 사람에게 쥐어주면 아주 큰 향상으로 보답하지만 그럴 능력도, 성실성도 없는 사람은 이내 그 짐을 던져버리게 된다. 그것으로 상대방의 신뢰도를 확실히 파악하는 것이다.

아직 진정한 나의 우방 혹은 동반자인지 확신이 안 가는 사람이 있는 가? 신뢰의 짐을 지워주면 그 사람의 상태를 알 수 있다. 내가 더 믿어주고, 내가 더 이해해 주는 행위에 대해 그 사람이 어떻게 반응하는가로 나에 대한 그 사람의 성실성을 확인할 수 있다. 신의 있는 사람이라면 그러한 나의 믿음에 부응하는 것을 창출하게 마련이다. 그러한 나의 신뢰의 짐에 대한 그의 반응이 곧 그 사람의 인간성을 대변한다고 해도 과언은 아니다. 신의, 성실을 삶의 근본으로 지켜온 사람은 사랑에 있어서도 마찬가지다. 내가 짝사랑하는 사람이 신뢰할 만한 인간형이라면 내 사랑의 고백에 대해서도 역시 성실한 반응을 보이게 된다. 성실한 반응이란 긍정이든 부정이든 어떤 면도 가능하다. 즉, 내가 그에게 보여준 사랑 이상으로 성실한 보답을 하든지, 아니면 정말로 나의 삶에 대한 방향을 제시해 줄 만큼의 성실한 충고와 거절을 하든지 말이다. 그러한 사람이라면, 사랑하게 된다면 두말할 나위 없이 좋은 일이거니와 사랑이 거절당했다 하더라도 신뢰할 수 있는 인간관계를 유지할 수 있다.

반면, 신뢰할 수 없는 사람은, 내가 그 사람에게 쥐어준 사랑이나 신뢰의 짐에 대해 무시하거나, 혹은 이용하려는 의도를 보이게 된다. 자

258

신에게 냉정한 결단력이 있다면 그런 사람은 인간관계의 틀에서 내치는 것이 훗날에도 도움이 될 것이다.

　내 주위, 당신 주위에는 우리에게 '신뢰의 짐'을 지우고 우리가 과연 그것을 거뜬히 짊어질 수 있는 사람인가를 평가해 보는 사람이 반드시 있다. 그러한 자에게 당신은 믿을 만한 사람인가? 타인이 내게 준 '신뢰의 짐'에 대해 성실히 다뤄 나갈 사람인가, 아니면 도저히 감당할 수 없어 벗어 던져야만 하는 사람인가?

믿음을 유지하는 방법

　(1) 충실하라: 약속시간에 늦지 않기. 바람 피우지 않기.
　(2) 관심을 보여주어라: 머리모양, 옷차림에 관한 칭찬 등 늘 연인에 대한 주의와 관심을 가지고 있음을 보여주어라.
　(3) 단 둘만의 시간을 가져라: 더 많이 이야기하고 연인을 꼭 껴안고 어루만져 주어라(스킨십).
　(4) 사소한 일들은 무시하라: 지나간 문제를 들추어내지 말고 소문에 현혹되지 말라.
　(5) 귀 기울여 들어라: 대부분의 오해는 올바른 정보를 전달받지 못함으로써 생긴다.
　(6) 긍정적으로 생각하라: 상대방에 대한 노여움은 이기심이나 완벽주의, 두려움에서 나온 것인지도 모른다. 긍정적으로 생각하기가 어려울 경우 상대방에게 대화를 요청해서 물어보라.
　(시스템 김진혁, 시스템 오세욱, 컴퓨터 이승훈)

■ 코멘트: 자신에 대해서 만족하는 사람은 별로 없습니다. 사람이 쉽게 상처 받는 것은 바로 자신감의 부족 때문입니다. 연애관계에서 흔히 자신에 대한 불만과 미움이 상대에 대한 불만과 미움으로 이어집니다. 자기를 믿어야 상대에 대한 믿음도 흔들리지 않을 것입니다.

■ 이 영화를 보고 난 뒤 느낌과 더불어 성, 사랑, 여성에 대해 새롭게 깨달은 점을 써보자.

3. 그 여자 작사 그 남자 작곡

영화에서 볼 수 있는 사랑의 심리학

⑴ 호감과 관계의 발전

사람들은 자기에게 보상과 긍정적 평가를 주는 사람을 좋아한다. 알렉스는 소피의 글 쓰는 솜씨를 알게 된 후 끊임없이 그녀의 능력을 칭찬하는 말을 하게 된다. 소피도 처음에는 자신에게는 그러한 능력이 없다는 말만 하지만 시간이 지나면서 알렉스의 노래, 작곡 능력에 대해 칭찬을 하게 된다. 서로에 대한 긍정적 반응이 반복되면서 그들은 서로에게 매력을 느끼게 되는 것을 영화 전반에 걸쳐 볼 수 있다.

매력은 단순히 긍정적 감정에 노출되는 수에 따르는 것이 아니라 부정적 감정에 의해 감소하기도 한다. 여성과 남성은 연애관계에서 우려하는 내용이 다르다. 남성의 경우 금전적 비용과 시간과 정력의 투자를, 반면 여성의 경우 파트너에 대한 의존과 정체성의 상실에 대해 더 많은 우려를 보인다. 알렉스의 경우는 직접적으로 드러나지 않지만 소피의 경우 과거에 남자로부터 받은 상처 때문에 알렉스에게 마음을 주는 것을 꺼리게 된다.

(2) 열정애와 동반애

① 열정애: 격렬한 정서상태 즉, 감정들의 어떤 혼합 속에서 공존하는 다정하고 성적인 느낌들, 의기양양함과 고통, 불안과 안심, 이타심과 질투심으로 정의되며 높은 생리적 흥분상태와 그 흥분이 사랑하는 사람에 의해 유발되었다는 신념, 믿음의 두 요소를 요한다는 이론이다.
알렉스와 소피 모두 행복한 상태에서 만난 것이 아니라 알렉스는 한물 간 가수로 복싱 프로그램에 나가야 할 만큼 비참한 상태로, 소피는 사랑했던 사람에게 버림받은 상태에서 만나게 되는데, 이러한 감정의 상태에서 만난 것이 그들의 열정애를 더 크게 하였다고 볼 수 있다.

② 동반애: 개인의 생활과 깊게 상호 얽혀 있는 사람들에 대해 느끼는 애정. 높은 수준의 자기개방의 특징을 가지게 된다. 좋아하는 사람에게 자신을 개방하고, 반대로 자기에게 개방하는 사람을 좋아하고 자신이 개방했던 사람을 좋아한다. 동반애는 열정애에 비해 강렬함은 덜하지만 더 지속적인 성질을 가진다. 오랜 연인이나 결혼한 남녀의 경우 처음에는 열정애 점수가 상승하지만 시간이 지나면서 감소되는데 동반애 점수는 그러한 감소가 거의 없다고 한다.
알렉스와 소피는 곡의 마감시간이 촉박한 상황에서 만났기 때문에 거의 하루 종일 붙어 있을 수밖에 없는 상황에 놓인다. 이것은 자기개방의 기회가 그만큼 많다는 것을 의미하며 특히 자신의 커리어와 관계가 되기 때문에 상호관련성 역시 매우 크게 되고 이로 인해 동반애가 커질 수 있는 기회를 가지게 된다.

이 영화에서는 소피와 알렉스의 사랑이 중심적으로 다루어지지만 하나의 커플이 더 등장하는데 바로 소피의 언니와 그녀의 남편이다. 소피의 언니와 그녀의 남편은 우리가 흔히 생각하는 부부의 모습과는 다르다. 소피의 언니는 남편 앞에서도 알렉스의 음식만 챙기고 남편은 신경도 쓰지 않는다. 남편 역시 코라의 무대를 보고 넋을 잃고 이를 나무라는 아내의 말은 귓등으로 흘려듣는다. 보통 이러한 상황에서는 두 남녀가 언성을 높이며 싸우는 것을 상상하지만 이들은 그냥 내버려둔다. 결혼은 열정적인 사랑만으로 유지되는 체계가 아니며 연애와는 다른 요소들의 영향을 받게 된다. 다른 이들이 보기엔 결혼생활이 유지되는 것이 이해되지 않아 보여도 오랜 시간 함께하는 부부가 많다. 이들은 자기들 관계의 애정부족을 문제로 생각하지 않으므로 소극적이지만 편안한 부부관계를 지속할 수 있다. (식품생명학과 유민영)

■ 코멘트: 알랭 드 보통이 지은 소설 『왜 나는 너를 사랑하는가』를 보면 주인공 남자가 초콜릿 알레르기가 있는데도 초콜릿을 무척이나 좋아하는 여자 앞에서 감히 자신의 진실을 이야기하지 못합니다. 사랑에 빠진 사람은 꼭 끼는 옷에다 몸을 맞추기 위해서 고생하는 것과 같다고 주인공은 고백합니다. 사랑은 상대가 이상적인 모습으로 내게 비춰지면서 일어나는 두근거림이라고 한다면 거꾸로 나의 모난 모습을 상대에게 섣불리 내보일 수 없겠지요. 그러나 소피는 자기가 쓴 가사가 멜로디와 어울리지 않는다는 것을 알렉스에게 솔직하게 말합니다. 그리고 소피가 먼저 뒤로 물러섭니다. 다행히도 사랑의 힘은 어려움을 짊어지고도 소진되지 않습니다. 소피에 대한 알렉스의 관심과 호감은 끝까지 유지됩니다. 그리고 결국 소피의 취향에 맞는 곡을 쓰게 됩니다. 처음에는 관계에 방해가 되는 진실이나 자신의 약점을 숨길 수 있지만 언제까지나 그럴 수는 없습니다. 화성남자의 그레이가 주장한 것과 같이 친숙한 단계에 오면 자신의 약

점도 편하게 이야기할 수 있습니다. 사랑에는 환상도 중요하지만 따스하고 온기 가득하고 편안한 것도 중요하지요.

    ▣ 이 영화를 보고 난 뒤 느낌과 더불어 성, 사랑, 여성에 대해 새롭게 깨달은 점을 써보자.

4. 로맨틱 홀리데이

줄거리

주인공은 같은 회사에 근무하던 남자친
구가 회사의 어린 직원과 바람이 나버려
결별을 선언한 영화예고편 홍보회사 사
장인 아만다(카메론 디아즈)이다. 만인이
지켜보는 파티장에서 남자친구가 다른
여자와 약혼을 발표하여 마음의 상처를
입은 웨딩칼럼 기자 아이리스(케이트 윈
슬렛)는 크리스마스 휴가를 훌쩍 떠나고
싶어 인터넷에서 장소를 물색하던 중 서

로의 집을 바꾸어서 지내기로 하면서 새로운 장소에서 만난 새로운 사
람과 로맨틱하고 가슴 따뜻한 사랑을 하게 된다.

등장인물

(1) 아만다(카메론 디아즈)

"현실에서라면 이러지 않아요. … 여기는 낯선 곳이고 당신도 날 모
르고 나도 당신을 모르고… 그리고 나는 2주 후면 여길 떠나니까… 우
리, 섹스할래요?"

극 중 아만다는 돈도 많고 냉철한 여인으로 등장한다. 남자친구의 배
신에도 눈물이 나오지 않고 싸우는 와중에도 일을 하며, 사랑을 할 때

정열적이지도 않고 또한 남자친구와의 섹스도 그다지 관심을 갖지 않는다. 하지만 아이리스와 집 바꾸기를 한 후 처음 보게 되는 남자이자 아이리스의 오빠인 그레이엄과 섹스를 하게 되는데, 이처럼 사랑이란 계획되지 않은 곳에서 시작하게 된다는 것을 보여준다.

(2) 마일즈(잭 블랙)

"산티아나, 동쪽에서 불어오는 따뜻한 바람이죠. 산티아나가 불면 소중한 인연이 찾아온대요."

아만다의 친구로 나오는 잭 블랙. 영화배우인 여자친구에게 배신을 당하고 결국 아이리스를 좋아하게 된다. 왠지 아저씨처럼 편안하게 느껴지지만 여자를 사로잡는 유머와 말솜씨는 대단하다. 아이리스와 동질감을 느끼며 그녀에게 사랑을 고백하게 된다. 부족함이 없던 그에게 여자친구의 배신은 큰 상처를 주고 결국 여자친구는 돌아오지만 소중한 인연이 되는 아이리스를 선택하게 된다.

(3) 그레이엄(주드 로)

"내 시나리오는 달라요. 난 당신을 사랑해요. 당신이 곧 떠나서도 아니고 지금 이 순간이 짜릿해서도 아니라… 뭐라 설명할 순 없지만 암튼 당신을 사랑해요."

정말 잘생긴 청년(?)이자 두 아이의 아빠인 그레이엄. 동생 집에 술이 취한 채로 찾아가 아만다를 만나게 되는데, 처음에는 바람둥이로 등장하지만 알고 보니 아내와 사별하고 두 아이를 키우고 있다. 자신을 사랑하는 사람을 항상 떠나 보낸다는데 아직도 죽은 아내를 잊지 못하고 힘들어하고 있다. 아만다를 만나게 되면서 진정한 사랑의 의미를 되찾게 된다.

(4) 아이리스(케이트 윈슬렛)

"셰익스피어는 말했다. 여행의 종착역이 곧 사랑이라고…. 사랑하면 눈이 먼다는 말도 있다. 그 말 또한 만고불변의 진리다."

3년 동안이나 만나온 남자친구를 잊지 못해 여행을 떠나게 되는데. 결국 여행의 끝에 마일즈를 만나게 된다. 언제나 활발하고 생기가 넘치는 그녀에게 남자친구는 눈물만 흐르게 하는 나쁘지만 가슴 아픈 사랑이다. 남자친구를 잊지 못해 항상 울고 힘들어하는 그녀에게 집 바꾸기 여행은 새로운 사랑을 선사하게 된다.

사랑이란?

〈로맨틱 홀리데이〉라는 제목의 의미처럼 누구나 사랑의 휴가가 필요한 법이다. 사랑하는 사람의 배신, 죽음, 외도는 언제나 우리에게 큰 상처를 준다. 하지만 그 또는 그녀를 잊지 못하는 것이 사랑이다. 때로는 정열적으로 때로는 냉철하게 사랑을 하지만 잠시 동안의 휴가를 떠나고 지금 사랑을 다시 한 번 생각해 볼 필요가 있다. (수학과 홍의찬)

■ 코멘트: 우리는 사랑하는 한 영원히 사랑하기를 바랍니다. 그러나 영원한 사랑은 현실이 아니라 소망일 뿐입니다. 사랑은 변할 수밖에 없는 운명이기 때문입니다. 영원한 사랑은 전설이나 동화 속에나 나오는 것입니다. 상황에 따라 식물의 싹이 트고 자라나고 꽃이 피고 시들 듯이 사랑도 상황의 토지 위에 뿌리를 박고 서 있습니다. 양분 없는 토지 위에서는 사랑도 잘 버텨낼 수 없습니다. 물론 때론 불가능한 상황에서도 사랑은 지속되기도 합니다. 하나의 사랑이 물러나고 새로운 사랑이 다가옵니다. 얼마든지 가능한 이야기입니다. 이 사람이 아니면 평생 혼자일 것 같은 느낌이 들기도 합니다. 그러나 걱정하지 마세요. 오늘 뒤에 내일이 있듯이 사랑 뒤에 또 다른 사랑이 우리를 기다리고 있습니다.

■ 이 영화를 보고 난 뒤 느낌과 더불어 성, 사랑, 여성에 대해 새롭게 깨달은 점을 써보자.

5. 매치포인트

1. 매치포인트(match point)는 승부를 가르는 마지막 1점을 가리키는 말이다. "인생을 마지막 1점이 걸린 테니스 한 판이라고 한다면 네트에 걸린 공이 넘어가서 내가 이기게 되거나 넘어가지 못하고 내 쪽으로 떨어지게 되거나, 즉, 나의 삶을 결정하는 마지막 포인트는 운에 의한 것"이라고 영화 첫 장면에서는 말하고 있다.

2. 주인공 크리스는 성공을 갈망하고 또 성공을 할 수 있을 만큼의 운을 가진 남자다. 그의 운은 대단히 좋아서 사실 운이지만 또한 그에게는 필연이기도 하다. 영화의 결말은 극단적으로 치닫게 되지만 사실 그는 단지 야망이 큰 동시에 한 여자를 사랑하는 남자다. 여기서 성공과 사랑이 두 마리의 토끼로 나타난다.

노라는 매우 매력적인 여성이다. 미국에서 자신의 꿈을 위해 영국으로 온 노라는 매사에 자신이 넘치고 도도하다. 소유욕이 강하고 원하는 것을 손에 넣고자 하는 욕망이 강하다. 그녀의 이런 성격은 크리스에게 선택을 강요하게 되고 극단적인 결과로 치닫게 되는 결과를 초래한다. 클로에는 크리스의 부인이다. 크리스를 진정으로 사랑하고 그에게 헌신하는 아내다. 크리스만을 사랑하고 그에게 단 한 번의 의심도 하지 않는 평범한 아내다. 노라를 향한 크리스의 감정선이 주된 스토리의 흐름이기 때문에 그녀는 스토리의 중심에서 벗어난 인물이다. 크리스는 클로에를 사랑하지 않는다. 단지 그녀의 배경이 필요할 뿐이다.

3. 불륜에서 재밌는 사실은, 기혼남성의 1/4이 불륜을 저지르고 있고, 기혼여성의 1/10이 불륜을 저지르고 있다는 점이다. 그들은 왜 불륜을 저지르는 것일까? 성적인 욕망, 한때의 기분 등 여러 이유가 있을 수 있지만 극 중의 크리스처럼 진정한 사랑을 버리고 개인적 성공을 선택했기 때문일 수도 있다. 이상과 현실은 잔인하게도 서로 같은 곳을 바라보고 있지 않다. 마찬가지로 사랑과 성공은 마치 자석의 N극과 S극처럼 맞닿아 있으면서도 서로를 밀어내는 오묘한 배척관계를 보이기도 한다. 성공이 현실이라면 사랑은 로맨틱한 판타지라고 볼 수 있다. 이 영화는 한 남자의 선택을 강요한다. 사랑이냐, 성공이냐를 고민하던 이 남자는 결국 극단적인 선택을 하게 되고, 어처구니없게도 그 선택은 아무런 부작용 없이 깔끔한 결과를 가져온다.

4. 전체적인 영화의 흐름 속에서, 나는 두 가지 질문을 가지게 되었다. 그 중 하나는 행복에 대한 것이다. 그는 행복했을까? 그는 앞으로 행복할 수 있을까? 극 중 노라에게 전화를 하다가 끊는 장면, 자다가 일어나 고민을 하는 장면, 여기서 그는 중대한 결정을 했다고 보인다. 노라를 죽여야 한다. 그리고 노라를 죽이고 클로에를 만나러 가는 택시에서 그는 감정을 드러낸다. 사실 영화 전반에 걸쳐 크리스는 시종일관

무표정으로, 미묘한 감정을 조금씩 드러낼 뿐이었다. 이 장면에서 크리스가 단지 사람을 죽였다는 죄책감으로 울부짖었다기보다는, 자신의 행복을 자기가 무너뜨린, 또한 그런 선택밖에 할 수 없었던 자기 자신에 대한 자괴감의 표출이라는 생각이 들었다.

크리스가 용의선상에서 제외되고, 클로에가 자신의 아이를 안고 집으로 돌아와 작은 축하연이 벌어지는 마지막 장면에서 창 밖을 바라보는 크리스의 표정을 통해 나는 그가 절대 행복하지 않을 것이라는 느낌이 들었다. 단순한 범행의 죄책감이라기보다는, 크리스는 성공은 했지만 사랑을 잃었기 때문에 결코 행복하지 않을 것이라는 생각이 들었다.

두 번째 질문으로 그는 운이 좋은가? 아마도 대부분의 사람이 그는 운이 좋다고 생각할 것이다. 되받아친 공이 자신의 득점이 되려면, 이것은 상대방의 코트로 넘어가야 한다. 그러나 첫 장면이 그대로 연출된 반지를 던지는 장면에서 반지는 강으로 넘어가지 못하고 펜스에 걸려 난간에 떨어지게 되는데 나는 이것이 네트를 넘기지 못하고 자신의 코트로 들어오는 공을 의미한다고 보았다. 지금까지 그의 성공이 모두 그의 운이 좋았다고 할 수 있지만, 이 장면만은 그렇지 못하다는 것을 감독이 암시하고 있다고 생각한다.

극 중 형사의 꿈으로 나타난 노라와 노인의 유령이 크리스와 대화하는 장면은 사실 크리스의 내면을 나타낸다. 여기서 노라는 크리스에게 "너는 너무 미숙해, 금방 걸리게 될 거야"라고 말하는데, 그 말을 듣고 크리스는 "그랬으면 좋겠지. 그렇다면 일말의 정의가 살아 있다는 거니까"라고 대답한다. 사실 크리스는 자신의 사랑을 찾고 싶었을지 모른다. 또한 자신의 사랑을 죽여버린 자기 자신이 너무도 저주스러워서, 누군가 그것을 단죄해 주고 자기 자신을 멈추게 해주길 바랐던 것일지도 모른다. 그런 의미에서 영화 속 반지가 강물에 떨어지지 않고 난간에 남게 된 것은 그의 마지막 운이 지독히 나빴다는 것을 말해 주는 것일지 모른다.

극 중 크리스가 클로에에게 선물하는 CD, 마지막 장면에서 조용히 흐르는 노래의 제목은 〈남 몰래 흘리는 눈물〉이다. 나는 이것이 크리스의 심경을 정확히 나타내는 것이라고 생각한다. 그는 행복하게 보이지만 사실 행복하지 않고, 운이 좋은 것처럼 보이지만 사실 운이 없는 사람이다. 영화의 결론 앞에서 내심 영화의 결론에 씁쓸히 동감하면서도 당황하고 비통한 기분이 드는 것은 아마도 이런 이유 때문이라고 생각한다. (건축공학과 곽태혁)

■ 코멘트: 아름다운 그림을 보게 되면 아름답군! 하고 지나치고 곧 잊게 됩니다. 어쨌든 아름답다는 느낌은 숨길 수 없는 느낌이고 어쩔 수 없이 필연적으로 주어지는 느낌입니다. 외모이든 내면이든 간에 아름다운 이성은 어떨까요? 그 감동은 쉽게 잊혀지지 않고 오래도록 기억에 남습니다. 때론 첫눈에 그만 사랑에 빠지기도 하지요. 나에게 동반자가 있어도 마찬가지입니다. 사랑은 사회적 테두리와 그물망을 잘 알지 못합니다. 바람이 그물 안으로 들어오듯이 사랑은 내 안에 쳐진 사회적 경계선을 넘어 침투합니다. 나 자신도 그럴 줄은 몰랐지요. 이 영화에서 처음에는 크리스에게 무관심한 척하던 노라의 날로 심해져 가는 소유욕이 눈에 띕니다. 특히 아이를 임신하고서부터 더욱 심해지지요. 본래는 한 사람이 이 세상에 존재함만으로도 감사하고 기뻐해야 하는 것이 아닐까요? 어려운 일이겠지요. 모든 것에 대한 인간의 소유욕이 그렇듯이 인간에 대한 소유욕도 중독 비슷하게 되어 가지면 가질수록 더 가지려고 합니다. 그것은 자신의 그리고 상대의 비극의 시작입니다. 크리스는 죽어서 혼령이 되어 나타난 노라에게 미안해하기는 커녕 이렇게 지껄입니다. "그러게 대충 얼버무리며 살았어야지…"

▣ 이 영화를 보고 난 뒤 느낌과 더불어 성, 사랑, 여성에 대해 새롭게 깨달은 점을 써보자.

6. 피아노
– 스스로를 향한, 세상을 향한 선율 –

1. 말을 하지 못하는 여자
에이다는 어렸을 때부터 말을 하지 못했다. 그러나 그녀 자신은 스스로 말을 하지 않기로 결심했기 때문에 말을 하지 않는 것이라고 내면의 목소리로 말한다. 그런 그녀에게 피아노는 세상을 향하는 통로로 사용된다. 말을 통해 하는 대화는 '쓸데없는 말'이 대부분이라고 말하는 그녀. 어쩌면 그러한 생각이 그녀의 '언어'를 앗아갔을지도 모른다.

2. 의지와 상관없는 결혼… 남편 그리고 베인즈
에이다는 먼 바다를 건너 늪과 진흙탕, 숲이 가득한 섬으로 온다. 그녀의 의지와는 상관없이 아버지의 결정에 떠밀려 얼굴도 모르는 이와 살게 되는데 그 시작부터 문제의 불씨가 가득하다. 스튜어트는 해변에서 에이다를 보자마자 별로 마음에 들지 않는다는 투로 이야기를 한다.

게다가 에이다에게 가장 소중한 의미를 지닌 피아노를 들고 가기 어렵다는 이유로 해변에 방치해 버린다. 여기에서 스튜어트는 에이다와의 대화 통로를 잃게 된다. 에이다는 플로라와 메모지를 통해 피아노를 찾아줄 것을 요청하지만 계속 묵살당하게 된다. 결국 에이다는 베인즈에게 피아노가 있는 곳으로 데려다 달라고 부탁하게 되고 베인즈는 에이다와 플로라를 데려다 준다. 그리고 날이 어둑해지도록 이어지는 피아노 연주와 그 소리에 맞춰 추는 플로라의 춤. 베인즈는 여기서 에이다에 대한 연정을 품게 된다. 피아노를 통해 들리는 그녀의 목소리를 베인즈의 마음이 듣게 된 것은 아닐까.

3. 피아노를 팔아버린 남자, 그리고 피아노를 산 남자

에이다에게 애정을 느낀 베인즈는 스튜어트에게 피아노를 받는 조건으로 땅을 주기로 하고, 이에 에이다는 역시 반발하지만 스튜어트는 결국 피아노를 베인즈에게 넘긴다. 그러면서 에이다를 베인즈의 피아노 선생으로 붙여주게 되고, 피아노에 대한 그리움에 목말라하던 에이다는 베인즈의 집에서 피아노를 치게 된다. 베인즈의 첫인상은 매우 좋지 않았다. 글도 모르고 얼굴엔 문신에다가 교양 없어 보이는 모습….

에이다와 베인즈는 계약을 하게 된다. 베인즈가 에이다의 몸을 만질 때마다 피아노 검은 건반 한 개씩을 넘겨주기로…. 건반이 하나씩 넘어갈 때마다 베인즈의 욕구는 더욱 깊어지게 되고, 결국에는 피아노를 에이다의 집으로 돌려보내게 된다.

4. 끊어진 부부의 관계

피아노를 돌려받았음에도, 에이다는 베인즈를 찾아간다. 베인즈가 보여준 애정에 에이다의 마음도 열린 것이다. 에이다가 베인즈에게 갔다는 사실을 알게 된 스튜어트는 오두막의 틈을 통해 두 사람이 사랑을 나누는 장면을 보게 되고, 에이다를 감금시킨다. 여기서 에이다는 이해하기 힘든 행동을 보여주는데, 스튜어트의 육체를 탐닉하는 것이다. 그것도 스튜어트가 자신에게 손을 대지는 못하게 하면서 말이다. 스튜어트는 조금씩 의심을 풀고 "당신을 믿을 테니 다시는 가지 마시오"라는 말을 남기곤 집을 나서게 된다. 하지만 에이다의 마음은 이미 베인즈에게 가버린 상태이다. 에이다는 플로라를 통해 사랑의 증표를 보내게 된다. 하지만 그 증표는 스튜어트에게 가게 되고, 분노한 스튜어트는 에이다의 손가락을 잘라버림으로써 그녀와의 관계를 망쳐버린다.

5. 새로운 사랑의 시작, 그리고 새로운 삶의 시작

스튜어트는 그녀의 목소리가 머릿속으로 들려온다고 말하면서 베인즈와 에이다의 관계를 결국 용인하고 만다. 베인즈와 에이다 그리고 플로라는 섬을 떠나 대륙으로 돌아가는 배를 타게 된다. 베인즈는 끝까지 그녀의 피아노를 지켜주고자 한다. 하지만 에이다는 배의 안전을 위해 피아노를 물에 던져버리자고 말하고, 피아노에 감긴 밧줄에 자신의 발을 넣어 피아노와 함께 바닷속으로 가라앉는다. 세상으로의 통로였던 피아노와 잘려버린 손가락 때문에 그 통로를 사용할 수 없게 된 절망감 때문이었을까? 아니면 결혼생활의 파탄으로 인한 자책이었을까? 적어도 확실한 것은 발을 넣는 그 순간에 에이다는 지금까지의 삶을 포기하려 했다는 것이다. 모든 것을 포기한 듯했던 그녀는 몸부림을 치며 묶인 발을 풀고 수면으로 떠오른다. 그것은 새로운 탄생의 순간이었다. 섬을 떠난 대륙에서는 베인즈와의 새로운 생활과 피아노가 있고, 거기에 금속으로 만들어진 손가락이 있다. 피아노를 바닷속으로 빠트림으로써 에이다는 새로운 시작을 위한 발판을 마련하였다. (생명과학과 성건희)

276

▣ 코멘트: 사랑한다면 사랑하는 사람을 행복하게 만들도록 노력해야 합니다. 사랑하는 이의 행·불행에는 전혀 무관심한 채 오직 그를 소유하려 들고 그를 가두고 통제한다면 그것은 그를 인격체가 아니라 애완동물 또는 물건 취급하는 것입니다. 이 영화에서 에이다의 남편이 그런 오류를 범하고 있는 것입니다. 그는 에이다가 자신의 심장이나 콩팥같이 여기는 피아노가 파도에 휩쓸리든 비 맞아 녹이 슬든 아랑곳하지 않으면서 불 같은 질투에 휩싸여 에이다를 못살게 굽니다. 결국 에이다를 위해서 피아노를 옮겨주고 에이다에게 피아노가 팔리지 않도록 해준 베인즈는 에이다의 마음을 얻게 됩니다. 사랑하는 사람을 내가 필요로 하는 것이 아니라 내가 그를 위해 필요한 사람이 되어야 합니다.

▣ 이 영화를 보고 난 뒤 느낌과 더불어 성, 사랑, 여성에 대해 새롭게 깨달은 점을 써보자.

7. 사랑해도 참을 수 없는 101가지

	감독	Matt Cooper
		Piper Perabo(줄리아 역)
	배우	Martin Henderson(드류 역)
		Jennifer Tilly(엘스 역)
		Artie Lange(레니 역)
	장르	로맨틱 코미디

영화의 탄생 배경

이 영화는 감독의 경험에서 비롯된 것으로서 모두가 공감하는 연애 스토리로 되어 있다. 감독인 맷 쿠퍼(Matt Cooper)는 첫사랑이었던 여성에게서 마음 아픈 한 통의 편지를 받게 된다. 그녀는 누구에게나 있을 법한 '사랑했지만 떠나보내야 했던 바로 그런 첫 사랑'이었다. 그녀가 보내온 편지는 간결했지만 명확했다. 그 편지의 내용은 이랬다. "말로 전하는 것보다 편지가 훨씬 더 내 생각을 잘 전달해 줄 것 같아서 이 방법을 선택했어. 나 결혼했어. 그리고 지금 너무 행복해. 이 결정이 나를 위한 옳은 일이라고 믿어. 진심으로 네가 잘되길 바래. 네가 찾는 것이 무엇이든지 그것을 찾길 바래. 너는 언제나 내 마음 한 구석에 남을 거야."

이 편지를 받은 쿠퍼는 남자와 여자가 연애를 하면서 얼마나 다른 생각을 하고 있는지를 떠올렸다. 누구보다도 첫사랑의 그녀를 사랑했지만 그녀는 떠났고 그것은 그녀와 제대로 소통하지 못한 때문이며 근본적으로 남자와 여자가 다른 그 무엇의 차이를 극복하지 못했기 때문이라는 생각이 들었다고 한다. 쿠퍼는 자신의 첫 연출작을 이 생각에 기초한 남녀 간의 연애와 사랑에 관한 이야기로 결정한다. 사랑의 정도 차이가 아닌 남자와 여자가 연애할 때, 그리고 사랑할 때 서로가 다르다는 것을 인정하지 못해서 불행한 이별을 맞이하는 커플에 대한 이야기를 섬세하고 재치 있게 담아내기로 한다.

등장인물

(1) 줄리아: 줄리아는 전 남자친구와 헤어지면서 드류와 만나기 시작한다. 그리고 자신의 직업, 친구, 가족 모두를 버리고 드류와 함께 LA로 이사를 온다. 하지만 LA에 엘스 외에 친구가 없기 때문에 드류에게 더 많은 것을 요구한다. 그녀의 이러한 에피소드들과 이별 후에 만난 직장동료와 곧바로 결혼을 한 것을 볼 때, 그녀는 약간 감정적이고 충동적인 성격을 지니고 있다고 할 수 있겠다.

(2) 드류: 드류는 줄리아에게 첫눈에 반한다. 그는 줄리아를 많이 사랑하지만, 표현하는 방법을 잘 몰라서 그녀에게 상처를 주곤 한다. 특히 그는 줄리아 앞에서도 걸핏하면 지나가는 다른 여자를 쳐다보기도 한다. 그는 다니던 직장에서 변호사 시험에서 탈락하여 해고를 당하자, 자신이 실패자 같다며 자책하고, 줄리아의 위로도 뿌리친다. 결국 그는 먼저 헤어지자고 하지만 그녀를 잊지 못한다. 드류는 줄리아에 비해서 조금 더 계획적이고 차분한 성격이면서도, 약간 가부장적인 성격을 나타내기도 한다.

(3) 슈타인버그 부부: 엘스와 레니는 드류와 줄리아의 친구이자 든든한 후원자이다. 그들은 현명한 부부이고 서로를 많이 아껴준다. 또한 엘스는 줄리아에게 가정을 꾸리는 것에 대한 긍정적인 영향을 끼치기도 한다.

줄리아와 드류의 갈등 #1
드류가 회사일로 늦어지고, 줄리아는 그를 밤늦도록 기다린다. 일자리를 얻은 줄리아는 드류에게 약간 실망을 하고 이것은 그들이 앞으로 겪을 갈등의 시작이 된다.

줄리아와 드류의 갈등 #2
줄리아와 드류가 레니와 엘스와 외식을 한다. 드류가 다른 테이블에 있는 여자를 보자 줄리아는 씰룩대며 분위기를 바꾸려 부모님이 오신  다는 얘기를 한다. 영화에는 진짜 부모님이 오시는지 확인할 수가 없었기 때문에, 줄리아가 단지 다른 여자를 쳐다보는 드류가 싫어서 한 말인지 여부는 밝혀낼 수가 없었다. 식사를 마치고 집으로 돌아가는 길에 줄리아는 드류에게 가정을 꾸리고 싶다고 얘기를 한다. 하지만 드류는 단지 다른 여자랑 다시는 잘 수 없다는 생각을 한다.

줄리아와 드류의 갈등 #3
사장에게 혼난 드류는 줄리아 앞에서 푸시(Pussy)라는 말을 하고, 줄리아는 그것으로 트집을 잡으면서 말다툼을 한다.

줄리아와 드류의 갈등 #4

줄리아와 같이 중고차 가게에 가기로 했던 드류는 약속시간을 지키지 못한다. 계약을 하려는 순간 도착한 드류는 줄리아에게 경제적인 문제에 대해서 얘길 하지만, 화가 난 줄리아는 퉁명스럽게 대답한다. 집에 도착하여 드류는 줄리아에게 사과를 하고 싶어 하지만, 어떻게 해야 하는지 몰라 답답해한다.

줄리아와 드류의 갈등 #5

절친한 친구 대니가 LA로 와서 같이 식사를 하게 된 두 사람. 하지만 그 친구는 일부일처제에 대한 황당한 이야기만 늘어놓고, 드류는 또 지나가는 여자를 쳐다본다. 줄리아는 드류에게 친구의 의견에 대해 어떻게 생각하냐고 물어보지만, 드류는 그에 대한 직접적인 대답은 하지 않고 나에겐 너뿐이라는 약간 어긋난 대답을 한다.

줄리아와 드류의 갈등 #6

회사에서 해고된 드류는 줄리아와 바람을 쐴 겸 산책을 하지만 줄리아의 위로의 말 한 마디 한 마디는 드류에겐 위로로 받아들여지지 않는다. 결국 줄리아에게 하고 싶지도 않았던 말을 하게 된 드류를 놔두고 줄리아는 먼저 자리를 뜬다.

줄리아와 드류의 갈등 #7

　　레니와 엘스의 집에서 식사를 하게 된 두 사람. 드류는 레니에게 줄리아가 가정을 꾸미자고 했다는 이야기를 하고 이것을 줄리아가 듣게 된다. 집에 와서 둘은 크게 다투고, 결국 줄리아는 드류의 뺨을 때리고 엘스의 집으로 간다.

줄리아와 드류의 갈등 #8

　　줄리아의 임신 테스트 결과가 음성으로 나오자 드류는 안도의 한숨을 내쉬고, 줄리아는 그의 그런 태도에 또다시 짜증을 낸다. 그리고 그들은 서로가 다른 곳을 보고 있다는 것을 인정하게 된다

줄리아와 드류의 갈등 #9

　　드류: 생각해 봤는데, 우리 헤어지는 게 나을 거 같아. 미안해 자기야. 나도 힘들어.
　　줄리아: 닥쳐. 대체 왜 이래? 대륙을 건너 자기를 따라왔어.

드류: 현재로선 자기에게 잘해 줄 수가 없어.

줄리아: 난 직장도 버리고, 가족도 친구도 버리고 도로 옆에 살고 있는데? 어쩜 그렇게 이기적이야?

그리움 그리고 재회

먼저 헤어지자고 한 드류는 줄리아를 잊지 못하고 계속 연락을 하려 하지만, 그녀는 그를 잊기 위해 계속해서 노력한다. 결국 직장동료와 결혼을 결심한 줄리아는 드류에게 잘 지내라는 편지를 보내고, 그는 그녀의 집 앞으로 찾아가지만, 그녀의 냉담한 태도에 그녀를 붙잡지 못하고 돌아올 수밖에 없었다.

3년 뒤, 그녀와 같이 가던 아이스크림 가게에 간 드류는 습관처럼 그녀와 같이 먹던 '요거트 아이스크림, 과자가루, 호두, 오레오, 히스크런치'를 시키고 똑같은 것을 시킨 여자 손님이 있었다는 얘기에 그녀라고 확신하고 찾으러 뛰어 나간다. 결국 그녀를 만난 그는 다시 그녀와 시작하고 싶어 한다.

이 영화를 이런 사람들에게 추천한다.

(1) 그 또는 그녀의 말, 행동, 태도가 너무 이해가 안 돼.

(2) '왜 남자는…?' '왜 여자는…?'이라는 의문을 갖고 있는 사람들.

(3) 별 것도 아닌 것 같은 일로 다투고 화해하는 일도 지겨워! 하지만 아직 널 사랑한다구.

(4) 연애할 때는 몰랐는데, 결혼하고 나니 사람이 변한 것 같아.

비슷한 상황에 놓여 있는 커플들이 보기에 적당한 영화인 것 같다. 이들과 같은 문제에 빠진 이들! 이 영화를 보고 해결책을 찾길 바란다.

(시스템경영공학과 김진민)

■ 코멘트: 낭만으로 시작한 결혼생활이 나중에는 견디기 힘든 고문처럼 변한다는 것을 패러디한 광고가 생각납니다. 늘 함께 붙어서 사는 것보다는 오히려 서로 거리를 두고 가끔씩 만나면서 연애할 때가 더 행복하고 낭만적일지도 모릅니다. 한 공간에서 붙어 살게 되면 온갖 사소한 것들이 둘 사이를 이간질합니다. 오래된 두 개의 습관이 충돌을 일으킵니다. 창문을 여느냐 마느냐, 사용한 칫솔을 어디에다 두느냐, 신발을 벗어서 어떻게 두느냐… 이런 것들이 상대방의 눈에 거슬릴 수도 있습니다. 처음에는 사랑으로 관용하고 눈감아줄 수 있습니다. 그러나 날이 가면 갈수록 그것은 결국 증오를 일으키고 싸움을 일으키고 맙니다. 피셔가 주장하는 남녀 간의 사고방식의 차이가 멀리서 볼 때에는 매력으로 비치지만 함께 살 때면 이해할 수 없는 골칫거리로 변할 수도 있습니다. 차이란 매력의 불씨인 동시에 싸움의 불씨이기도 합니다. 그렇게 서로 다른 남녀가 평생을 같이하는 결혼이 인간의 보편적인 생활방식이란 것이 놀라울 따름입니다.

▣ 이 영화를 보고 난 뒤 느낌과 더불어 성, 사랑, 여성에 대해 새롭게 깨달은 점을 써보자.

8. 어바웃 어 보이

　한 철없는 어른이 아이를 통해 진짜 어른으로 다시 태어난다는 뻔한 스토리의 영화이지만 뻔한 것 같으면서도 독특한 영화인 것 같다. 월과 마커스의 독백 형식으로 영화를 진행하는 것이 특징이며, 어린애 같은 어른, 어른 같은 어린애라는 상반된 관계를 절묘하게 그려낸 웃음과 감동을 주는 영화다.

　월(휴 그랜트)은 아버지가 작곡했던 노래가 대 히트를 치면서 얻게 된 인세 수입으로 살아가는 30대 후반의 백수이다. 가족과 결혼, 아이들을 지독히도 거부하는 그는 개인주의적 성향이 강하고 자신만의 사생활을 중요시한다. "인간은 섬이다"라는 사고를 품고 있으며 자신은 파라다이스 같은 섬이라고 말한다. TV와 DVD, 오디오와 커피메이커가 갖추어져 있는 자신의 안락한 섬에서 평생을 살 수 있다는 것이다. 굳이 사람들과 관계에 얽매이지 않고도 얼마든지 살아갈 수 있다고 믿는다. 그리고 그의 유일한 낙은 여자들과 함께 즐기는 것이다. 그러나 그의 성격상 오랜 만남은 지속될 수 없다. 여성들의 "이기적인 놈, 쓰레기 같은 놈, 더러운 인간"이라는 이별인사가 싫은 그는 독신모들이 헤어질 때 부담이 없는 여성임을 알게 되고, 독신모 모임에 참석하여 거기서 마커스를 만나게 된다. 그의 섬에 마커스(니콜라스 호울트)라는 12세 소년이 침투하자 그의 삶은 변화되어 가기 시작한다.

월의 이러한 삶의 방식은 타인의 입장으로서 뭐라고 말할 입장이 아닐지 모른다. 하지만 월의 삶의 방식을 보면서 "이건 아니다"라고 느끼는 것은 왜일까? 우리 스스로도 이미 알고 있는 것이 아닐까? 인간은 혼자 살아가는 섬이 아니라는 것을⋯. 어쩌면 월의 삶의 방식은 현대사회에 살고 있는 우리들의 삶과도 흡사하다. 남을 생각하는 시간보다는 오락과 만화책과 컴퓨터에 혼자 갇힌 생활에 빠져 있는 경우가 허다하다. 우린 스스로 섬이 되기를 자초하고 있다.

영화의 묘미는 월과 마커스의 뒤바뀐 듯한 사고에 있다. 이것은 자연히 나이가 들면 현명해지고 지혜로워지는 것이 아님을 말해 주고 있다. 마커스는 어머니와 홀로 살아가는 환경에서 고달픈 학교생활을 하고 있고 그러는 와중에 월을 알게 되었고 많은 얘기를 했다. 그렇게 마커스는 12세의 나이에도 불구하고 어른스러운 생각을 갖게 되었다. 하지만 월은 부유한 환경에서 놀고 먹고 여자랑 가끔 즐기고 철없는 경험만하고 살았으니 그의 생각은 아직 어린애에 불과하다. 그리고 그런 철부지 월은 마커스와의 소중한 경험들을 통해 점점 어른이 되어 간다. 환경과 경험이 인간을 얼마나 변화시키는가를 생각할 수 있었다.

마커스는 학교에서 왕따를 당하는 조금 괴상한 아이다. 하지만 늘 어머니를 걱정하고 조금은 복잡한 생각을 할 줄 아는 마커스는 월보다 더욱 어른스러운 면을 보인다. 어머니를 위해 자신의 의사와는 상관없이 히피 복장을 하고 채식을 한다. 학교에서 어떤 놀림을 받든 우울증에 빠진 사랑하는 어머니를 위해서라면 그것은 큰 문제가 아니라고 생각하는 모양이다. 아들이 노래를 부르면 가장 즐겁다는 어머니를 위해 당당히 학예회 무대에 올라갈 만큼 용기도 있다. 방과 후 월의 집에 와서 함께 퀴즈 프로그램을 보는 둘은 점점 서로를 돕는 친구가 되어 간다. 마커스는 어머니에 대한 걱정과 학교, 여자에 대한 고민 등을 윌에게 털어놓는다. 윌은 단순히 즐기는 그 동안의 만남이 아니라 정말 사랑하고픈 여자를 찾았다며 마커스에게 도움을 요청한다. 그렇게 둘은 우정을 나눈다. 윌은 마커스가 학교에서 친구들과 잘 지낼 수 있게 도와주고 마커스는 윌이 레이첼(레이첼 웨이즈)과 좋은 관계가 되도록 돕는다. 서서히 윌은 더 이상 마커스가 시끄럽게 초인종만 누르는 꼬마아이가 아님을 알게 된다. 그는 스스로도 마커스를 닮아간다고 느낀다. 마커스가 무대에 올라간 용기처럼 그도 야유와 날아오는 음식물을 무릅쓰고 당당히 기타를 들고 무대에 올라섰다. 또한 마커스에게 사랑한다면 속여선 안 된다는 것을, 정직해야 함을 배우게 된다. 그 스스로가 마커스를 통해 많은 경험과 많은 생각 속에 성장해 간다. TV와 DVD, 오디오와 커피메이커가 자신의 삶의 의미가 될 수 없음을 느낀다. 단순한 틀 속의 삶은 아무런 의미가 될 수 없다는 것을 느낀다. 그리고 마커스와 함께했던 그 시간들이 자신의 삶의 큰 의미였음을 알게 된다. 드디어 윌이 껍질을 깨고 자신의 섬의 울타리를 걷고 다리를 연결하려는 순간이다. 그는 인간은 섬에 갇혀 살 수 없음을 알게 된다.

인간이 섬과 같이 고립된 존재로 살아간다면, 평생 TV와 오디오와 살아간다면 종종 놀이동산 가주듯 여자 혹은 남자와 즐기는 존재라면 우리 삶이 무슨 의미가 있을까? 영화 〈캐스트 어웨이〉에서도 톰 행크스는 섬을 탈출하려고 고생고생을 다한다. 역시 인간은 혼자서 살아갈 수 없는 존재인 것 같다. 아니, 세상 그 어떠한 것도 혼자서 살아간다는 것은 무리가 아닐까? "인간은 섬이 아니다(No Man is an Island)." 이 영화가 관객에게 주고자 하는 메시지다. 서로 관계 맺은 여러 인물들이 한자리에 어울려 크리스마스를 보내는 엔딩은 인상적이었다. 크리스마스 때마다 영화를 빌려다 본 월에게는 아주 특별한 경험이었다.

영화 초반에 월은 "나는 월쇼의 주인공"이며 나머지 단역들이 어찌되었든 상관이 없다고 한다. 자살을 시도하여 죽었다면 더 이상 월쇼에 등장하지 못하는 것이다. 그렇게 월은 인간관계를 너무도 단순히 그리고 간단히 생각했다. 그러나 레이첼과의 만남 속에서 그렇지 않다는 것을 느꼈을 것이다. 더구나 '사랑의 관계'는 말이다. 월은 마커스를 통해 자신의 섬에 많은 다리를 건설했다. 그리고 그는 느꼈을 것이다. 사랑하는 이들과 행복을 나누는 섬이 될 수 있다는 것을, 함께하는 섬이 진짜 파라다이스가 될 수 있다는 것을. (공학계열 김영준)

■ 코멘트: 월은 진지한 사랑은 너무 깊고 골치 아픈 것이라고 생각하는 타입입니다. 여자를 사귀어도 한 다리만 안으로 들여놓고 한 다리는 바깥으로 내놓은 채 기회만 되면 다른 곳으로 도망칠 자세를 취하고 있는 것입니다. 적당히 즐기다가 헤어지고 다른 상대를 만나면서 인생을 가볍게 사는 거지요. 상대방이 내어주는 짐은 절대로 노(No)입니다. 앞서 말한 사랑의 유형 가운데 유희적 사랑을 한다고나 할까요. 월은 정말 누구와 만나든지 간에 자기만의 섬이 있어서 섬 바깥으로 나갔다가도 다시 자기의 섬으로 돌아오면서 사는 것입니다. 보통의 경우라면 자기의 섬을 개방하고 상대를 섬으로 초대하겠지요. 그러던 월이 나중에는 섬에서 빠져나와 교류의 묘미를 알아가지요.

■ 이 영화를 보고 난 뒤 느낌과 더불어 성, 사랑, 여성에 대해 새롭게 깨달은 점을 써보자.

9. 세크리터리

〈세크리터리〉는 오랜 세월 터부시되어 온 사디즘, 마조히즘을 공론 화시켜서 그것이 진실한 사랑과 행복에 이르는 또 하나의 길이 될 수 있음을 보여준 작품이다. 나도 사디즘과 마조히즘은 성적 쾌락을 위한 변태적 행위 정도로 여겼었다. 그러나 감동과 웃음을 준 이 〈세크리터 리〉를 보고 거기에 대해 다시 생각하게 됐다.

줄거리

리 할로웨이는 평범한 20대 여성처럼 보이지만 사실은 자신의 몸에 상처를 냄으로써 마음의 안정과 희열을 찾는 사디즘 환자이다. 이러한 이유로 얼마 동안 정신병원에서 요양을 받게 된다. 영화는 이 여성이 요양을 끝내고 집으로 돌아가는 것부터 시작된다. 언니의 결혼식, 모든 것이 정상인 것처럼 행동하는 가족들…, 하지만 그녀는 아직 치유되지 못한 마음속의 병을 가지고 있는 것처럼 보인다. 고등학교 동창인 피터 와 연애도 시작해 보지만 그녀는 끊임없이 자해의 유혹에 시달린다. 그 러다가 우연히 신문을 통해 비서(세크리터리)를 구한다는 공고를 보게 된다. 자해라는 극단적인 방법으로 자신의 존재를 확인해야 했던 그녀로서는 적당한 직업을 가져 정상적인 삶으로 돌아갈 수 있으리라는 희망을 가졌을지 모른다.

그녀가 찾아간 곳은 변호사 사무실이었다. 그 사무실은 고급스럽게 치장되었지만 조금은 변태적인(?) 분위기의 사무실이었다(변호사인 그레이의 취향을 암시하는 듯한). 그녀는 그날로 그곳에 취직하게 된다. 하지만 그것으로 그녀의 병이 치유되지는 않는다. 어느 날 그레이에게 꾸중을 듣고 난 후 자해를 하다가 들키게 되는데 그후로부터 둘 간의 특별한 관계가 시작된다. 리가 타이핑한 문서에 오타가 나올 때마다 그레이는 (엉덩이를 때리는) 체벌을 가하게 된다. 리는 그런 그레이의 행동에 묘한 감정을 느끼게 되고 거기서 조금씩 사랑이 싹트기 시작한다. 한편 그레이는 결벽에 가까운 깔끔함을 가진 남자로 자신의 수상한 성적 취향을 드러내지 않는다. 조금은 위선적인 태도로 리를 대하는데, 체벌을 가할 때도 언제나 그녀를 치유한다는 명분이 들어 있었던 것이다. 하지만 시간이 지나자 그레이는 더 이상 체벌을 가하지 않고 무관심한 태도로 일관하게 된다.

이에 리는 실망감과 함께 이미 그레이를 사랑하게 된 마음을 주체하지 못해 그의 마음을 돌리려고 여러 가지 방법을 써보지만 먹히지 않는다. 오히려 해고를 당하는 수모를 겪게 된다. 리는 피터와 섹스도 나눠보고 결혼식까지 올리려 하지만 그레이를 사랑하게 되어 버린 리로서는 어느 것도 위안이 될 수 없다. 결국 결혼식 날 아침 웨딩드레스 차림으로 그의 사무실에 찾아가게 된다. 당황한 그레이는 꼼짝 말고 있으라며 사무실을 황급히 나가고, 리는 그 말 그대로 그곳에서 한 발자국도 움직이지 않는다. 가족들과 피터와 수많은 사람들이 찾아와 설득하는 상황에서도 그녀는 화장실조차 가지 않고 몇 날, 몇 주를 그 자리에 그대로 앉아 있다. 그 모습을 그레이는 계속 몰래 지켜보고 결국 어느 날

밤 사무실에 들어가 그녀를 안고 나온다. 그후 정성스레 목욕을 시키고 사랑을 나누게 되고 결국 둘은 결혼해 정상적인 부부로 살아가게 된다.

〈세크리터리〉를 보고 난 각자의 견해

1. 한 여인이 자신의 두 손을 결박한 채 입으로 스테이플러를 박고, 입으로 팩스를 물어 어디론가 가져가는 모습으로 시작하는 장면에서 평범한 영화가 아니라는 심상치 않음을 느낄 수 있었다. 이러한 첫 장면은 영화의 전반적인 내용을 암시하는 듯했고, 실제로 그러했다. 이 영화의 주인공인 리 할로웨이는 중학교 1학년 때부터 자기 몸에 상처를 내는 자학을 일삼으면서 정신적 위안을 얻는 아가씨였다.

그녀의 가정환경이 그녀를 마조히스트가 되도록 내몬 것이다. 그녀의 아버지는 술주정뱅이에 어머니에게 폭력을 행사하는 능력 없는 가장이다. 그녀는 항상 그런 아버지에게 사랑과 동시에 분노를 느끼는 것 같지만 그것을 표현하는 방법을 알지 못한다. 그리고 그녀의 어머니는 딸을 너무 보호하려고만 하는 경향이 있다. 비서로 취직한 후, 아침에 딸을 회사에 데려다준 후 저녁까지 차 안에서 기다리는 모습에서 그러한 모습이 비추어진다. 이러한 아버지에 대한 분노와, 어머니의 지나친 관심에서 비롯된 속박에서 벗어나고 싶은 그녀는 화장품 케이스에 모아둔 송곳같이 뾰족한 물건들로 자신의 살을 후비며, 그러한 욕망들을 해소하려고 한다. 즉 자해는 그녀가 스트레스를 해소하는 한 방법인 것이다. 자신을 소중히 대하는 법을 배우지 못한 한 인간이, 욕망이나 욕구를 해소하기 위한 한 방법으로 자신을 괴롭히는 방법을 택했다는 생각이 든다. 하지만 그녀는 자신의 상사인 사디스트적 성향을 지닌 변호사에게 엉덩이를 맞고 난 후부터 자신을 학대하는 일을 그만두기 시작한다. 자신을 스스로 자해하지 않고, 욕구불만을 해소하는 방법을 그로부터 찾았기 때문이다. 보통 남들이 보았을 때는 여성을 학대하는 남자로 비추어졌을 이 남자의 사디스트적 성향이 오히려 그녀에게는 그녀의 욕구를 해소시켜 줄 수 있는 그렇게 찾아 헤매던 반쪽이 되어 찾아왔던 것이다.

사랑이란 그런 것 같다. 어떤 방법이든 간에, 어떠한 점에서든 간에 모자람을 채워주고, 남는 것은 베풀어가면서 하나를 이루는, 서로를 채워가는 과정이 사랑의 가장 중요한 요소인 것 같다. 결국 삶이란 조화 속에서 완성되는 것이 아닌가 생각된다. 이 영화를 보고 느낀 점은 어떠한 요소든지 조화를 이룰 때 비로소 완성된, 행복한 모습으로 나타날 수 있다는 점인 것 같다. (유전공학과 이예련)

2. 처음 이런 낯선 소재로 인해 이 영화는 매우 당혹스럽고 이해가 안 되는 부분이 많았다. 하지만 영화를 보고 난 후 "나는 저런 심리상태를 겪어본 적이 없었나?" 하고 생각해 보니, 학창시절 칠판을 긁는 소리에 강한 거부감을 느끼면서도 다시 듣고 싶은 욕망, 개구리 해부 실험시간에 징그럽게 느꼈지만 집요하게 파헤친 일 그리고 군대시절이 떠올랐다. 반드시 물리적이고 육체적인 가학과 피학을 겪지 않아도 정신적으로 누군가를 속박하거나 구속받고 싶어 하는 욕구, 그것도 일종의 사도마조히즘적인 성향이라고 진단할 수 있다. 이런 생각으로 영화를 다시 보니, 오히려 두 주인공의 사랑이 순수해 보였다. 어린애들이 자신의 본능에 충실해 순수한 것처럼 숨김이나 억압 없이 자신들의 본능에 충실한 사랑을 하는 에드워드와 리가 순수해 보였다. 리와 에드워드는 보통의 연인들이 사랑의 줄다리기를 하듯 가학과 피학의 게임을 즐기는 것이다. 그리고 영화의 라스트 신에서 그레이의 사랑을 되찾기 위해 그

의 명령을 철석같이 지켜내는 리의 모습은, 처음엔 입가에 미소를 걸게 만들지만 나중에는 그 절실함으로 인해 콧잔등이 시큰거리게 만든다. 변심이 어지럽게 널린 이 시대에 〈세크리터리〉는 사랑의 신념이 어떠해야 하는지를 온몸으로 웅변하는 것 같다. (정보통신공학부 윤성신)

3. 영화에서 리는 자기의 욕구를 해소해 주는 그레이에게 점점 사랑을 느끼게 된다. 그레이가 빨간 펜이라고 하는 도구에 의해 오타를 표시하고 욕구를 채워주기 때문에 리는 빨간 펜과 오타를 표시한 종이를 보고 자위를 하게 된다. 대개 사디스트는 대상에게 고통을 주어 성적 쾌감을 얻어 절정에 이르므로 정상성교를 원하지 않는다. 그레이도 마찬가지로 정상성교 대신 자위를 하고 리를 해고한다. 그후 다른 남자를 만나보기도 하고 결혼도 해보려 하지만 리는 결국 그레이를 찾아온다. 고통을 참으면서 사랑하는 마음을 보여준 리를 결국 그레이(그 역시 리를 사랑하고 있었다)는 받아들인다. 이 장면을 보고 나도 모르게 감동을 받았다. 지금까지 계속 사디즘이 비정상적인 사랑이라는 생각을 해오고 있었는데 이것이야말로 지극히 정상인 사랑이었던 것이다. 서로 조화를 이루고 부족한 점을 채워주는 것이 사랑이라는 생각이 들었다. 이 영화는 약간 코믹한 부분들도 많았고 흥미를 자아내는 소재 ,예를 들어 빨간 펜이나 지렁이, 보물상자 등을 통해 한순간도 시선을 떼지 못하게 해주었다. (유전공학과 이준혁)

■ 코멘트: 사랑은 사랑하는 사람의 깊은 인격을 들여다볼 수 있는 눈을 제공합니다. 사랑의 눈으로 바라본 그 사람의 모습은 아무도 볼 수 없는 신비한 모습입니다. 다른 사람에게 자기가 본 것을 아무리 설명해도 믿지 못할 것입니다. 그리고 물어볼 것입니다. "그 사람이 뭘 그렇게 멋지다는 거야?" 두 눈에

콩깍지가 씌웠다는 말이 그래서 생긴 것입니다. 사실 두 눈이 어두운 사람들은 사랑에 빠진 사람들이 아니라 사랑에 빠지지 않은 주변사람들입니다. 두 사람이 동시에 눈을 열고 서로의 가장 아름다운 모습에 반한다는 것이 얼마나 신비스럽고 멋집니까? 사실 이것은 일어나기 힘든 신비임에도 불구하고 세상에 그 많은 사람들이 동시에 서로 사랑에 빠집니다. 지금 이 순간에도….

　▣ 이 영화를 보고 난 뒤 느낌과 더불어 성, 사랑, 여성에 대해 새롭게 깨달은 점을 써보자.

10. 내가 쓴 것

　이 영화에는 크리스토퍼 에이버리라는 작가, 그의 아내 소렐, 그리고 에이버리의 친구이며 직장 동료인 제레미가 등장한다. 프랑스에서 휴가를 마치고 돌아온 크리스토퍼와 그의 아내 소렐의 사이는 여행을 다녀오기 전보다 악화되었다. 크리스토퍼가 각방 쓰기를 제안할 정도이다. 하지만 시간이 지나면서 크리스토퍼는 자신의 잘못을 깨닫고 아내에게 용서를 구한다. 화해를 한 부부는 행복한 시간을 보내지만 그것도 잠시, 크리스토퍼가 뇌졸중으로 쓰러진다. 남편을 간호하던 소렐은 남편의 같은 학교 교수로부터 남편이 비밀리에 쓴 소설원고를 넘겨받는데, 그 안에는 남편이 파리에서 만난 여인과 주고받은 원색적인 편지가 들어 있다.

　일단 이 영화는 매우 세련되어 있는 듯하면서도 구닥다리 같고 매우 퇴폐적인 듯하면서도 아름답다. 이 영화를 에이버리가 뇌졸중으로 쓰러지기 전과 쓰러진 후로 나누어보자. 에이버리와 그의 아내는 부부관계를 유지하면서도 사실은 단절되어 있다. 3주 동안 전혀 이야기를 하지 않고 섹스도 하지 않는다. 그것을 매우 특이하게 존 휴즈는 표현하고 있다. 에이버리와 그 아내의 장면이 나올 때마다 언제나 감독은 사진들을 보여주듯이 표현하고 있다. 이 영화는 흑백과 컬러로 나뉜다. 보통의 지리하고 신물나는 에이버리의 일상은 컬러로 보이지만 그가 정신적인 교감을 할 수 있는 여성을 만나는 장면은 언제나 흑백이다. 그것은 아마도 사실과는 다른, 사실보다 더 아름다운 하지만 비현실적인 상황을 흑백으로 표현한 것이 아닐까. 아마 감독은 컬러보다 흑백을 더욱 몽상적이고 아름다우며 이상적인 표현이라 느꼈던 모양이다. 이렇게 전반부는 사진 같은 이미지의 나열, 흑백과 컬러, 이렇게 다양한 방식의 표현들이 시간의 순서 없이 무분별하게 다가오고, 그것을 퍼즐처럼 맞추어 가는 우리 관객들의 임무를 착실히 수행하는 것도 즐거운 노릇이다.

이제 영화는 후반부로 치닫는다. 에이버리의 돌연한 뇌졸중 이후 그의 아내는 그의 미발표 단편소설을 알게 되고 또 그와 편지로 교감했던 여인의 존재를 알아낸다. 거기서 주인공은 이제 아내와 에이버리의 친구로 바뀌고 앞에서 말했던 약간의 추리극의 형태를 띠게 된다. 하지만 이 역시 그렇게 진부하지 않다. 역시 소설을 기본으로 한 작품이라 그런지 엉성한 이야기 구성은 아닌 듯이 보인다. 비록 표현적인 다양성을 맛보는 즐거움은 사라졌지만 이제는 교묘한 추리극을 한 편 보는 쾌감이 다가선다.

이 영화 속의 인물들의 대사와 독백 또한 빼놓을 수 없다. 에이버리가 주로 독백을 한다. 그는 작가이다. 게다가 문학부 교수인 듯하다. 그런 이의 독백이니 오죽하겠는가? 문학적이고 여하간 세련되었다. 내가 지금 세련이라는 단어를 참으로 많이 쓴 것 같은데, 정말 그럴 법도 하다고 느낄 것이다. 그 세련된 호주의 중산층 엘리트들이 향유하는 삶의 방식은 그와는 정반대로 구닥다리다. 물론 컴퓨터를 종종 쓰기는 하지만 그 컴퓨터마저 구닥다리로 보이는 것은 왜일까? 그리고 펜을 들어 자필로 편지를 쓰는 인물들의 모습은 마치 〈위험한 관계〉 속의 중세 속 불륜의 연인들처럼 보이기도 한다. 휴대전화 같은 것은 이 영화에 나오지 않는다. 사라진 지 오래인 듯한 다이얼을 돌리는 전화들이 이 영화 속에는 등장한다. 그리고 에이버리의 친구는 고미술사 담당 교수로 보인다. 언제나 강의하는 모습에서 슬라이드로 르네상스 시대의 것으로 보이는 미술작품들을 설명하고 있다. 고미술품들, 전화와 펜, 그리고 편지… 이러한 장치들의 배열은 꽤나 고풍스럽다.

전체적으로 아주 잘 짜여진, 어쩌면 난해하기로 소문난 작가 헨리 제임스의 소설을 읽는 듯한, 그리고 형식적인 실험도 보이는 듯한 이 알려지지 않은 호주 영화를 난 응원하고 싶다. 영화 〈내가 쓴 것〉은 포르노그래피를 담은 영화지만, 눈부시게 아름답다. 사랑하는 사람의 외도를 의심하면서 사랑에 대한 믿음을 버리지 않는 여자. 불륜을 저지르는 남자. 친구의 아내를 사랑하여 그 사랑에 집착하는 남자. 나는 이 영화에서 올바른(?) 사랑의 관계인 크리스토퍼(에이버리)와 소렐(질리안)의 사랑보다는 제레미의 집착하는 사랑이 더 마음에 와 닿았다. 현실을 도피하는 크리스토퍼보다는 사랑의 음모를 꾸며서라도 사랑을 얻으려는 제레미의 캐릭터가 더 마음에 들었다. (이길호)

▣ 코멘트: 사랑에서 오는 집착은 무서울 정도입니다. 보통의 경우라면 별로 발휘되지 않는 힘이 사랑으로부터는 초인적으로 콸콸 샘솟지요. 그리고 무슨 짓이라도 맘먹은 대로 실천에 옮깁니다. 때로 그것은 끔찍한 짓일 수도 있습니다. 영화에 자주 등장하는 것은 라이벌을 죽이는 것이지요. 이 영화에서는 친구의 부인을 사랑한 남자가 사랑을 얻기 위해 친구의 이름으로 된 소설을 한 권 씁니다. 친구가 믿고 맡긴 비밀스런 편지들, 즉 친구의 불륜을 고스란히 드러내

주는 증거들을 바탕으로 제레미는 소설 하나를 꾸밉니다. 소설 속에서 틀린 지명이 소설의 작가가 누구인가를 미심쩍게 만들고 결국 소렐은 소설의 작가가 남편이 아니라 제레미였다는 것을 알아챕니다. 제레미의 전략은 실패로 끝나고 제레미는 절규합니다. 7년 동안이나 사랑했는데 그리고 소설까지 썼는데 사랑을 얻지 못했으니 얼마나 속상했을까요? 사랑은 반드시 노력에 비례하는 것이 아닙니다. 한 개의 노력을 덜한 것이 오히려 더 효과적일 수도 있으니까요. 그런데 왜 그렇게 사랑에는 비극이 많은 걸까요? 사랑하고 있는 사람들, 결혼해서 사는 사람들… 아무리 살펴보아도 행복하다는 사람이 별로 없습니다. 사랑이 확실한 행복의 길은 아니라는 증거입니다. 행복은 자기실현의 기쁨을 누리는 데 있는 것이고 긍정적인 인생관과 세계관에 달린 것입니다.

　　◙ 이 영화를 보고 난 뒤 느낌과 더불어 성, 사랑, 여성에 대해 새롭게 깨달은 점을 써보자.

11. 베터 댄 섹스

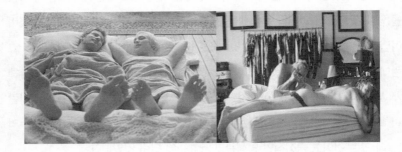

줄거리

런던에서 살고 있는 사진기자 조쉬(데이비드 웬햄)와 의상 디자이너인 씬(수지 포터)은 시드니의 한 파티에서 마주친다. 조쉬는 3일 후면 런던으로 돌아가야 했기 때문에 둘은 하룻밤의 낭만적인 섹스를 원하면서도 전혀 부담을 가지지 않는다. 그러나 쿨하게 시작된 둘의 관계는 3일째가 되어 가면서 사랑이라는 감정이 끼어들면서 불편해지기 시작한다. 둘은 사랑하는 감정을 느끼지만 서로의 감정을 고백하지 못하고 혼란스러워한다. 결국 조쉬는 런던으로 떠나지만 택시기사의 충고 때문에 다시 돌아오게 되고, 반면에 씬은 조쉬를 보기 위해 런던으로 간다. 길이 엇갈리게 되지만 두 사람은 결국 다시 만나 사랑을 확인하게 된다.

섹스와 사랑

〈베터 댄 섹스(Better than sex)〉의 감독 조나단 테플리츠키는 이 영화를 찍으면서 실제 연애상황을 재현했다고 한다. 감독 자신이 시드니

300

에서 만난 여자와 3일 동안 런던에서 겪은 경험을 토대로 했다고 한다. 그만큼 진부한 헐리우드식 로맨틱 코미디가 아닌 좀 더 리얼한 섹스와 사랑의 이야기를 그린 것이다. 실제로 〈베터 댄 섹스〉는 우리에게 많은 생각할 거리들을 준다. 이 영화에서는 처음부터 끝까지 베드신이 등장한다. 영화 제목에서도 알 수 있듯이 감독은 섹스보다 좋은 무언가가 있다고 말하고 싶어 한다. 섹스보다 좋은 것이 무엇인가? 섹스보다 좋은 것이 무엇인지 정하기는 힘들다. 영화에서 말하고자 하는 것은 사랑하게 되는 데에 섹스보다 좋은 것이 있는지 없는지는 모르지만 적어도 섹스가 사랑의 출발점이 될 수 있다는 것이다.

하지만 영화에서는 결코 섹스가 목적인 남녀의 만남을 부정적으로 그리지 않는다. 감독의 말을 인용해 보자. "섹스는 재미있으며 즐겁다. 섹스는 인간관계의 시작 지점이 될 수도 있고, 열린 실제가 될 수 있는 것이다." 영화에서도 조쉬와 씬은 첫 만남에서 호감을 가지고 있었을지는 몰라도 결코 사랑했기 때문에 잠자리를 가진 것이 아니다. 섹스가 목적이었지만 그들은 섹스에서 사랑하는 방법을 배운다. 영화의 중간중간에 감독은 인터뷰를 집어넣었다. 인터뷰하는 장면은 영화를 지루하지 않게 해줄 뿐만 아니라 남녀의 생각이 어떻게 다른지 알 수 있게 해준다. 인터뷰에서 조쉬와 씬은 섹스가 목적이었지 처음부터 끌린 것은 아니라고 고백하고, 그와 그녀의 친구들은 그들의 솔직한 성담론을 펼쳐낸다. 영화에서 섹스는 결코 부정적으로 그려지지 않는다. 밝고 명랑하며 경쾌한 분위기로 베드신을 이어 나가는 것은 섹스가 남녀관계에서 사랑을 만들어나가는 데 결정적인 역할을 한다는 것을 나타내는 것이다. 섹스가 목적인 관계에서도 얼마든지 사랑하는 감정이 생겨날 수 있다는 것을 영화는 말하고 있다.

영화를 보고

아직도 섹스에 대해서 동양문화권은 폐쇄적이다. 물론 어떠한 기준이 확실하게 있는 것은 아니지만 섹스에 대해서 어렵게 생각하고 감추려고 하는 것은 분명하다. 〈베터 댄 섹스〉에서 나오는 것처럼 3일 동안 잠자리를 함께했다고 해서 꼭 사랑의 감정이 생기는 것도 아니고, 더구나 우리나라와 같은 문화권에서는 원나잇 스탠드라는 것 자체가 상당한 거부감을 주는 것도 사실이다. 하지만 감추려고 할 뿐이지 이런 일들은 주변에서 얼마든지 볼 수 있는 일들이다. 영화에서 말하고자 하는 것은 섹스가 꼭 그렇게 불건전한 것이 아니며 오히려 섹스로 인해서 사랑의 감정이 생겨날 수도 있다는 것이다. 여기서 말하는 섹스란 원조교제나 불륜과 같은 불법적인 것이 아닌 정상적인 성인 남녀의 만남에서 생기는 섹스이다. 물론 조금 과장된 면도 없지 않아 있지만, 그리고 우리 정서에 잘 맞지 않는 면이 있다고 하더라도, 감독이 의도한 "섹스는 즐거운 것이며, 사랑의 기폭제가 될 수 있다"라는 점은 한 번쯤 생각해 볼 만한 것이다. (박원)

▣ 코멘트: 처음 보는 사람에 대한 파악은 1초 안에 이루어진다고 합니다. 건강상태, 지식 정도, 성격, 지위 등이 눈깜짝할 사이에 파악되는 것입니다. 첫눈에 빠지는 것이 그래서 가능한 것입니다. 단 한 번의 눈길로도 반하여 얼마든지 성충동을 느낄 수도 있는 것입니다. 화성남자의 저자 그레이는 특히 남자의 사랑이 상대의 육체적인 매력을 느끼는 데서 시작한다고 보았습니다. 그렇다면 남성의 경우 처음 본 매력적인 이성과 성관계를 갖는 일이 불가능하지 않을 것입니다. 여성도 인간인 한 처음 본 매력적인 남성에게 사랑에 빠질 수도 있고 때로는 성관계까지도 가능할 수 있습니다. 말로는 아니라고 생각하는 사람들이 의외로 많을지 몰라도 실제로 세상에서 벌어지고 있는 일들은 이것을 충분히

302

증명해 줍니다. 성에 대한 유교적인 관념 때문에 우리 사회가 보수적 흐름을 타고 있는 것이 사실입니다. 서구인들을 보면 대개 남녀가 먼저 섹스를 하고 나서 계속 사귈 것인지를 결정하는 편입니다. 서로의 사랑을 확인한 뒤 성관계를 갖는 우리와는 정반대인 셈입니다. 처음 만난 사람 간의 성관계는 결코 만족스러울 수 없을 것입니다. 쾌락은 깊은 사랑과 친숙함에서 우러나오니까요. 그러니까 서구인들도 단 한 번의 성관계로 속궁합을 판단한다면 그것은 속단이겠지요. 어떤 연애방식이 더 도덕적이고 인간적이며 더 좋은 것인지는 말하기 힘듭니다. 그것은 선택의 문제이며 개인적인 실존의 문제입니다. 연애방식이 그 사람의 도덕성을 판단하는 잣대가 되어서는 안 된다고 봅니다. 어떤 사람이 식사 전에 후식을 먹는다고 해서 그를 도덕적으로 비판할 수 없는 것과 마찬가지입니다.

■ 이 영화를 보고 난 뒤 느낌과 더불어 성, 사랑, 여성에 대해 새롭게 깨달은 점을 써보자.

12. 왓 위민 원트

〈왓 위민 원트〉는 "만일 남자가 여자의
마음을 읽을 수 있다면"으로부터 시작되
는 가벼운 로맨틱 코미디 영화다. 남성우
월주의자에다가 바람둥이인 '닉 마샬'은
잘나가는 광고 기획자인데 명성과 돈 하

나도 부럽지 않았던 그에게 어느 날 갑자기 시련이 찾아온다. 경쟁 회
사로부터 스카우트된 '달시 맥과이어'라는 여자에게 승진의 기회를 빼
앗겨버린 것이다. 여성용품을 한 보따리 받아들고 달시로부터 기획안
을 내라는 주문을 받은 닉은 집에서 립스틱도 바르고 코팩도 붙이고 마
스카라에 다리털 제거까지 하던 중 실수로 헤어드라이기와 함께 물로
들어가서 감전을 당하게 되고 그로 인해 다음날부터 여성의 마음이 들
리는 신기한 능력을 가지게 된다. 닉은 이러한 능력을 처음에는 부담스
러워 하다가 정신과 상담을 통해 이는 자기에게 찾아온 찬스라는 걸 알
아차린 후부터 자기의 지위를 찾기 위해서 달시의 마음을 읽어내고 달
시의 아이디어를 훔쳐낸다. 닉은 다시 회사로부터 능력을 인정받게 되
었고 그것을 모르는 달시는 점점 닉의 매력에 빠져들게 되고 결국 그를
사랑하게 된다. 회사는 실적이 저조한 달시를 해고하게 되고 닉은 양심
의 가책을 받고 우연한 사고로 인하여 능력도 잃어버린 채 달시에게 사
과를 하고 달시는 그러한 닉을 용서하면서 이 영화는 끝난다.

이 영화의 주된 테마는 여성의 심리다. 남자라면 누구나 한 번쯤 생
각해 볼 만한 생각 "만일 내가 여성의 마음을 읽을 수 있다면"이라는

304

다소 황당한 소재로부터 만들어낸 것으로, 닉이라는 남자를 통해 여성이 어떠한 생각을 가지고 있나를 엿볼 수 있게 하는 영화이다. 이 영화의 주인공인 닉은 어릴 적 라스베이거스 무희의 아들로 태어나 보통 사람과는 조금 다른 인생을 살았다. 주위에는 온통 여자들이었고 모든 여자들은 그를 왕 다루듯이 했고 그로 인해 닉은 커서도 모든 여성은 자신의 생각대로 다룰 수 있는 장난감 정도로 여겼다. 그러나 실상 부인은 닉을 못 견뎌서 이혼했고, 딸은 아버지에 대해 거부감을 가지고 있다. 여자에 대해 너무나 잘 알고 있다고 자부하던 그가 정말로 아는 건 아무것도 없는 게 정말 아이러니컬한 일이 아닐 수 없다. 좀 유별난 것처럼 나오지만 사실 닉은 보통남자의 전형이다. 그에게 초능력이 생기면서 닉은 점점 여성의 마음에 대해 이해를 하기 시작한다. 평소 자신이 몰랐던 부분에 대해 알게 되고 그로부터 자신을 바꾸어 나가기 시작한다. 무능력한 아빠에서 딸을 이해해 주는 아빠로, 콧대 높고 남성우월주의자로 취급받던 남자에서 여자에게 자상하고 친절하고 유능한 남자로 말이다.

영화에서 닉은 신기한 능력을 가지게 된 후부터 자의든 타의든 다른 사람의 생활까지 신경 쓰게 된다. 딸의 마음을 읽고 댄스파티를 못 가게 막거나, 딸의 첫 경험에 대해서 충고를 한다거나, 서류 배달원인 에린의 소극적인 성격을 읽고 그녀의 인생에 조금이나마 관여하게 되거나, 일 때문에 힘들어하는 달시의 고민을 읽고 외롭지 않게 친구가 되어 주는 등… 마음을 읽을 수 있는 능력 때문에 다른 사람에 의해 영향

받는 삶으로 바뀌게 된 것이다. 게다가 닉은 여성을 인정하고 그 마음을 헤아려주며, 어려운 일의 상담도 도맡아 해결하는 등 여성의 마음을 누구보다 잘 이해해 준다. 또한, 여성의 마음을 읽을 수 있는 능력은 잠자리에서도 발휘된다. 여성이 어떤 것을 원하는지 누구보다 잘 알기에 상대 여성에게 충분한 쾌감을 줄 수 있고 결국 잠자리에서도 인정을 받는다. 그의 아빠 역할에도 변화가 생긴다. 딸의 마음을 이해하게 되고, 딸을 한 사람으로 인정하게 되는 것이다. 결국 모든 면에서 완벽한 사람, 그것이 바로 새로운 능력을 얻게 된 닉의 모습인 것이다. (김수현)

▣ 코멘트: 이 세상에는 박테리아처럼 너무 작아서 눈에 보이지 않는 것 이외에도 눈에 절대로 보이지 않는 것이 있습니다. 사람의 마음이지요. 사람의 마음은 오직 얼굴 표정과 몸짓, 언어 등 징표로만 즉 간접적으로만 나타납니다. 사람들이 성기를 가리고 다니는 것은 그것이 생명번식을 위한 아주 중요한 기관이기 때문입니다. 마찬가지로 영혼과 마음은 인간 그 자체이기 때문에 존귀한 것이고 따라서 세상을 창조한 하느님은 그것이 보이지 않도록 배려한 것인지도 모릅니다. 과연 사랑하는 사람의 마음을 훤히 들여다볼 수 있다면 그의 사랑을 쉽게 얻을 수 있을까요? 물론 그가 원하는 바를 미리 알고 해준다면 그의 마음에 들게 되겠지요. 하지만 그의 마음속에는 너무도 많은 것들과 비밀들이 담겨 있습니다. 그의 복수심, 질투, 분노, 증오, 이상심리… 그런 것들을 보게 된다면 아마 그를 사랑할 수 없을지도 모릅니다.

▣ 이 영화를 보고 난 뒤 느낌과 더불어 성, 사랑, 여성에 대해 새롭게 깨달은 점을 써보자.

13. 감각의 제국

줄거리와 영화의 배경

1936년 5월 동경 아라가와구의 요정 '마사
키'에서 한 남자의 시체가 발견된다. 수사 결과,
피해자는 나카노구에 있는 요정 '요시다야'의
주인인 이시다 키치조우, 가해자는 '요시다야'
의 전 종업원이었던 아베 사다로 밝혀진다.

키치조우의 사인(死因)은 교살. 성기가 잘려
져 있고, 이불과 시체에는 "사다와 키치, 둘이서
영원히"라는 문구가 붉은 피로 쓰여 있었다. 3개월 동안 밀애를 나누던
두 사람은 키치조우 부인의 눈을 피해 4월 23일 같이 도망을 나와 요정
'마사키'에 틀어박힌 후 애욕의 생활에 빠져들었다. 사다는 키치를 너
무 사랑한 나머지 영원히 자신의 남자로 남기기 위해 그의 목을 조르게
된다. 시나가와 역 주변의 여관에서 체포된 사다의 손에는 종이에 꼭
싸인 키치조우의 성기가 쥐여 있었다. 그녀는 경찰에게 매우 침착한 태
도로 "제가 아베 사다입니다"라고 이름을 밝혔다.

이 충격적이고 엽기적인 사건은 당시 일본열도를 떠들썩하게 했지만
전쟁에 지쳐 있던 사람들에게 호기심 어린 사건으로 비춰졌고 동정 어린
여론에 따라 아베 사다는 징역 6년형에 처해지는 것으로 끝을 맺었다.

전문가의 평

우리나라에서 개봉되기까지 무려 20여 년이 걸린 영화 〈감각의 제국〉.

최근 우연한 기회를 통해 이 영
화의 무삭제 원판을 보게 되었
다. 이 영화는 오시마 나기사를
법정에까지 세울 정도로 일본
내에서도 포르노냐, 예술이냐
는 논쟁이 치열했으며, 이러한

악조건을 미리 예상한 나기사 감독은 촬영만 일본에서 하고, 필름 수입
및 현상, 편집 등은 프랑스에서 하는 식으로 이 영화를 완성했다.

　이 영화에 따라 다니는 열광적인 찬사들에 익숙해진 나로서는, 비록
이 영화가 논란이 될 만큼 선정적인 요소를 담고 있다 하더라도 예술로
서의 가치가 없는 포르노에 불과한 것으로 싸잡아 매도하고 싶지는 않았
다. 적어도 내 눈으로 직접 확인하기 전까지는 말이다. 그러던 중 운 좋
게도 이 영화를 통해 오시마 나기사 감독이 의도했던 바를 적나라하게
파악할 수 있는 기회가 내게 주어진 것이었다. 사실 무삭제판을 보지 않
았다면 이 영화를 잘 만들어진(사회성 있는) 에로영화 정도로 평가했을
지도 모른다. 그러나 전체를 다 볼 수 있었던 나는, 좀 다른 평가를 내릴
수 있을 것 같다. 한 마디로 결론을 내리자면, 〈감각의 제국〉은 포르노이
다. 배우들의 실제 성행위와 적나라하고도 다양한 성애표현, 사디즘, 마
조히즘 등 포르노라면 갖출 법한 요소들을 모두 담고 있기 때문이다.

　그런데 재미있는 것은, 이 영화를 본 후 관련자료를 검색해 보면서
알게 된 사실인데, 사실 오시마 나기사 감독도 이 영화를 포르노로서
만들었다는 것이다. 영화 속의 섹스는 왜 실제 행위가 아닌 연기로만
표현되어야 하는가 고민해 왔던 감독은 영화란 욕망을 시각화하는 것
이라는 생각을 갖고 있었다. 포르노에 대한 금지가 풀리자, 프랑스와
일본의 합작 포르노인 〈감각의 제국〉을 탄생시킨 것이다.

이 영화를 포르노라고 규정하면서도 내심 걸리는 것이 있는데, 바로 이 영화의 예술적인 가치에 대한 부분이다. 사실 이 영화를 단지 눈요기용으로 만들어진 저급 포르노로만 규정하기는 힘들다. 왜냐하면 분명 성을 통해 1930년대의 일본 제국주의를 조롱하는 메시지를 담고 있으며, 형식적으로도 결코 엉성하게 만들어진 영화가 아니기 때문이다. 만일 성 정치학을 하는 사람의 관점에서 본다면 이 영화만큼 탁월한 영화가 없을 정도이니까 말이다. 이를 통해 오시마 나기사의 탁월한 점을 하나 발견할 수 있는데, 그것은 그가 〈감각의 제국〉을 통해 포르노와 예술의 성격을 모두 지닌 영화를 만들어냈다는 점일 것이다.

나는 자꾸 의문이 든다. 제국주의와 정상적인 성을 전복하고 조롱하기 위한 목적으로, 과연 이와 같은 방법과 표현까지 동원할 필요가 있었을까 하는 의문 말이다. 오시마 나기사는 포르노란 볼 수 없도록 금지됨으로써 비로소 포르노가 된다고 하였는데, 감독이 의도한 것처럼 〈감각의 제국〉은 그 오랜 세월 동안 일본을 비롯한 수많은 국가에서 상영이 금지됨으로써 의도했던 포르노로서의 지위를 성취할 수 있었다. 그렇다면 이제 우리나라 영화관에서도 상영된 바 있는 이 영화는, 더 이상 포르노가 아니란 말인가?

제작자와 감독의 의도로만 영화의 예술적 가치를 평가할 수는 없다. 극단적인 예를 들어, 산속의 바위 덩어리 하나를 가져와서 미술관에 전시해 놓고, 고뇌하는 현대인이라는 제목을 붙여 예술적 가치를 부여하는 일과 같이 우스꽝스러운 행위를 과연 합리화할 수 있을까? 마찬가지로 분명 포르노인 것을 예술적인 형식으로 잘 포장하여, 나름대로 의미 있는 내용을 담아서 내놓았으니 알아서들 보라고 하는 것이 과연 예술을 하는 사람으로서 타당한 것일까? 결코 아닐 것이다. 이는 결국 예술로써 예술의 무덤을 파는 행위에 지나지 않은 것이다.

진정한 사랑인가, 성에 대한 집착인가?

영화 속에서의 두 주인공의 사랑행위는 일반적인 것과는 상당히 다르다. 키치조우를 부인과 섹스를 하는 모습으로 처음 본 아베 사다나 그러한 모습을 남들에게 부끄럽지 않게 보여주는 키치조우, 두 사람 역시 우리가 보는 일반적인 사람들과는 다르다. 결국 사랑이라는 이유로 벌인 도피행각 중에서의 섹스에 대한 탐닉, 게다가 마지막에는 죽음에까지 이르고, 남자의 성기까지 잘라서 소유하게 된다. 나에게 이것은 사랑이 아니라 오로지 쾌락에 집착하는 두 명의 인간의 단상으로밖에 보이지 않는다. 또한 사랑해서 남자를 죽이고 그의 성기를 소유하게 되는 것이 아니라 단지 광적인 집착에 가까운 소유욕일 뿐이다. 키치조우가 부인과 섹스를 하면 그의 성기를 잘라버리겠다고 말하는 아베 사다의 대사에 잘 나타난다. (정치외교전공 송희진)

▣ 코멘트: 한 사람을 사랑하다 보면 그 사랑이 지나친 극단적인 소유욕으로 치달을 수도 있습니다. 그 사람에 대한 배려는 어디론가 사라지고 오직 나만의 나 자신만을 위한 소유욕만이 남게 됩니다. 그럴 때 사랑은 파괴적이 되어 상대뿐만 아니라 결국은 나까지도 파괴하게 됩니다. 그렇게 되기 전에 미리미리 자기 삶을 사랑에 의존적인 삶이 아니라 자기실현을 지향하는 삶으로 만들어야겠지요. 사다의 경우는 너무나 극단적이기 때문에 마치 병적 집착처럼 보입니다. 사다는 죽여서라도 키치조우를 완전한 자기 것으로 만들려고 합니다.

▣ 이 영화를 보고 난 뒤 느낌과 더불어 성, 사랑, 여성에 대해 새롭게 깨달은 점을 써보자.

부록 1 연인대화법[1]

남녀는 같은 인간이기에 많은 공통점과 동일한 본질을 가지면서도 다른 점이 너무도 많다. 심지어 남자는 화성에서 왔고 여성은 금성에서 왔다는 말도 있을 정도이다. 사실 인간 개개인은 모두 독특한 개성을 가진, 이 세상에 단 하나밖에 없는 존재이다. 인간 각자는 각자의 법을 갖는 공화국이라고 해도 과언이 아니다. 나는 법을 세운다: "나는 사랑한다면 언제라도 시간을 만들 것이다." 그러나 상대방은 다른 법 아래 자기 공화국을 통치한다. 그의 법에 따르면 아무리 사랑하더라도 자기 일이 우선이다. 내 일을 충분히 한 뒤 시간이 남으면 그녀를 만날 것이

---

1) 부록 1은 S. Miller 외 공저, 『부부가 함께 말하기와 듣기』(채규만 외 공역)를 연인대화법에 응용한 것이다.

다. 인간들은 서로를 필요로 하고 좋아하고 사랑하면서도 생각의 차이로 갈등을 겪는다. 결국 싸우다가 헤어짐에 이른다.

남녀관계도 마찬가지다. 남녀 간의 갈등의 요인에는 여러 가지가 있고 앞서 말한 것처럼 각자가 개성을 가진 존재이기에 갈등을 겪기도 하지만, 남녀 간의 근본적인 차이 즉 사고방식과 감정표현, 행동방식 등의 차이 때문에 관계에 어려움이 온다. 갈등이 우연히 온 것처럼 생각되기도 하고 행동의 잘못이나 배려의 부족 때문에 생긴 것처럼 생각되기도 한다. 그것은 일부분 타당하다. 그러나 자세히 살펴보면 대개의 갈등은 남녀 간의 근본적인 차이 때문에 생긴 것이다. 그러나 갈등을 겪는 당사자들은 대개 그 점을 눈치채지 못한다. 우리는 앞서 이미 남녀 간의 영혼의 차이를 말했다. 연인 간의 갈등이 심각하고 깊어서 아무리 해도 해결될 수 없는 경우도 많겠지만 많은 경우 효과적인 대화기술로 관계를 호전시킬 수 있다. 누구나 대화기술을 연습하고 터득하여 관계를 호전시키도록 노력해 봄직하다.

1. 말하기

대화는 언제 하는가?

대화는 함께 있으면 언제나 하고 있는 셈이다. 그러나 여기서 추천하는 대화법은 어느 한쪽이 관계나 행동, 상황 등으로 불만족을 느끼고 문제가 있다고 의식할 때 사용한다.

문제란?

남녀가 함께 지내다 보면 속상한 일, 기분 좋지 않은 일, 불만족한 기분이 일어나고 상대가 이렇게 해줬으면 하는 바람과 소망이 생기게 된다. 이것이 바로 문제가 발생한 상황이라고 할 수 있다. 상대는 전혀 의식하지 않고 넘어가는데 나 혼자서 속상하고 심각한 문제라고 생각할 수도 있다. 이 상황 역시 분명한 문제상황이라고 할 수 있다. 즉 두 사람 가운데 단 한 사람만이 문제라고 생각해도 문제가 있는 상황인 것이다. 바로 이때에 관계개선을 위해 대화할 필요가 있는 것이다.

다음 물음에 자세히 답하라.
— 나는 대화기술이 있는가?
— 나는 나를 잘 배려하는가?
— 나는 상대방을 배려하는가?

대화기술과 상대방에 대한 배려

상대방을 배려하지 않는 사람이 대화기술도 없으면 상대를 학대하게 되고 대화기술이 있으면 상대를 조종하게 된다. 상대방을 배려하는 사람이 대화기술이 없으면 오해가 많고 그 사람이 대화기술이 있으면 긍정적 관계가 된다.[2]

자각의 수레바퀴

5장의 꽃잎으로 된 꽃을 생각해 보자. 어찌 보면 그것은 수레바퀴같이 보일 것이다. 각 꽃잎에 1-5까지 번호를 붙여보자. 1은 감각정보, 2는 감정, 3은 생각과 판단, 예상, 4는 행동, 5는 소망이다. 대화할 때 헝겊이나 종이 위에 그린 수레바퀴 위에 서서 발을 옮기며 말을 해보자. 여기서 대화의 주어는 '너'가 아니라 '나'이다. 감각, 사고, 감정, 행동,

2) S. Miller 외 공저, 『부부가 함께 말하기와 듣기』, 채규만 외 공역, 4쪽.

소망 모두 나의 것이다. 예를 들면 행동도 네가 늦게 왔다는 내용이 아니라 내가 늦게 왔다는 내용이 해당되고 네가 늦게 왔다는 것은 내가 본 내용 즉 나의 감각정보(나는 네가 늦는 것을 보았다)에 해당된다.

(1) 내가 보고 들은 것, 감각정보: 나는 어제 네가 다른 여자와 가고 있는 것을 보았다.

(2) 나의 감정: 나는 배신감을 느꼈고 우울했다.

(3) 나의 생각: 나는 네가 나를 진정으로 사랑하는지 의심이 들었고 우리 관계가 허물어지고 있다는 생각이 들었다.

(4) 나의 행동(과거, 현재, 미래): 나는 나를 달래기 위해서 옛 남자친구에게 전화를 걸었다. 그리고 한 시간이나 통화를 했다.

(5) 나의 소망: 우리 관계가 잘 유지되려면 네가 과거 여자친구들에 대해 깔끔히 정리했으면 좋겠다.

수레바퀴 또는 아래와 같은 표를 그려서 말할 때마다 말의 내용을 분류하면서 해당되는 내용으로 발을 옮겨보자.

감각정보	내가 무엇을 보고 들었는가?
사고	일어난 일에 대해 내가 어떻게 생각하고 판단하는가?
감정	내가 어떻게 느끼는가?
행동 (과거, 현재, 미래)	나는 무엇을 했는가, 할 것인가?
소망	나는 무엇을 원하는가?

314

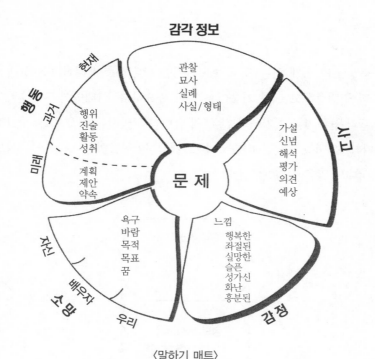

감각 정보

관찰
묘사
실례
사실/형태

현재

과거

행동

행위
진술
활동
성취

계획
제안
약속

미래

문 제

가설
신념
해석
평가
의견
예상

사고

욕구
바람
목적
목표
꿈

느낌
행복한
좌절된
실망한
슬픈
성가신
화난
흥분된

감정

자신

배우자

소망

우리

〈말하기 매트〉
자각의 수레바퀴

[연습문제 A] 다음 대화내용들은 위에서 말한 다섯 가지 내용(감각정보, 사고, 감정, 행동, 소망) 중 어떤 것인가?

(1) 우리 여행을 겨울방학으로 옮겼으면 좋겠어.

(2) 넌 오늘 아침 아무 데나 옷을 집어던졌어.

(3) 네가 집 안 정리하는 데 적극적으로 도와줬으면 좋겠어.

(4) 나는 지금까지 네게 아무 말도 하지 않았어.

(5) 난 정말 너의 그런 행동에 대해 실망스러울 뿐이야.

(6) 네가 약속에 자주 늦으니까 네가 나를 무시하는 것은 아닌가 하는 생각이 들었어.

2. 듣기

말을 조리 있게 하는 것도 중요하지만 상대방을 배려한다면 상대방
의 말에 집중하고 귀를 기울이는 것도 중요하다. 상대방이 말할 때 다
른 생각을 하거나 거기에 대한 나의 답변을 구상하는 것은 좋은 듣기가
아니다. 상대방의 눈을 바라보며 "그랬었니? 힘들었겠구나!"라는 식으
로 상대의 말을 경청해야 한다.

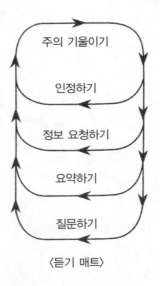

〈듣기 매트〉

3. 응용

최근 연인 간에 생긴 문제를 자세히 정리해 보자.

⑴ 내가 개선해야 할 점: 상대방을 위해 그리고 나를 위해 나는 어떻

게 달라져야 하며 어떻게 행동해야 하는가?

(2) 상대방이 개선해야 할 점: 나를 위해 상대방은 어떻게 달라졌으면 하는가?

(3) 연인 간에 발생하는 전형적인 문제의 예: 스킨십의 문제, 전화, 과거의 애인이나 다른 이성과의 관계, 약속시간 지키기, 데이트 비용 등.

문제를 자각의 수레바퀴에 따라서 재구성해 보자.

자각의 수레바퀴 가운데 2-3개를 사용하여 말하도록 시도해 보자. 언제나 5개를 모두 사용해야 하는 것은 아니다. 말하고자 하는 내용 가운데 행동에 관한 사항이 없다면 말하지 않아도 된다. 말하는 순서도 감각정보에서 소망으로 차례대로 나가야 하는 것은 아니다. 그리고 하나의 문장이 반드시 감정이나 사고 등 하나의 항목에 해당하는 것이 아니라 문장의 구성요소에 따라서 표 위의 발의 위치를 옮겨야 한다. 즉 문장의 앞부분은 행동에, 뒷부분은 소망에 해당되기도 한다. 다음 예들을 참고하자.

(1) 요즘 네가 자주 과모임에 가서 남자동료들이랑 밤늦게까지 술 먹는 것을 보았어(감각정보). 그때마다 나는 네가 다른 남자들이랑 더 친해지게 되고 너를 빼앗기지 않을까 무척 불안해서(감정) 잠도 잘 못 자곤 했었지(행동). 우리 관계가 좀 더 잘되려면 과모임에 너무 자주 참석하지 말고 꼭 필요할 때만 갔으면 좋겠어(소망).

(2) 내가 너를 만질 때마다(행동) 네가 피하는 것을 몇 번 봤거든(감각정보). 그럴 때마다 네가 나를 더 이상 좋아하지 않는 것인가 의심도 들고(사고) 우리 사이가 멀어진 것은 아닌가 불안했어(감정). 나의 스킨십

을 조금만 너그럽게 이해해 줬으면 좋겠어(소망).

(3) 네가 나를 갑자기 만져 놀란 적인 한두 번이 아니야(감각정보). 네
가 예고도 없이 나를 만지니까 당황스럽고 내가 혹시 너의 노리개는 아
닌가 생각이 들어서(사고) 불쾌하기도 했어(감정). 나는 네가 나를 만지
는 것 때문에 우리 사이가 벌어지는 것은 원치 않아(소망). 앞으로 네가
조금 조심했으면 좋겠어(소망).

(4) 이번 달 들어서 네가 약속시간에 거의 매번 10분씩 늦는 것을 보
았어(감각정보). 그럴 때마다 네가 나를 무시하는 것은 아닌가 하는 생
각이 들어서(사고) 기분이 별로 좋지 않았어(감정). 애타게 기다릴 때는
10분도 아주 길게 느껴지고 견디기 힘들 때도 많은 법이야(사고). 나는
네가 앞으로 약속을 잘 지켜주길 바래(소망).

(5) 나는 네가 전에 사귀던 남자애를 만났다는 말을 몇 번이나 들었어
(감각정보). 네가 혹시 그 애랑 다시 친해지고 나를 버리는 것은 아닌가
불안했어(감정). 만일 네가 나를 진정으로 사랑하고 나를 배려한다면
네가 관계를 잘 정리하고 그 애를 자주 만나지 말았으면 좋겠어(소망).

4. 대화법 총정리

1. 대화약속 정하기

문제에 대하여 터놓고 말하고 해결하기 위해서 언제 어디서 대화할
것인지를 의논하여 정한다. 대화는 아무 때나 아무 장소에서 하는 것이
아니라 알맞은 시간과 장소에서 해야 효과적이다. 식사시간이나 침실

은 피하는 것이 좋다.

2. 말하기

자각의 수레바퀴를 의식하고 자신의 감정과 사고 그리고 소망 등을 섞어서 말하도록 한다. 우리는 흔히 우리가 바라는 희망사항만을 늘어놓거나 상대방에 대한 불만을 늘어놓는 경향이 있다. 이것은 공격적일 수 있고 설득력이 떨어질 수가 있다.

3. 듣기

상대의 말을 잘 듣는 것도 잘 말하는 것만큼이나 중요하다. 들을 때는 응대할 말을 준비하지 말고 오직 상대의 말에 몰두해야 한다. "그렇겠군, 많이 힘들었겠군, 그간 어려웠다는 얘기지?" 하는 식으로 상대를 이해하는 태도를 보여야 한다. 다음에 할 말을 준비하거나 마음속으로 상대방의 말에 대해 평가하는 것은 좋지 않은 듣기 행동이다. 그리고 주의를 기울이지 않거나 말이나 행동에 끼어들기, 폐쇄질문이나 왜라는 질문하기, 충고하기 또한 좋지 않은 외적 행동이다.

듣는 방법에는 다음과 같은 것들이 있다.

(1) 주의 기울이기: 자신의 관심을 잠시 접어둔 채로 상대방의 말에 집중한다. 말의 어조, 속도까지 귀를 기울이며 비언어적인 것 즉 상대의 표정과 제스처, 태도까지 관찰해야 한다.

(2) 인정하기: 머리 끄덕임과 아하! 하는 반응. "그것 참 중요한 얘기군." "네가 걱정 많이 되겠어." "좋은 생각이야."

(3) 정보 요청하기: "더 얘기해 볼래?" "또 다른 얘기 없어?" "내가 더 알아야 할 것 없어?"

(4) 요약하기: 듣는 이가 정확하게 이해하고 있다는 것을 보여주기 위해 상대의 말을 요약한다.

(5) 질문하기: 질문은 상대의 대답이 예스 또는 노가 되지 않는 방식으로 즉 "너 거기 갔었니 아니면 안 갔었니?"와 같은 폐쇄질문이 아니라 언제, 어디서, 어떻게 등 개방질문을 한다. 즉 "내가 어떻게 했으면 좋겠어?" "얼굴 표정을 보니 기분이 나쁜가 본데 무슨 일 있었어?" 등이 개방질문의 예이다. "너는 왜 내가 하라는 대로 하지 않았니?"와 같이 공격적인 질문은 피한다.

4. 변화를 위한 약속

문제의 주제와 누구의 문제인지를 확인하고 정의하기 → 문제를 풀기 위해서 언제, 어디서, 어떻게 대화할 것인지를 계약한다 → 대화를 통해 문제를 완전히 이해하고 소망을 확인한다 → 대안을 만든다 → 행동을 선택하고 기한을 정한다 → 상상 속에서 행동계획을 검증하고 → 행동으로 옮긴 후 결과를 평가해 본다.

5. 대화유형

(1) 일상적 말하기: 흥미에 따른 대화, 사교적 대화, 만나고 헤어지는 인사, 악의 없는 농담, 근황 파악, 외모에 관한 것과 같이 평범하고 일상적인 내용이 주가 된다. 특정한 일이나 사건에 초점을 맞추어 일 중심으로 말할 수도 있다. "어떻게 지내?" "오늘 뭐했어?"

일상적, 습관적 듣기: 부분적으로 주의를 기울이기, 가볍게 인정하기.

(2) 통제식으로 말하기: 직간접적인 공격, 지시, 충고, 설득, 명령, 협

상, 감독, 권유, 교육, 설교. "얼른 전화해서 예약 취소해."

다툼식으로 말하기: 억지로 상대의 변화를 만들어내려고 할 때 좌절, 분노, 긴장, 공격, 분노가 동반되는 대화. "내가 하라는 대로 해! 이유는 묻지 말고…."

대응적 듣기: 따라가기보다는 주도하기, 이야기에 끼어들기, 이해하기 전에 행동하기.

(3) 탐색적 말하기, 듣기: 일의 해결을 위해 문제 제기하여 대략적인 상황을 알아본다. 미래가 초점이 된다. 정보와 아이디어를 탐색한다. 가능성을 제시하고 제안한다. "우린 너무 일에만 매달려서 사는 것 같아." "일주일에 두 번 등산을 가면 어떨까?"

(4) 솔직히 말하기: 자신과 상대방을 모두 충분히 인정하는 대화 스타일로서 현재의 상황에 주목한다. 상대에 대한 비난 없이 조화롭게 문제를 해결한다. 앞서 말한 지각의 수레바퀴를 따라서 말한다.

경청하기: 주도하기보다는 따라가기. 이야기를 충분히 하도록 격려하기. 행동하기 전에 이해하기.

[연습문제 B] 다음의 '다툼식 말하기'를 '솔직히 말하기'로 바꾸시오.
(1) 넌 나를 전혀 도와주지 않았어. 내가 다했지.
(2) 넌 너무 자기중심적이야.
(3) 넌 맨날 늦어. 왜 그러는 거야?

[연습문제 A의 답]

(1) 소망, (2) 감각정보, (3) 소망, (4) 행동, (5) 감정, (6) 사고

[연습문제 B의 답]

(1) 나는 집안일과 회사 일을 모두 하느라고 몹시 피곤하거든 네가 나를 좀 도와주면 좋겠어.

(2) 저번 주부터 보니까 너는 주로 네가 필요한 책과 물건만 사들고 오더라. 나는 그래서 네가 자신만을 생각하고 돌본다는 생각이 들었어.

(3) 내가 보니까 너는 열 번 약속에 대여섯 번은 늦더라. 난 기다리기 지루했고 네가 나를 무시하는 것은 아닌가 의심이 들었고 조금 불쾌했어.

부록 2 성애의 49계단[1)]

-완전한 만남에 이르는 길-

서장[2)]

1. 설레임으로 떨며 흔들리는 영혼을 안고

   성의 문을 두드리는 그대.

   눈빛은 서로에 대한 열망으로 타오른다.

   먼 반쪽의 외로움과 불완전함에서 비로소 풀려 나와

---

1) 시인 장경기의 연작시집. 장경기 시인은 월간 『현대시』(1992년 김광림, 이형기 시인 추천)로 등
단하여 영화 〈마고〉 각본과 감독을 맡았다. 〈멀티포엠 선언문〉을 발표하고 멀티포엠 아티스트
로 활동 중이다. 시집으로 『안개의 집』, 『몽상의 피』 등이 있다.

서로에 대한 간절함으로 흔들린다.
눈은 타들어 가는 갈증.

안타까움에 떨며 서로를 간구하니,
그대는,
성의 신전에서 황홀하게 타오르는 에로스의 화신.
오직 그대로 하여 불살라지기만을 바라며
파르르 벌려오는

여의 한가운데,
수풀 우거진 느낌의 왕국에는
느낌의 여왕 클리토리스가 수줍음으로 깃들어 있으니,
사람에게 기쁨을 줌이 그 존재의 유일한 뜻이라.

오로지 기쁨만을 느끼도록 한 신의 선물이
우리 안에 있는 것이네.
이 얼마나 놀라운 사실인가.

2) 이 시는 모두 7부이며 성의 49계단, 108개의 시로 이루어져 있다.
1부 〈존재와 존재의 만남〉, 2부 〈존재와 존재의 교감〉, 3부 〈존재의 존재를 향한 갈망〉, 4부 〈느낌의 왕국에 깃들다〉, 5부 〈생명의 신전에 깃들다〉, 6부 〈존재의 고향에 깃들다〉, 7부 〈생명의 바다에 깃들다〉 등이다.
여기서는 지면의 한계로 몇 개의 부분만을 인용하기로 한다. 존재와 존재의 합일을 통해 결국은 생명의 바다, 우주, 신과의 합일에 이르는 내용에 초점을 맞추어 몇 단락 발췌해 냈다. 시의 인용은 저자의 허락하에 이루어진 것이다.

2. 오직 기쁨만을 느끼도록 빚어진 느낌의 여왕이
　우리 한가운데에 깃들이어 있음은
　性의 즐거움을 누리는 가운데,
　불완전한 존재와 존재가 하나되어
　온전함으로 거듭나라는
　신의 섬세한 배려이니,

　49계단을 한 계단 한 계단 오르면서
　체험하게 되는 性은
　제 각각 반쪽의 존재와 존재가
　감각적이고도 구체적인 접촉을 통하여
　자아의 환각적인 분산을 시도하는,
　그리고 그 결과 새로운 자아로, 온전한 자아로
　스스로를 재창조해 가는
　지극히 구체적이면서도 구도적인 행위요
　신의 세계로 깃들려는 존재들의 여행이라.

3. 한 계단 한 계단을 오를 때마다
　하나로 되어가는 기쁨은 서로에게로 파문을 일으키며,
　두 존재를 황홀감으로 감싸는
　성은 눈부신 아름다움이요,

　男은 한 여인을 꿈결 같은 환희의 경지에까지 이끌어,
　마침내는 한 존재에게 줄 수 있는

최고의 선물,

곧 다함이 없이 지속되는 오르가즘을 선사하게 되니,

남을 바라보는 여의 촉촉이 빛나는 눈빛을 보라.

남은 여에게, 여는 남에게 얼마나 소중한 존재인가.

내가 가지지 못한 반쪽을 가졌다는 것만으로도

상대는 얼마나 신비로운 존재인가.

더구나 떨며 흔들리는 몸짓으로

자신과의 결합을 열망하며

자신의 앞에서 타오르는 존재는

얼마나 사랑스러우며 신비로운가.

性은 서로의 영혼이 감각 속으로 녹아들고

감각이 정신 속으로 녹아드는

정신과 육신, 혼과 기의 융합이며

조화의 세계라.

4. 한없이 신비롭고 황홀한,

오묘한 존재의 비밀을 간직하고 있으면서도,

살갗의 접촉을 통해

내밀한 정신적 육체적인 온전한 결합을 꾀하는,

언어가 미칠 수 없는 은밀한 교감으로 영혼과 영혼이

서로의 사랑을 나누고 깊게 하는

성의 세계는 참으로 깊고도 넓은 존재의 바다.

그러므로 섬세하고 다양한 변화의 연출을 필요로 하네.

그래야만 비로소 신비롭고도 다양한 성의 세계로

그대는 초대받아,

그 오묘와 황홀함을 온전히 누릴 수 있으니,

성의 세계는 이미 있는 세계가 아니라

둘이 하나로 결합되어 가면서 만들어 가는

창조의 세계.

성은 시간을 타고 흐르는 리듬이며,

조명과 음 등으로 분위기가 연출된

무대를 필요로 하는

열려 있는 자유.

5. 창조의 바다인 性 속에

원리는 단 하나, 신의 의도가 있을 뿐이니,

그대 안에 귀를 기울여 보라

태초부터 인간 저 근저에 신의 깊은 의도가 깃들여 있으니

이는 서로의 섬세한 사랑으로 나타나네.

나를 소중히 함이오, 상대를 소중히 함이오,

소중한 상대와 함께 하는 성을 소중히 함이오,

인간에게 성을 선물한 신의 의도를 소중히 함이라.

소중히 여기는 사랑이

性의 모든 것에 넘쳐흐르고,
이를 자양분으로 하여, 性이 자라나고 피어오를 때
끝없이 저 우주로, 신의 세계로까지
존재들은 깃들이는 것이니,

이제 우리를 설계하고 만든 이,
우리 존재의 비밀을 고스란히 알고 있는 신의 의도에
귀를 기울이며, 성의 신전에 희디흰 발을 디뎌라.

49계단으로 하여 비로소 그대는
어둠과 부끄러움의 늪에서 풀려 나와
하얀 날개를 달고 상승하며
순수의 모습을 되찾으리라.

2계단. 상상은 싱그럽게 피어오르며 현실로부터 문을 닫는다. 세상의 문이 닫힌다.

5. 性은 이렇듯 서로가 서로를 연주하는 것이니,
　　한 화음으로 어울어져
　　타오르는 리듬으로,
　　서로로 하여 커가는 울림으로,
　　끝내는 스치듯 미끄러지는 그대의 손길 하나에도
　　女는 뜨거운 흔들림으로
　　수줍음은 젖가슴을 부풀어올리며,

그대를 향해 안타깝게 제 스스로를 벌리나니,

알몸으로 설레이며 서로를 원하는 남녀여,
지금 이 순간만은 흥분만이 그대들의 지배자.
흥분은 스스로 황홀하게 거듭나며,
존재를, 혼을 지배하게 되리라.

3계단. 신의 순수의지만이 충만한 싱그러운 알몸으로

7. 이제 서로의 앞에, 알몸으로 스스로를 드러내니,
한 꺼풀 한 꺼풀 몸으로부터 미끄러져 내리는 옷들과 함께 세상사에서 묻
어온 지위, 명예, 권력, 계급적인 것들, 허위는 초라하게 빛을 잃어,
함께 벗겨져 내리며 낙엽마냥 뒹군다.

비로소 저 안 마음 깊숙이에 고개 숙이고 있던
순수는 해맑은 속살을 내보인다.
겹겹이 둘렀던 껍질을 헤집고 나와,
맨 처음 신이 빚어냈던 그 순수로,

사람이 만들어낸 갖가지 인위적인 굴레들,
도덕이나 윤리, 제도
그 어떠한 것들도 침범할 수 없는
신의 순수의지만이 충실한
싱그러운 알몸으로 性의 神殿에 들어선다.

남녀 누구도 지배받을 수도

지배할 수도 없는 평등 속에서만,

서로에 대한 깊은 신뢰와 애정 안에서만

성은 그 내밀한 비밀의 문을 온전히 여는 것이니

이는 우리를 설계하신 신의 깊은 뜻이라.

6계단. 여의 하얀 목덜미에 흐드러지는 살빛 노을

12. 그러므로 상대를 쉽게 얻지 말고 어렵게 얻으라.

이는 곧 상대를 어렵게 여기라 함을 이르는 것이니,

가치가 있는 것일수록 그 값은 비싸다.

또한 비싼 값일수록 그것은 숭고한 것이며 가장 보배로운 것이다.

내가 가지지 못한 반쪽을 가졌다는 것만으로도

상대는 얼마나 신비로운 존재인가.

더구나 떨며 흔들리는 몸짓으로 자신과의 결합을 열망하며

자신의 앞에서 타오르는 존재는 얼마나 사랑스러우며

신비로운가.

성은 눈부신 아름다움이다.

싱그럽게 흐드러지는 관능이며

신의 섬세한 배려와 의도가 깃들어 있는 걸작드라마이며

감각적인 환각에 의한 자아의 분산과 동시에

우주적 자아로의 재탄생을 시도하는 깨달음의 길이요

존재와 존재의 언어를 넘어선 섬세하고 내밀한 교감이다.

이에 더하여
자신과 결합하여 또 다른 하나의 온전한 우주적 존재로
환생하려는 동반자인 이성은
얼마나 소중한 존재인가.

10계단. 포근하게 감싸듯이 여의 입술로 그대의 입술을 덮으라.

20. 어느덧 너는 나의 입술을 간구한다.
　　나의 입술은 너에게로 빨리듯 다가간다.

　　네 눈꺼풀은 아래로 감기며
　　입술과 입술의 만남으로 이어지는 순간을 기다리는
　　안타까움에 파르르 떤다.
　　나의 입술은 네 입술 언저리에 이르러 스르르 맴돈다.
　　네 입술에서 감각으로 환하게 피어오르는 네 영혼,
　　설레임으로 흔들리며
　　접촉을 갈망한다.
　　한 순간의 찰나가 영겁으로…

　　부드럽게, 감싸듯이 너의 입술을 나의 입술로 덮는다.
　　네 영혼은 사르르 녹아내리며,
　　나를 감싼다.

15계단. 호흡이 흐트러지고 몸 전체로 기쁨을 나타내리라.

31. 네 안에 잠재되어 있는 채,
    언제나 나로부터 닫혀진 채,
    신비로 남아 있는 너라는 존재.

    성의 세계로 깃들어서야
    그 신비의 영혼의 꽃을 피워내는 그대여,
    그러한 네 존재와 너를 닮은 내가
    이렇듯 하나로 리듬을 타고 흐르니,
    이는 그야말로 비밀의 여행를 하고 있는 셈이라.
    무엇으로 우리의 푯말을 삼아야 할까.
    당연히 우리를 설계한 이, 우리를 만든 이에게
    귀를 기울여야 하리라.

    우리를 가장 정확히 알고 있는 이의 의도를
    하나하나 풀어내리고
    그 의도에 따랐을 때 비로소
    비밀의 문은 하나하나 열리며
    우리 스스로도 상상할 수 없는 희열과 존재의 체험 속으로
    우리를 몰고 가리라.

32. 그러므로 성은 곧 우리를 만든 이에게
    귀의하는 행위라고 할 수 있으며

우리 본래의 모습으로,

본연의 모습으로 돌아가려는 행위라고 할 수 있네.
성이 그리도 자주 우리들에게 행위를 요구하고
끊임없는 갈망으로 남아 있는 것은 바로
무엇이든 쉽게 잊어버리고 저버리는 인간을
끊임없이 인간 본연의 모습으로,
신의 품 안으로 깃들게 하려는
신의 배려였으리라.

신은
이렇듯 성을 통해서
존재의 비밀을 우리에게 열어보이니,
우리 스스로도 알 수 없는
존재의 가능성과
우주의 비밀을 체험케 하는 것이라.
그러므로 성은 인간존재라는 수인에게
깃드는 한줄기 빛이라고 할 수 있으며
구원의 메세지라고 할 수 있으리라.

16계단. 위로 위로 비탈진 데를 오르매 귀에 이르나니

33. 네 눈꺼풀에서 슬며시 미끄러져 내려온
    나의 입술은 네 어깨에 사뿐 내려앉는다.

따스하게, 부드럽게
목을 향해 미끄러져 올라가니,
소중한 너의 목덜미에서 어깨로 흐르는 선은 바로 여인,
희디흰 살갗에는 하얀 빛들이 부딪다가는
연신 가슴으로 쏟아져내리고,
감겼던 눈꺼풀이 열리면서 떨린다.

나의 몸은 어느덧 스르르 네게로 밀착되면서,
내 남근을 네 젖가슴에, 음부에 미끄러뜨리며
그 섬세한 귀두로 만지니,
온 여체에 퍼져나가는 설레임,

네 작은 귀볼에 속삭이는 사랑의 말,
사랑의 향기는 꽃가루마냥 녹아들어,
포근히 안개처럼 너를 만진다.
부드럽게 부드럽게…
아…

55. 남성이 여성기에
여성이 남성기에 동시에 입을 접하니,
비로소 인간이 태극을 이룬다.

이는 부드러움과 부드러움이,
민감함과 민감함이 만났으니,

곧 민감함은 민감함으로
부드러움은 부드러움으로 접할 때,
비로소 섬세하게 피어남이라.
....

35계단. 존재의 합일을 이루려는 섬세한 출발

73. 순간의 정적 후
　　남을 온전히 삼킨 여는,
　　여의 알몸은 아래로 아래로 녹아내린다.
　　엉덩이가 솟아올랐다가는 서서히 부드럽게 무너진다.
　　온 몸 저 아래로 고요히 흐르는 느낌,
　　하나하나 깨어나기 시작한다.

　　실루엣으로 드러나는 능선은 서서히 출렁인다.
　　아, 흐느끼듯 길게 이어지는 숨소리,
　　함께 출렁이며 리듬이 된다.

　　함께 같은 순간에 절정에 오르므로
　　무아의 세계에서 존재의 합일을 이루려는
　　섬세한 출발

　　성이란
　　무아의 세계에서 존재의 합일을 이루려는

끝없는 도전이요,
삶이란 그 한계에 도전하는 극복의 연속,
남녀가 똑같은 시간에
똑같은 절정에 도달하고자 하는 것은
인류의 꿈이라.

74. 세포 세포들은 서서히 달아오른다.
    달아오르며
    팽팽히 긴장하며
    핵융합반응을 일으키듯이 氣운을 발생시키니,
    혼이 빚어낸 기가 전신을 흐를 때
    존재와 존재의 만남은 곧 하늘과 땅의 만남이요
    우주와 우주의 만남.

    성기를 기둥이라 하면
    女의 질은 기둥을 받쳐주는 받침돌이라.
    이것이 결합되어 하나의 원심점을 이루니
    우주가 남녀의 성기를 중심으로 하여 휘돌게 되니라.
    이로부터 발산되는 기는 과히 초인적이라.
    가냘픈 女의 몸에 거구가 올라도 무거운 줄 모른다.

    氣는 정교한 리듬을 타고 존재 안을 흐르며
    스스로 솟아나고 스러지듯 다시 용솟음친다.
    성기 끝에서 여인은 가볍게 날아오른다.

남근을 기둥으로 세운 남은
새털보다 가볍게 여체 위에서 출렁인다.

36계단. 그대로 하여 녹아 사라지는 희열이게 하소서.

75. 성의 리듬 속에서 절로 솟아나는 기운은
    리듬을 타며 몸과 정신 속을 휘도나니,
    기는 다만 사용될 뿐 소모되는 것이 아니라.

    성은 정력이 아니라 감각.
    성이란 정신과 氣와 요령이 조화되면서 빚어내는 리듬타기
    ....

    남의 포근한 몸놀림에
    아스라이 녹아내리던 주변의 사물들은
    싱그러운 원시의 들녘으로 살아나고,
    가슴 가슴 사랑으로 떨리게 하는 유쾌한 미풍이 불어온다.
    햇살 눈부시게 쏟아져 희디흰 살빛 위로
    흥건히 흐르는 이 존재함에의 실감

    "아. 내가 살아 있어.
    이 순간만은 내가 살아 있음을 생생히 느낄 수 있어,
    네 안에 깃들지 않는 시간은 잠든 시간에 불과했음을,
    너로 인해 나는 비로소 오랜 잠에서 풀려나고 있음을,

내 세포 하나하나까지 생생하게 깨어나며
뜨거운 숨을 뿜어내고 있음을,

얼마나 긴 기다림이었던가.
거리에 만나는 사람들마다 잠들어 있었어.
가로수도, 가로등도, 세상은 깊은 잠에 빠져 있었어.
시퍼렇게 휘둥그레진 눈으로 세상을 똑바로 꿰뚫는 눈을,
뛰는 심장을 만나고 싶었어.

살아 있고 싶어. 내가 숨쉬는 동안만이라도,
이 도시의 무수한 사람들의 깊은 잠으로부터,
누군가의 거칠고 현기증 나는 몽상으로부터 벗어나
참으로 살아 있는 순간을 만나고 싶었어.
너를, 네 안으로 깃들기만을 바래왔어."

39계단. 성이란 영혼과 육신의 소리가 하나 되어 빚어내는 예술

81. 성은 은밀한 교감이라.
    성의 세계로 깊숙이 빨려 들어갈수록
    서로 사이에 오가는 감각들의 대화는
    더욱 많아지고 빨라지나니,
    이는 하나로 결합되어가는 과정에서
    서로를 이해하고 서로에게 맞추려는 긴밀함이라.

끊임없이 자신을 전달하고
끊임없이 이에 대한 반응을 확인하여
끊임없이 서로를 확인받고 확인하는
과정이 참으로 긴밀하게 이루어지니,
소리는 그중에 주요한 방법이다.

스스로를 드러내고파,
男의 사랑을 갈구하여 간절히 우러나오는
여자의 거친 숨소리, 자극적인 소리, 소리들.
男에게 커다란 파문을 일으키며
거친 흥분을 몰아오고
이는 다시 女에게로 절절히 흐른다.

몸에서 소리로
소리에서 혼으로
혼에서 몸으로
我와 彼我를 넘나들며 흐르니,
서로 긴밀하게 어우러지며 리듬을 타고
빚어내는 것이 곧 예술이라 하겠다.

82. 그러므로 성이란 영혼과 육신과 소리가
    하나 되어 빚어내는 예술.

성은 혼을 초월한다.

성은 남녀가 육체적으로 결합하여
서로의 혼을 초월한
또 다른 존재로의 거듭나기다.
이에 자극적인 소리는 오르가즘을 끌어내는
촉진제가 되나니
절로 터지는 소리를 억제하지 않고 그대로 드러낸다.
거칠은 대로,
도발적인 대로, 흐르게 두라.

이는 정신을 넘어선 존재들의 언어이니
존재와 존재를 넘나들며
둘이 하나 되게 한다.

주변의 의자, 스카프, 전화기, 커튼, 모든 것들은
합일된 존재를 향해서
촛불을 켜든 채 기도하듯 떨린다.

47계단. 오르가즘은 다함이 없어라.

102. 이에 이르면
    사랑은 만질 수도, 느낄 수도 볼 수도 있게 되나니,
    사랑은 에너지가 되어 존재와 존재를 넘나들며
    불을 지르고
    스스로 불길 속에 녹아든다.

사랑의 기운이 내 안으로 들어오는 것을
그대에게로 흘러드는 것을 섬세하게 느낄 수 있나니,
사랑은 서로의 성기를 지나 등을 타고 올라, 머리로, 머리에서 가슴으로
배로 다시 성기로 휘돌며
잠들어 있던 세포 하나 하나까지 깨우고,
온 몸에 불을 지른다.
남녀의 육체는 사랑으로 충전되어 진동하기 시작한다.

남은 여의 한가운데에 뿌리를 박은 채,
절묘하게 균형을 이루며 진동하나니,
육체는 무중력 속으로 녹아들고
남녀의 자아는 한 알의 모래알처럼 작아져서
오묘한 우주의 바다 위를 춤추며 절로 노래하게 되니라.

이것이 바로 몸과 정신의 온전한 오르가즘이라.

103. 사랑의 기운은
오르가즘을 파문처럼 전신에 퍼지게 하나니,
긴장은 절로 풀리고
가슴과 몸은 절묘한 조화를 이루며
하나로 진동하니라.
하나의 조화로운 음악,
하나의 조화로운 사랑의 울림은
육신을 녹이고

감성을 녹여
존재는 투명한 하나의 울림만으로 승화되니,
이를 순수정신이라 하니라.

그러므로 성은 창조의 길이다.
내 안의,
서로의 모든 것을 사랑의 힘으로 녹여
맑은 혼을 빚어내는 것이다.

48계단. 드넓은 존재의 바다로 나와 춤춘다.

104. 순수정신은
　　비로소 자아의 껍질을 벗고
　　자아의 벽을 허물고
　　드넓은 존재의 바다로 나와 함께 춤춘다.

　　나와 너, 그리고 우주자연과 하나로 어우러져
　　사랑의 골짜기를 거니니라.
　　그 어우러져 들어감은 참으로 자연스럽고 조화로워
　　절로 절로 이루어짐이라.

　　존재의 바다.
　　존재들의 끝없는 축제로 이어지는 세계,
　　이에서 비로소 너와 나는 완전한 자유를 이루나니,

342

이가 바로 우주혼을 깨닫는 경지인 게다.

105. 우주 자연의 만물은 서로 사랑을 주고 받음을
    비로소 너와 나는 알게 되나니,
    수많은 별들과 항성들이
    뜨겁고 밝은 사랑의 기운을 발생하며
    서로를 주고 받음을 체험하게 되나라.

    우주 자연의 만물은
    빛에너지로 흐드러지며
    우주의 가랑이 사이,
    블랙홀 속으로 빨려들어가며
    소멸되니,
    이는 다시 우주의 자궁에서
    회생하니라.

    하므로 사랑은 만물의 창조에너지의 근원이며
    만물의 근원이니,
    사랑의 체험으로 하여
    만물은 하나라는 깨달음에 이르니라.

    이 순간 자아는 저절로 녹아내린다.
    너와 나는 하나임을 안다.

하므로

자신의 내부에서 끊임없이 사랑을 낳는 사람은

어느 누구에게서나 사랑을 발견하는 것이라.

49계단. 모든 존재에는 사랑의 불꽃이 있나니

106. 사랑은 존재 안에 수액이라.

   저 뿌리, 고환으로부터 뻗쳐오르며

   온몸을 휘돌며

   잎파리에 가지에 줄기에 수분을 생명을 공급하나니,

   존재는 비로소 깨어난다.

   존재들은

   순수정신으로 깨어날 때

   이는 곧 빛의 정수로 피어나

   삶과 세상 모두를 환히 밝히니라.

   여기에 존재의 순수 환희가 있으며,

   성의 궁극이라 하니라.

107. 모든 존재에는 사랑의 불꽃이 있나니

   사랑의 불길이 손짓하거든 그대를 태워야 한다.

   더이상 붙잡지 말아야 한다.

   죽음의 부스러기들을 털어내고

불길로 하나되어 춤추게 하라.
삶은 빛들의 축제.

사랑의 불길에 죽음은 부활로 타오르리니
사랑은 존재의 바다로 들어가는 문.
불길이 가슴에 번질수록
서서히 나는 사라질 것이며
오직 神만이 타오르고 타오르리라.

108. 신은 비로소 그대 앞에 모습을 드러내니라…
일상 속에서는
죽은 말씀과 사람들의 말장난과 우상에 의해서 가려졌던
신들이 침묵을 깨고
참모습을 드러내기 시작하니라.

그대 고개를 쳐들어
신의 변론을 들어보라.
그리하여 겹겹이 쌓인 어둠의 쓰레기를 쳐내고
저 기쁨과 부드러운 사랑으로 충만해 있는
신의 참모습을 만나라.

에필로그. 지금은 생명의 계단을 회복할 때

1. 性은 피어오르네.
　　사랑이 싸늘하게 져버린 자리에서
　　앙상하게 헐벗은 모습으로
　　끝내는 웅덩이에 고인 채 시들어 가면서도,
　　부부의 짧은 밤 틈으로
　　매춘부의 음부에서
　　헐값으로 팔리다
　　끝끝내 흉흉한 잡초를 키워야 하면서도,
　　성은 존재 안에 솟아오르네.

　　수음으로 연신 쏟아지며
　　억새풀 마냥 민들레 마냥 소년의 가슴에도 피어나네.

2. 일찍이
　　햇살과 바람과 풀벌레, 수풀들이,
　　쌍쌍이 어우러져 춤추던,
　　지상이 생명들의 춤판이던 시절에도,
　　성은 존재의 바다에 충만하여
　　사랑으로,
　　리듬으로,
　　싱그러움으로 피어올랐네.
　　지상에 무엇에나 촉촉이 적셔들며

함께 어우러져 춤추게 했네.

토끼, 오리, 사슴, 새, 나비, 풀벌레,
생명 있는 무엇이든 몰아내고 사라지게 한 자리에
철근으로 콘크리트로 벽을 두르고
죽음만 스멀스멀 피워내는 사람만의 세상에도
성은 피어오르네.

사람 안에 검게 타들어 간 자리
가냘픈 사랑마저 싸늘하게 식어버린 검은 속에서도
피어오르며 섬세하게 흔들리는
신비가 우리 안에 있네.

3. 사랑으로 만난 이들,
   안타까움과 권태의 늪으로 빠져드는 순간에도,
   허전함을 메울 수 없어
   목마름에 서성이는 영혼에도
   성은 어디에든 피어오르며 흔들리네.

   티브이에 벽보에 포스터에
   거리의 흔들리는 허리에도,
   매끄럽고 하얀 젖가슴을 찾아가는 입술에도,
   성은 피어오르며 흔들리네.

안타깝게 떨며 흔들리는 영혼을 안고
서로의 살갗 위로 미끄러지며
서로에게로 깊숙이 녹아들기만을 간구하며,
언어로는 미칠 수 없는
저 섬세한 교감,
성은 한 계단 한 계단
세상의 매끄러운 가슴 위로,
흥분의 능선 위로 오르니,
비로소 내 안에, 그대 안에
선연히 솟아오르는
신비의 계단 하나.

우리 안에 신비의 계단이 있네.
우리의 저편,
신비와 충만함 속으로
그 끝은 닿아 있으니,
이는 한 계단 한 계단 올라
마침내 충만한 존재의 바다,
신에게로 깃들라는
신의 섬세한 배려.

한 계단 한 계단 오를수록
하나로 녹아드는 기쁨은 서로에로 파문을 일으키니,
내가 내 스스로를 놓은 순간,
열리는 충만의 바다로,

성은 눈부신 리듬으로 흐르네,
비로소 불완전한 존재와 존재가 하나하나 되어
충만함으로 거듭나니,
성은 존재와 존재가 온전히 결합하고자 하는 열망.

4. 성은 온전한 하나로 거듭나는 과정,
   존재마다 외톨박이에서 벗어나
   우주의 생명의 리듬에 함께 어우러지라는,
   신의 섬세한 배려가,
   우리를 설계하고 만든 신의 섬세한 의도가
   우리 안에 깃들어어 있으니,

   성으로의 여행이 깊어갈수록
   신의 섬세한 배려를,
   신이 함께 하고 있음을
   신의 끝없는 사랑을 느낄 수 있으니,
   성은 신에게로 깃들이는 과정.

   그 향기는 존재와 존재 사이로 퍼져나가
   부드러움 속으로,
   풍만함 속으로,
   꽃, 새와 물고기, 산짐승들, 풀벌레……
   세상은 생명들의 춤판으로,
   작은 생명의 웃음에도

전 우주가 까르르 흔들리는
섬세함 속으로 존재들은 녹아드니,

성은 신을 향한 생명의 율동,
사랑이 싸늘하게 식어버린 존재의 안에도,
억새풀 마냥 민들레 마냥 피어나
생명의 율동으로
싱그러움으로 거듭나라는
우리 안에 깃든 신의 의지 들려주네.

생명의 희열과 향기,
생명의 신비와 소중함,
존재하는 것들의 섬세함, 부드러움과 조화를,

하니, 존재하는 모든 이들은
성을 통해 온전함으로 거듭나려는 구도자.
지상의 모든 생명마다에
神의 소중함이 깃들어 있네.

5. 性은 우리 안에 깃든,
   神의 율동,
   생명의 춤이요,
   존재의 水液이니,

생명마다 온전함으로 타오르며,
함께 어우러지며,
존재의 바다로 흐르게 하네.
마침내는 신의 세계로 온전히 이르는
생명의 계단이 우리 안에 있어,
설렘으로 흔들리는 영혼을 안고
너와 나는
성의 계단에 발을 디디네.

시 해설

사랑하는 두 사람이 마주보고 있다. 촛불은 두 사람의 정열처럼 고요히 흔들거리며 불타오르고 검푸른 꽃병 위에 꽂힌 하얀 백합이 도취될 듯한 향기를 내뿜는다. 가슴 설레이는 두 사람의 눈길이 서로를 향하면서 성의 1단계가 시작된다. 마음이 몸의 접촉으로 승화되면서 몸의 불꽃이 점점 더 커지고 드디어는 활화산처럼 폭발한다…. 이 시에서는 성적 접촉의 단계가 자그마치 49계단이나 된다. 성의 현상만을 노래하는 것이 아니라 마치 카마수트라처럼 이런 저런 충고를 내린다. 예를 들면 서두르지 마라! 상대방을 소중히 생각하라!

사랑을 철학적으로 풀이한 셸러에 따르면 남녀 간의 성적 합일은 우주적 생명과의 합일에 이르는 문이다. 내 앞에 존재하는 한 사람은 나와 가장 가까운 우주의 한 부분인 것이다. 우주란 하느님이라고도 부를 수 있는 높은 인격적 정신과 더불어 생명이 꿈틀거리며 요동치는 무의식과 본능, 충동, 갈망의 집합체인 우주적 생명의 합이다. 정신과 충동, 정신과 생명, 이것이 우주적 신의 두 부분인 것이다. 남녀 간의 성적 행위 또는 감정합일은 우주적 신과의 합일로 가는 한 단계인 것이다. 이 시에서도 49계단의 끝은 생명의 바다에 도달하고 신의 세계에 도달하는 것이다. 남근, 여근 등 다소 직설적인 표현이 낯설게 느껴지겠지만 하나의 성스러움에 도달하는 몸의 길이라고 생각하면 될 것이다. (조정옥)

저자 조정옥

성균관대에서 서양철학 특히 헤겔에 관심을 가지고 공부한 뒤 서울대 석사과정에서 후설의 현상학을 주제로 2년간 고민했습니다. 성대 뮌헨대 교환장학생으로 뮌헨에서 박사과정을 밟으면서 막스 셸러의 사랑에 대한 연구를 했습니다. 귀국후 미술및 예술에 대한 깊은 관심으로 여러 권의 번역을 했고 철학을 쉽게 풀어쓴 여러 권의 저서를 펴냈습니다. 한신대 성대 백석대에서 연구원으로 활동하다가 현재는 성균관대에서 〈성, 예술, 행복, 철학〉을 주제로 교양강의를 하고 있습니다. 최근에는 철학을 주제로한 동화책 시리즈를 발간했고 사단법인 숲과문화 운영위원으로 활동하고 있습니다.

대표 저서: 성의 눈으로 철학보기 철학의 눈으로 성보기(서광사), 감정과 에로스의 철학, 알기쉬운 철학의 세계, 나무가 내게 가르쳐준 것들(철학과 현실사), 나는 그림으로 행복을 말한다(예경)

대표 역서: 동감의 본질과 형태들(아카넷), 사랑과 미움(사이언스 북스), 색의 수수께끼(세종연구원) 피카소의 예술에 대한 명상(사계절), 칸딘스키 예술론 예술과 느낌(서광사), 파울 클레의 생애와 예술(책세상) 동감의 본질과 형태들(아카넷) 등이 있다.

홈페이지: www. greensophia.net www.blog.daum.net/arsnatur

행복한
성 • 사랑 • 남녀

지은이   조정옥

1판 1쇄 발행   2008년 1월 20일
1판 1쇄 인쇄   2008년 1월 25일

발행처   철학과현실사
발행인   전춘호

등록번호   제1-583호
등록일자   1987년 12월 15일

서울특별시 서초구 양재동 338-10호
전화번호 579-5908
팩시밀리 572-2830

ISBN 978-89-7775-647-2 03190
값 15,000원

●잘못된 책은 교환해 드립니다.